21世纪体育系列教材 • 西南区体育教材教法研究会教材编审委员会审定

体育管理学

TIYU GUANLIIXUE

主　编　左庆生

副主编　曹　云　　王耀文　　党云辉　　朱智红

参　编　黄正廪　　苏近阳　　许　沥

北京师范大学出版集团
BEIJING NORMAL UNIVERSITY PUBLISHING GROUP
北京师范大学出版社

图书在版编目(CIP)数据

体育管理学/左庆生主编．—北京:北京师范大学出版社，2010.2(2021.10重印)

ISBN 978-7-303-10790-2

Ⅰ.①体… Ⅱ.①左… Ⅲ.①体育－管理学 Ⅳ.①G80-05

中国版本图书馆 CIP 数据核字(2010)第 020623 号

营 销 中 心 电 话 010-58802181 58805532
北师大出版社职业教育分社网 http://zjfs.bnup.com
电 子 信 箱 zhijiao@bnupg.com

出版发行:北京师范大学出版社 www.bnupg.com
           北京市西城区新街口外大街 12-3 号
           邮政编码:100088
印   刷:天津中印联印务有限公司
经   销:全国新华书店
开   本:730 mm×980 mm 1/16
印   张:14
字   数:242 千字
版   次:2012 年 7 月第 2 版
印   次:2021 年 10 月第 8 次印刷
定   价:25.00 元

策划编辑:周光明   责任编辑:周光明
美术编辑:高 霞   装帧设计:华鲁印联
责任校对:李 菡   责任印制:陈 涛

西南区体育教材教法研究会理事会成员名单

郑　锋（贵州工程应用技术学院）

雷　斌（贵州电子职院）

周　跃（昭通学院）

肖谋远（西南民族大学）

王　平（铜仁学院）

黄平波（凯里学院）

党云辉（思茅学院）

张　龙（六盘水师范学院）

杨庆辞（保山学院）

左文泉（云南师范大学）

余　斌（贵州财经学院）

张兴毅（兴义民族师范学院）

邓文红（安顺学院）

苏　阳（遵义师范学院）

颜　庆（遵义师范学院）

教材编审委员会

主　任　孟　刚（兼）（贵州师范大学）

副主任　姚　鑫（兼）（贵州师范大学）

王洪祥（昆明学院）

陈雪红（兼）（楚雄师范学院）

吕金江（兼）（曲靖师范学院）

于贵和（兼）（贵州大学）

梁　健（兼）（红河学院）

前言

  《体育管理学》是教育部《全国普通高等学校体育教育本科专业课程方案》中社会体育方向的选修课，是体育院系学生用书，是由西南（云、贵、川、渝）体育教材教法研究会（体育管理学）编写小组根据西南地区体育院系教学计划、培养目标和课程教学大纲规定的具体教学任务、教学时数、教学内容及考核要求分工负责撰写和串编完成的。本教材总结云、贵、川、渝体育院系该课程教学实践经验，借鉴和吸收了国内外先进的体育管理理论和经验，从概念、原理、职能方法和基本内容等方面介绍体育管理的基本理论。

  本教材是由西南区（云、贵、川、渝）体育教材教法研究会组织专家、教授、专业从业人员经过多次认真讨论、研究，最终编写完成的。该书由左庆生主编，曹云、王耀文、党云辉、朱智红副主编，参编人员有黄正廪、苏近阳等，统编由左庆生完成。

  本教材是北京师范大学出版社联合西南区（云、贵、川、渝）体育教材教法研究会策划出版的系列教程之一。本教材的编写得到了各方面的支持，得到了北京师范大学出版社的编辑人员的悉心指导和大力支持，为此深表谢意！

  本书在编写过程中，广泛参考和引用了国内外有关文献资料，但未一一注明，在此谨向原作者深表歉意，并致以衷心的感谢！

  我们真诚地希望广大师生和专家对本书提出宝贵意见，以便我们今后对该书进行修订，并逐步加以完善和提高。

西南高校体育教材教法研究会（体育管理学）编写小组

2012 年 6 月

目录

Contents

概念与原理篇

第一章　体育与管理的概念

本章要点

> 1. 对"体育"概念进行再认识，在此基础上综合阐述体育的价值
> 2. 从管理的产生和发展谈起，主要阐述管理的概念及其构成要素、管理的特征

第一节　体　育

一、"体育"概念的再认识

(一) 体育的概念

体育作为一种社会现象，是随着人类社会的产生和发展而出现和演变的。体育现象由来已久，但体育概念的出现，却不过几百年的历史。根据世界体育史料的记载，1760 年，在法国报刊上最早用"体育"一词来论述儿童的身体教育问题。我国最早使用"体育"一词则是 19 世纪末 20 世纪初。19 世纪末，德国和瑞典体操开始传入我国，1904 年清政府批准的《奏定学堂章程》明文规定各级各类学校要开设体操科（即体育课）。直到 20 世纪初，基督教青年会在我国宣传"西洋体育"时，才开始出现"体育"一词，经过一个体操与体育的并用时期，到 1923 年才在《中小学课堂纲要草案》这一官方文件中，正式把"体操科"改为"体育课"。此后，"体育"一词逐渐取代了"体操"一词，并被广泛使用。

体育的基本概念是由一些术语组成的术语体系，体育中各个不同层次的术语有着天然的内在联系。我国学者曹湘君教授在根据体育术语确定的三个原则：科学性、民族传统习惯和与国际用语相一致的基础上，确立了体育的

总概念，即广义的体育（亦称体育运动），并对它的上位和下位概念做了确定，形成了一个有层次的体育概念体系。广义体育的上位概念是文化（人类总文化），下位概念包括了狭义的体育（身体教育）、竞技运动、身体锻炼和身体娱乐（图1-1）。这些体育概念的确定，多年以来得到了广大体育工作者的认同，帮助人们从本质上认识体育的内涵。

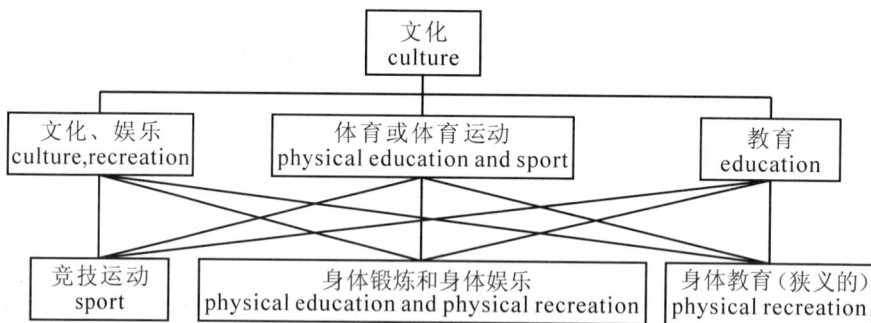

图 1-1　体育概念群

根据曹湘君教授等人对体育及其下位概念的理解和诠释，首先我们应熟悉下列概念，以便对体育术语概念群有个大致的了解，提高我们对概念之下体育管理内容和范围的认识。

第一，广义体育概念（亦称体育运动）是指以身体练习为基本手段，以增强人的体质，促进人的全面发展，丰富社会文化生活和促进精神文明为目的的一种有意识、有组织的社会活动。它是社会总文化的一部分，其发展受一定社会的政治和经济的制约，并为一定社会的政治和经济服务。

第二，狭义体育概念（亦称身体教育）是一个发展身体、增强体质，传授锻炼身体知识、技能，培养道德和意志品质的教育过程；是对人体进行培育和塑造的过程；是教育的重要组成部分；是培养全面发展的人的一个重要方面。

第三，"竞技体育"亦称竞技运动，是指为了战胜对手，取得优异运动成绩，最大限度地发挥和提高个人、集体在体格、体能、心理及运动能力等方面的潜力所进行的科学的、系统的训练竞赛。它包括运动训练和运动竞赛两种形式。

第四，娱乐体育是指在余暇时间或特定时间所进行的一种以愉悦身心为目的的体育活动，具有业余性、消遣性、文娱性等特点。内容一般有活动性游戏、旅游、棋类以及传统民族体育活动等。按活动的组织方式可分为个人的、家庭的和集体的；按活动条件可分为室内的、室外的；按竞争性可分为竞赛性的和非竞赛性的；按经营方式可分为商业性的和非商业性的；按参加活动的方式可分为观赏性活动和运动性活动。

第五，大众体育亦称"社会体育""群众体育"，是为了娱乐身心，增强体质，防治疾病和培养体育后备人才，在社会上广泛开展的体育活动的总称。包括职工体育、农民体育、社区体育、老年人体育、妇女体育、伤残人体育等。主要形式有锻炼小组、运动队、辅导站、体育之家、体育活动中心、体育俱乐部、棋社，以及个人自由体育锻炼等。

第六，医疗体育指运用体育手段治疗某些疾病与创伤，恢复和改善机体功能的一种医疗方法。与其他治疗方法相比，其特点有：①是一种主动疗法，要求患者主动参加治疗过程，通过锻炼治疗疾病；②是一种全身治疗，通过神经、神经反向机制改善全身机能，达到增强体质提高抵抗力的目的；③是一种自然疗法，利用人类固有的自然功能（运动）作为治疗手段，一般不受时间、地点、设备条件的限制。通常采用医疗体操、慢跑、散步、自行车、气功、太极拳和特制的运动器械（如拉力器、自动跑台等），以及日光浴、空气浴、水浴等为治疗手段。医疗体育宜因人而异、持之以恒、循序渐进，并配合药物或手术治疗和心理疏导。

体育概念的本质是揭示体育所固有的根本特性，是人类社会的一种身体教育活动和社会文化活动。体育的本质特点就是以身体练习为手段，发展身体，增强体质，促进人的全面发展，为社会发展服务。它在社会发展过程中受一定的政治、经济制约，并为一定的政治、经济服务。从这个意义上说，体育具有自然和社会的两重属性。体育的自然属性是指体育自身所包含的客观发展规律，是放之四海皆可使用的体育本体属性，如体育的方法、手段等；体育的社会属性涉及体育为谁服务的问题，不同的国家、不同的制度，在对待这一问题上存在着很大差别，如体育的思想、制度等。

（二）体育概念再认识

在体育运动发展的历史长河中，曾经发生过多次大的飞跃和变革。其中一个显著的变化是对体育概念的再定位和再认识。众所周知，在体育领域里，有许多词贴近体育运动，甚至现代生活方式也可以直接用来表达体育运动的含义。比如玩耍（PLAY）、游戏（GAMES）、体育教育（PHYSICAL EDU-CATION）、锻炼（EXERCISE）、运动（SPORTS）、活动（ACTIVITY）、竞赛（CONTEST）、训练（TRAINING）、健身（FITNESS）等。尽管每一个词都有它的特定含义，然而在体育领域里，它们往往是可以互换的概念。

传统的体育概念通常是与体育教育相连的，而体育教育通常是指在学校系统中传授身体技能和人体知识的教学活动和过程。在现实生活中，人们所涉及的体育概念往往更多地集中在运动（SPORTS）的意义上。从理论上讲，运动的确切含义为：通过竞赛的形式，显示人体的活力和技巧，并达到使参与者和观赏者产生愉悦情绪和娱乐价值目的的身体活动。在这段文字里，运动的组织形式、娱乐功能和专业性被特殊地强调。很明显，运动与体育教育相比已有了更多的生活气息和集体娱乐的性质。我们在对体育运动进行细分时，强调运动不同于一项教育活动，也不同于训练和锻炼的意义。因为后者的含义是指为了某种特殊的原因，对身体的一部分或更多部分进行事先设计的、带有明显期待结果的身体活动。

随着人类现代化的进程，体育概念在生活意义上的变化再次引起了人们的关注。体育概念再认识的变化之一是现代体育的理念更多地体现在具有娱乐性质的、大家共同参与的、有益于身心健康的、促进社会交流的活动或比赛上。在这一理念的驱动下，体育的本质功能，即其健康性、教育性和娱乐性的功能得到了充分的彰显。

体育概念再认识的第二个变化是体育运动更加具有生活意义。体育回到了人们的身边，身体健康成为大众百姓的普遍共识。玩的时候快乐，有运动的快感；看的时候高兴，有情绪、情感的自由宣泄。大众百姓已不再满足于简单的身体锻炼，而企盼在活动和比赛中进行情感交流和个性表现。

人们渐渐地认识到，参与体育运动不应是一时一地的冲动，更该是一生一世的选择，而且自己一个人去运动远不如和亲戚朋友们一起更加让人兴奋、更有意义。体育运动在内涵上与人类情感已密不可分，在理念上已成为现代生活的图腾。体育是生活、体育是生活方式、体育是生活质量、体育是社会文化等。对体育运动更为宽泛的理解已成为大多数民众的共识和选择。

综上所述，现代体育一方面保持着体育的本质；另一方面又因以上各种特征而不同于以往各时代的体育（传统体育），它已成为一种以科学化的身体运动和管理为主要手段，对社会成员进行积极的身心改造，满足社会成员娱乐享受等情感需要，以达到促进个人全面自由发展和促进社会物质文明、精神文明共同进步的社会实践。

二、体育的价值

体育的价值是从体育的不同表现形式来体现的，如竞技体育、体育健身、娱乐休闲等。通过对这些表现形式进行分析，可以找到社会和人们内在需求的契合点，那就是人们对真、善、美的追求，这也是社会的道德价值标准。体育的出现，尤其是现代体育的出现，恰恰透射出了衡量价值的评判标准。体育既从整体上通过不同的表现形式完成真、善、美的统一构建，又在不同的表现形式上突出了各自求真、求善、求美的重点。

（一）体育的社会价值

体育社会化是现代社会发展的要求，是生产力发展到一定阶段的必然结果，也是体育事业自身发展内在规律的体现。在体育运动中，人们可以通过各种活动学习了解社会，学会适应社会，使自己成为一个生动的社会角色。随着社会的发展，各行业各学科之间呈现出纵横交错，互相渗透的趋势，体育已逐渐成为最具有社会意义的事业。升国旗、奏国歌这种崇高、特殊、表示胜利者荣誉的形式，唯有国际体育比赛中才有，它最能激发人们的情感，最能增强民族自豪感。

现代社会里，体育运动深入到社会的每一个阶层，而且更多的人愿意拿出更多的时间、精力和资金投入到发展完善自我的体育运动中去，这表明体育运动正在为人们建立崇高生活目标发挥着重要的指导作用。体育运动大多是集体的对抗性活动，在活动中人们加强了对集体、团体和家庭的信赖感和安定感。体育运动又总是在一定道德约束下进行，竞技者必须用公正竞赛、团结拼搏的体育道德规范自己的行为，并在成功与失败、荣与辱、竞争与退缩、爱情与事业、个人与祖国，乃至生与死之间选择和定位。体育不单纯是竞技，它还是一项大众性的健身、娱乐文化活动，体育能增强体质、愉悦身心、减少疾病、延年益寿，在人们的生活中日益呈现出迷人的魅力。体育作为一种将体质、意志和精神的教育有机地融为一体的教育手段，已成为培养全民族现代人素质的催化剂。古往今来，任何一项活动还从未像体育这样拥有如此广泛的参与者和长久不衰的民众热情。随着现代奥林匹克精神逐渐深入人心，亿万人健身强体，发展和完善自我的参与意识越来越强烈。通过各种体育比赛，能激发人们的顽强意志、竞争意识、创新意识、协作精神、奋进拼搏精神以及责任心、使命感和爱国心，产生巨大的凝聚力、吸引力和感召力。

（二）体育的经济价值

在市场经济条件下，体育经济在整个社会经济中是一种社会存在，体育作为一项生产性的文化事业，既有社会效益，又有经济效益。体育经济既是社会消费性经济，又是社会生活性经济，体育与社会经济的关系是相互的。马克思指出："我们把劳动力或劳动能力，理解为人的身体即活的人体中存在的，每当人生产某种使用价值时，就是运用的体力和智力的总和。"从马克思这段著名的论述中，我们对人的劳动能力及其特征可以明确三点：其一，劳动能力存在于活的人体中，是同劳动力所有者分不开的；其二，劳动能力只有在劳动中当人生产某种价值时才能发挥出来;其三,劳动能力是人的体力和智力的总和。由此可见,对劳动者的培养应包括进行智力教育和身体方面教育,使劳动者具有强健的体魄,以保证劳动者有充沛精力投入生产过程,提高劳动效率。体育虽不直接参加物质生产,不出产社会物质产品,但劳动者因接受身体教育而强身健体,增长相关的科学知识,形成多种身体技能,首先是体育运动参与者明显受益,而后表现为社会劳动生产率的提高,产品数量的增加和质量的提高。因而体育间接作用于物质生产过程所产生的经济效益是客观存在的,是不可低估的。

(三) 体育的精神价值

体育给人们带来的不仅是精神上的享受,也带来创造辉煌人生价值的启示,使人感受到生命总在运动发展中。体育发挥着包括一些艺术形式不能够产生的艺术效果和魅力,它既是人类一种高级文化活动,也必然是一片人类高级情感抒发地。在体育运动中,不仅个人的情感得到宣泄和发展,也使社会得以和谐和稳定。

体育比赛紧张激烈的节奏扣人心弦,人们无时无刻不在进行着喜怒哀乐的情感交流。运动技艺的惊险性,比赛的对抗性,战术配合的准确性,稍纵即逝的偶然性,时间速度的节奏性,音响画面的艺术性,极大地满足了精神上的享受和情感的需要。

(四) 体育的健康价值

在现代社会里,体育的价值是多方面的,其中体育运动的健康价值是最基本的。过去主要用它来解决人的体质问题,后来发现许多身体的疾患来自心理,于是体育的价值便又在心理调节方面得以表现,现在又用体育来解决可能导致身心疾病的社会问题和生产方式问题。德国医学博士范·阿肯说:"在我们这个社会里只要有钱,就能买到你想要买的东西,但只有一样东西你买不到,这就是健康,健康的得来需要付出一定的代价——顽强的意志,克服贪图安逸的惰性,艰苦的锻炼和流汗。"运动的作用可以代替药物,但所有的药物都不能代替运动。健康的价值观随着体育的不断发展而发生了变化,体育运动已成为现代人生活中不可缺少的重要内容,是健康长寿的一大法宝,养成运动习惯是终身健康的投资。

坚持体育运动与合理营养相结合,才能真正增强人的体质,提高抵抗疾病和适应各种环境的能力,使身体健壮,精力充沛。

第二节　管　理

一、管理的产生和发展

管理自古有之。从不同的角度，可有不同的解释。从字面上看，管理有"管辖""治理""控制"三层意思。管辖，主要指管理者具有的权限；治理，指在规定的权限内行使职权；控制，指如何管理客体的活动使之符合指定的要求。

从认识发展的规律来看，总是先有实践才有认识。一般来说，我们总是先认识事物的外延，然后在经验感受的基础上，进行抽象思维，按照一定的逻辑，才能确定其内涵。管理也不例外。人类进行了大量的实践，然后才从一系列的活动中逐渐发现了管理的内涵，明确了管理到底是什么的问题。

最初，人类在面对环境恶劣的大自然、面对自身生存发展等问题时，单个个体几乎无法应付，于是人们就不得不形成一个个群体来对抗大自然的威胁，来谋求个人无法获得或实现的生存和发展机会、条件和目标。后来人类在实践中逐渐发现，许多人在一起工作能够完成个人无法完成的目标，于是就慢慢产生了各种社会组织。在组织内，为了解决意见分歧、协调每个人的行动，使大家共同服从于组织目标，就产生了管理。

管理活动伴随人类进化，最初的目标是人类的繁衍，诞生了母系和父系社会。现代的工业化，诞生了非常复杂的管理和管理科学版本。

二、管理的概念

"管"在词典中的解释主要指负责处理或办理、统辖；保证、负责供给；约束；过问、干预。"理"的解释有：①物质组织的条纹：纹理、肌理；②事情的规律：道理；③自然科学，有时特指物理学；④经管：办理；⑤整顿、使整齐；⑥对别人的言行做出反应；⑦层次。

管理的含义就是"负责处置"：首先，是负责，明确责任、目标、任务；其次，是如何负责，即负责的表现就是处置的有秩序、稳定、有条不紊。

由于管理概念本身具有多义性，它不仅有广义和狭义的区分，而且还因时代、社会制度和专业的不同，产生不同的解释和理解。随着生产方式社会化程度的提高和人类认识领域的拓展，人们对管理现象的认识和理解的差别还会更为明显。特别是21世纪以来，各种不同的管理学派，由于理论观点的不同，对管理概念的解释更是众说纷纭。管理学者是这样定义"管理"的，如：西方科学管理之父泰勒（Frederick Winslow Taylor）认为："管理就是确切地了解你希望工人干些什么，然后设法使他们用最好、最节约的方法完成它。"诺贝尔经济学奖获得者赫伯特·西蒙（Herbert A. Simon）对管理的著名论断则是："管理就是决策。"对管理的定义有重大影响的法国人亨利·法约尔（Henri Fayol）提出："管理，就是实行计划、组织、指挥、协调和控制。"美国学者亨利·西斯克认为："管理是通过计划工作、组织工作、领导工作和控制工作的诸过程来协调所有的资源，以便达到既定的目标。"美国的管理学家小詹姆斯·H.唐纳利等人也认为："管理就是由一个或更多的人来协调他人活动，以便收到个人单独活动所不能收到的效果而进行的各种活动。"美国管理学者彼得·德鲁克（Peter F. Drucker）认为，管理就是实践而不是实施；管理不是了解而是行为。美国著名管理学家哈罗德·孔茨（H. Koontz）给管理下的定义则是："管理就是设计并保持一种良好环境，使人在群体里高效率地完成既定目标的过程。"正如科学管理奠基人泰勒曾经郑重声明"管理不是一种理论，而是一种发展"，唐纳利等人也强调："管理的含义随着时间的推移而有所变化，将来也将继续变化。"

当前较常用的管理的概念，是指一定组织中的管理者，遵循事物的客观规律，运用合理的管理手段、方法和程序，对管理客体通过实施计划、组织和控制等职能，协调他人的活动，发挥各种资源的作用，共同实现既定目标的活动过程。简言之，管理即是管理者对管理客体实施计划、组织、控制、协调等职能实现预定目标的活动过程。

三、管理的构成要素

管理是一种行为，作为行为，首先应当有行为的发出者和承受者，即谁对谁做；其次，还应有行为的目的，为什么做。因此，形成一种管理活动，首先要有管理主体，即说明由谁来进行管理的问题；其次要有管理客体，即说明管理的对象或管理什么的问题；最后要有管理目的，即说明为何而进行管理的问题。

有了以上三个要素，就具备了形成管理活动的基本条件。同时，我们还应想到，任何管理活动都不是孤立的活动，它必须要在一定的环境和条件下进行。通过以上分析说明，任何一种管理活动都必须由以下四个基本要素构成，即：

管理主体，回答由谁管的问题；管理客体，回答管什么的问题；管理目的，回答为何而管的问题；管理环境或条件，回答在什么情况下管的问题。

四、管理的特征

（一）文化性及组织性

管理是一种社会现象或文化现象。管理与人类社会并存，它是普遍存在的社会现象或文化现象。管理，必须具备两个人以上的集体活动和有一致认可的、自觉的目标这样两个必备条件。管理的"载体"是"组织"。管理总是存在于一定的组织之中的。组织，是完成管理活动的有力工具，是管理活动的实体，是管理职能实现的场所。

（二）动态性与层次性

管理的动态性主要表现在管理活动需要在变动的环境与组织本身的变动调整中进行，为实现组织的目标，需要不断消除管理过程中的各种不确定性。事实上，由于组织所处的客观环境与具体的工作环境不同，各个组织的目标与从事的行业不同，组织所具有的资源不同，从而导致了每个组织中管理过程的不同性，这种不同性就是动态性的一种派生，因此不存在一个标准的处处成功的管理模式。

管理是分层次的。管理和管理人员的基本职能是相同的，但不同管理人员在组织中所处的层次不同，他们在执行这些职能时就各有侧重。一般分为三个层次（图 1-2）：领导层（即上层主管），主要负责制订计划，确定目标，做出决定；管理层（即中层主管），主要负责制定实施方案，贯彻上层意图和决定；执行层（即下层主管），主要负责执行任务，具体办事。

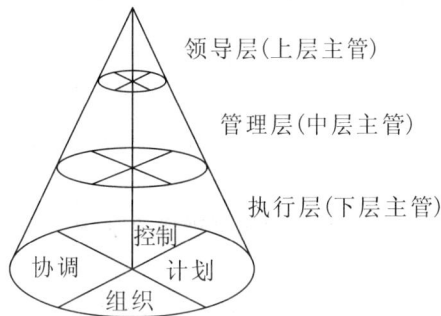

图 1-2　组织的层次结构

（三）科学性与艺术性

管理是科学性和艺术性的结合。管理的科学性是指管理活动过程中存在着的一系列基本客观规律。管理的艺术性，是指强调管理活动除了要掌握一定的理论与方法外，还要有灵活运用这些知识和技能的技巧和诀窍。管理的科学性与艺术性具有相辅相成、互相补充的关系。管理还具有多学科的综合性和较强的实践性。

管理活动既是一门科学，又是一门艺术。这是由于管理对象的不同环境、不同状态等条件导致了对每一具体管理对象的管理没有一个唯一的完全有章可循的模式，特别对那些非程序性的、全新的管理对象更是如此，这造成了具体管理活动的绩效与管理主体、管理技巧发挥作用的大小相关性很大。事实上一方面管理主体对这种管理技巧的运用与发挥，体现了管理主体设计和操作管理活动的艺术性；另一方面，由于在达成组织目标过程中可供选择的管理方式、手段多种多样，而在众多可选择的管理方式中选择一种合适的用于现实的管理之中，也体现出管理主体的艺术性。

（四）创造性与经济性

管理既然是一种动态活动，既然对每一个具体的管理对象没有一种唯一的完全有章可循的模式可以参照，那么欲达到既定的组织目标就需要有一定的创造性。正因为管理是一种创造性的活动，才注定会有成功与失败的存在，试想如果按照程序便可管好的话，如果有某种统一模式可参照的话，那么岂非人人都可成功、人人都可成为有效的管理者？管理的创造性根植于动态性之中，又与科学性和艺术性相关，正是由于这一特性的存在，使得管理创新成为一项永远追求的主题。

经济性亦即管理成本的节省性、最小化。管理是需要付出成本的，管理者总是试图以最小的代价获取最大的回报。这不仅反映在资源利用的机会成本之上，管理者选择一种管理模式是以放弃另一种管理模式的代价而取得的。管理的经济性还反映在管理方法手段选择上的成本比较，由于不同管理方法手段所需成本不同，故如何选择就存在经济上的考虑。

【案例】关于管理概念的困惑

周业涛刚刚进入某体育学院公共事业管理专业学习。第一天上管理学概论课程，教授就布置了一个作业，题目是：你认为什么是管理，根据是什么？并要求每人都要做好第二次课的课堂发言准备。

课后，周业涛急忙跑到学校图书馆，查阅有关管理方面的文献资料，看看世界上管理大师们是怎么说的，以便从中获得最令人信服的答案。首先映入眼帘的是科学管理之父泰勒的代表作《科学管理原理》，泰勒认为："管理是一门艺术，这种艺术就是要知道人们去做什么，并注意他们用最好、最经济的方法去干。"很显然，泰勒强调的是追求管理效率和效益，寻求最经济的方法和途径，换句话讲，他把管理的概念直接引入到他最关心的问题——提高劳动生产率。然而，当周业涛看到另一位与泰勒并驾齐驱的管理学先驱、古典管理理论创始人之一——法约尔的《工业管理与一般管理》之后，却感到问题并非像自己原先想象的那么简单了，法约尔认为："管理不同于经营，管理就是实行计划、组织、指挥、协调和控制。"他好像不大强调生产率，而是强调管理过程。

那么，到底孰是孰非呢？继续查阅下去，周业涛又从行为科学家们那里得到另外一个看法：管理就是通过别人努力来把事情做好。而1978年获诺贝尔经济学奖的西蒙却又把管理归纳为："管理就是决策。"另外一些管理大师，如唐纳利认为："管理就是一个或更多的人来协调他人活动，以便收到个人单独活动所不能收到的效果而进行的各种活动。"而系统理论派的卡斯特认为："管理是一个社会过程，组织是一个社会系统，通过它，大量互无关系的资源得以结合成为一个实现预定目标的总体"，等等。

再查阅中国学者的管理定义，有些定义基本上与国外管理大师的管理概念相同，可有些又不完全相同。如周三多将管理表述为："管理是社会组织中为了实现预期的目标，以人为中心进行的协调活动。"芮明杰认为："管理是对组织的资源进行有效整合以达成组织既定目标与责任的动态创造性活动"，等等。

原本还有一些想法的周业涛越来越困惑了。怎么办，为了第二次课的任务，他仍然奋力在众多说法中理出一个头绪来，并在最后的发言稿中写道："管理是指一定组织中的管理者，通过实施计划、组织、人员配备、指导与领导、控制等职能来协调他人的活动，使别人同自己一起实现既定目标的活动过程。"但是，对这个说法，他自己仍然感到不满意，因为很难说是根据什么而得到这个说法的。

（引自孙汉超、秦椿林主编的《实用体育管理学》，人民体育出版社，2004年）

讨论题：

1. 结合管理大师们对管理的表述，试分析中外管理学者是从什么角度来界定管理概念的？

2. 周业涛是从哪些方面出发来研究管理活动的？你认为他对管理所下的定义全面吗？你是如何理解管理概念的？

本 章 小 结

1. 现代体育是指为满足人们娱乐享受和促进身心健全发展而创造的，以自觉意识支配的身体运动作为主要手段对自己的身心进行改造并使之臻于完善的实践。体育的价值主要有社会价值、经济价值、精神价值和健康价值。

2. 管理即是管理者对管理客体实施计划、组织、控制、协调等职能实现预定目标的活动过程。管理主要由管理主体、管理客体、管理目的、管理环境或条件四个基本要素组成；管理的特征有文化性及组织性、动态性与层次性、科学性与艺术性、创造性与经济性。

>>> **思考题**

1. 你认为对体育概念的理解该从哪些方面进行？
2. 什么是管理？管理的特点有哪些？

第二章　体育管理学

本 章 要 点

　　阐述体育管理、体育管理学的概念以及体育管理学的建立过程，分析说明体育管理学的研究对象与研究方法，并阐述体育管理学的意义。

第一节　体育管理学概述

一、体育管理的概念

　　从我国学者译自国外有关著述的体育管理概念看，不同国家对体育管理的定义存有较大的差异，如日本《体育管理学》教材（1968 年）认为，体育管理是为了有助于体育目标的实现而作用于体育的一种手段；苏联《体育运动管理学》教科书（1977 年）指出：体育管理是为完成一定任务，组织和协调它们的活动主体（管理者）对管理的客体经常有计划的作用；美国体育管理研究者德·森西等在《体育管理课程评价与需求评估：多角度的评价方法》（1990 年）一文中认为："体育管理就是一个高度包含并代表着无数与体育相关的领域范围，包括体育设备、体育旅游、公共和私人健身俱乐部、体育商品推销商、大学生体育与职业体育，等等"，因而，他们把体育管理定义为"体育产品和服务的组织部门进行计划、组织、引导、控制预算、领导和评估技能的结合"。美国《体育管理学——基础与应用》（第 3 版）教材（2003 年）则认为，"体育管理是关于所有参与制造、帮助、推销或组织任何与体育、健身及娱乐相关产品有关的人、活动、组织和经营的一种研究和实践"。不难看出，以上定义是从角度迥异的不同侧面来界定体育管理概念的。

　　目前，我国学者对体育管理概念的定义主要有"职能论"和"协调论"。

　　20 世纪 80 年代初期，我国体育管理学研究刚刚兴起，研究者多参照管理的定义并从管理职能的角度定义体育管理概念。如我国体育学院通用教材《体育管理学》（1989 年）指出：体育管理是为了实现现代体育事业或体育工作的目标，不断提高体育工作的功效所进行的确立目标、组织实施、评估效果等一系列综合活动；武汉体育学院徐家杰、孙汉超教授主编的《体育管理学》教材（1993 年）指出：体育管理是指为实现体育事业或体育工作的目标，不断提高体育工作的功效所进行的目标与计划，组织与协调，控制与监督等一系列综合活动；北京体育大学秦椿林教授、袁旦教授主编的《体育管理学》教材（1995 年）指出：体育管理是指拥有一定管理权力的组织和个人对体育系统的人、财、物、信息、时间等基本要素进行计划、组织、协调、控制、监督的过程；罗时铭在论文中指出体育管理就是为实现体育目标，而对体育事业的发展实行计划、组织、指挥、协调和控制的过程（罗时铭. 体育管理学. 体育文史. 1995 年第 4 期）；刘兵在《新编体育管理学教程》（2004 年）中指出，"所谓体育管理，就是对围绕体育的相关活动的计划、组织、指挥、协调和控制"。管理职能只是实现管理目标的部分方式或手段，它们本身并不等同于管理，管理体现为对各种现实资源的有效组织及整合的过程。

20 世纪 90 年代末以来，人们对体育管理概念的理解进一步加深，开始出现以协调的观点理解体育管理概念的趋势，如体育院校通用教材《体育管理学》（1999 年）指出：体育管理是体育组织中的管理者，对体育管理客体通过实施计划、组织、协调、控制职能，协调他人的活动，发挥各种资源的作用，实现预定目标的活动过程；高等学校教材《体育管理学》（2002 年）指出：体育管理就是指体育管理行为的实施者，通过采取管理的方法，以实现体育管理的计划、组织、协调、控制和创新等职能，创造和谐的环境，充分发挥各种体育资源的合理资源，实现既定目标的过程。较之"职能论""协调论"较为客观、全面地反映了体育管理活动的过程，但此定义依然把管理职能作为标志管理活动的不二法门。如果仅认为计划、组织、控制就是管理的全部，显然是混淆了作为管理手段与作为管理活动本身的区别。因此，这种定义方法仍未完全脱离体育管理概念内涵过窄的窠臼。

体育管理是管理的下位概念，体育管理是指体育组织中的管理者通过一定方式整合资源，以实现组织目标的活动。体育管理者整合资源的过程表现为对资源的培育、开发、配置及利用等活动，而体育管理者整合资源的方式是对包括管理职能在内的管理知识、技能、方法、手段、工具、策略等的总称。

二、体育管理学的建立

体育管理学是由管理科学分化出来的一门分支学科，属部门管理学。体育管理学的产生，首先由于体育事业的迅速发展，要求以科学的管理取代过去的传统管理和经验管理；其次由于现代科学技术的进步为体育的科学管理提供了可能；最后现代企业管理理论与方法发展很快，并取得了巨大成效，为体育学者提供了很多借鉴，于是把科学管理的理论引进到体育管理中来，促进了体育管理学的产生与发展。

体育管理学最早产生于美国，20世纪30年代有人开始对这一学科进行研究，到50年代把它正式列为大学课程。1949—1959年，南佛罗里达大学就开设了经佛罗里达州教育部批准的体育管理课程，课程的名称叫做"棒球经营管理"。它被认为是其同类课程中最早的一个。目前，美国有90余所大学培养体育管理本科生，数十所大学可授予体育管理硕士学位，3所大学可授予博士学位。苏联在20世纪40年代就着手研究这一学科，50年代末列为体育院校的课程。日本自20世纪40年代以来，便有许多体育管理专著、教材相继出版。体育管理学的产生与发展大致可以划分为四个时期：第一时期，萌芽时期（20世纪30年代至50年代初）。其特点是研究处于自发阶段，研究成果零散，没有形成统一体系。第二时期，创立时期（50年代中至60年代中）。理论研究逐步系统化，形成体系，体育管理的专著、论著相继问世。第三时期，发展时期（60年代至70年代后）。这一时期重在理论建设，体育管理学的理论体系逐步完善。第四时期，成熟时期（80年代至今）。特点是由重学校体育行政管理、校际体育运动管理的研究到重职业体育管理、竞技体育经营管理、健身俱乐部管理的研究。

体育管理学学科是随着我国体育事业的迅速发展，现代管理理论与方法的发展和现代科学技术的进步而产生的一门部门管理学，它是管理学科的一个分支学科。我国从20世纪30年代开始引进美国的《体育行政》，50年代从苏联引进《体育组织学》和《体育理论与方法》，并在体育院系开课，但在相当长的一个时期对体育管理理论的研究处于空白状态。70年代末，我国部分体育理论工作者和体育管理工作者开始对体育管理理论进行研究、讨论，并发表了一批体育管理方面的研究成果。80年代以来，我国对体育管理的研究进入一个新的发展时期。1984年，由武汉体育学院会同国内有关体育学院编写了我国第一本《体育管理学》教材，并举办了全国体育管理学讲习班，这标志着我国体育管理学科的初步建立。"七五"期间，原国家体委正式将《体育管理学》列入全国体育院校教材委员会的计划教材，经全国体育院校教材委员会审定，先后编写出版了《体育管理学》通用教材和《体育管理学教程》专业教材。据统计，目前全国各院校共编写出版了体育管理学教材20余种。

1985年武汉体育学院、北京体育大学相继建立体育管理系，以后又有天津体育学院、曲阜师范大学增设体育管理专业。北京体育大学管理学院是北京体育大学各社科研究中心的管理机构，是中国体育管理人才的摇篮。管理学院孕育于1985年组建的北京体育大学管理班，1987年管理学院正式成立并设立体育管理专业。1993年体育管理专业开设体育行政管理和体育经营管理两个专业方向。1995年管理系与原国家体委干部学校合并成为北京体育大学管理学院暨国家体育总局干部培训中心。北京体育大学管理学院成为集国家在职高级体育管理干部培训、研究生、本科生教育为一体的体育管理人才培训基地。

20世纪80年代以来，全国各体育院、系也相继开设《体育管理学》课程。现在全国16所体育院校，几十所高师体育（学院）系开设了《体育管理学》课程。1989年武汉体育学院正式招收体育管理学专业研究生，并于次年获得硕士学位授予权，1994年北京体育大学与曲阜师范大学获得体育管理专业硕士学位授予权。2000年北京体育大学开始首次招收体育管理学方向博士研究生。2004年10月24～28日，第七届全国体育科学大会在北京体育大学举行，中国体育科学学会体育管理分会正式成立。体育管理学学会第一届委员会主任委员、副主任委员、秘书长人员名单产生。2004年10月27～31日，2004年亚洲体育管理协会年会在北京体育大学隆重举行。北京体育大学管理学院院长秦椿林教授当选为新一届亚洲体育管理协会主席。

21世纪初，我国多层次的体育管理学人才培养体系已经初步建立，体育管理学的学术研究群体日益扩大，中国特色的体育管理学学科日臻完善。在社会主义市场经济的新体制下，中国体育与国际的交往日益频繁，体育决策的民主化、科学化程度不断提高，这必然也给我国体育管理学的发展提出了新的要求。可以预见，中国的体育管理学学科正迎来发展壮大的有利时机。

第二节　体育管理学的研究对象及研究方法

一、体育管理学的研究对象

每一门学科都有它特定的研究对象，作为一门独立的学科——体育管理学，必然有它自己的研究对象。管理是人类社会生活各种实践领域普遍存在的现象，体育管理是其中一种特殊的管理现象，其特殊性在于体育涉及男女老少、社会各个阶层、社会的各个行业，其内容丰富多彩、形式多种多样、方法灵活多样。同时，现代体育又是一门综合性的学科，一方面，现代体育的发展离不开社会科学、自然科学的发展，特别是最新科学技术的发展；另一方面，现代体育已发展成为全球性，具有高超技艺性、可以陶冶情操、具有教育性的规模巨大的文化现象之一。面对如此广阔的体育领域以及纵横交错的复杂关系，如果不去研究体育自身的发展规律，想把体育管理好，提高其综合效益是难以想象的。因此，体育管理学的研究对象是研究体育管理实践活动基本规律和一般方法的科学。

体育管理规律是构成体育管理学内容体系的依据和基础。体育管理学是研究体育实践中的管理规律的科学，即体育管理学研究的是体育管理的本质、结构、内外联系和运动规律的科学，其主要目的就是要发展出一种协调现代"大体育"复杂过程中人们行为的理论和方法，使人们在体育目标实现中获得高效益。

体育管理学是体育学与管理科学中的一门交叉性基础科学。它是在总结体育管理实践历史经验的基础上，综合运用社会科学、自然科学、心理科学和技术科学的理论和方法，研究体育管理活动及其基本规律和一般方法的科学。体育管理学的研究内容，包括学科的基本性质及历史发展，剖析体育管理系统的构成要素及其相互关系，研究体育组织的结构设计、运行机制及组织变革，揭示体育管理系统运行中必须遵循的基本原理与方法、体育管理的基本职能，指明体育管理客体（体育资源）正常运行的基本特征、管理要求及具体管理方式等。

二、体育管理学的研究方法

任何一门学科都有它的研究方法。体育管理学常用的研究方法有以下几种：

（一）唯物辩证法

马克思主义唯物辩证法是分析一切事物、学习和研究任何一门学科的最根本的指导原则。马克思主义唯物辩证法不仅为体育管理的研究提供了科学的方法，而且还对体育管理的一些本质问题做了科学的论证，在学习体育管理学的过程中，只有坚持马克思主义唯物辩证法，才能正确理解体育管理学中所论述的问题。

（二）系统方法

要进行有效的管理活动，必须对管理过程中的各种影响因素及其相互关系，进行总体的、系统的分析研究，才能形成正确的管理基本理论和合理的决策活动。总体的、系统的研究和分析方法，就是用系统的观点来分析、研究和学习管理的原理和管理活动。在分析和研究管理过程这个系统时，要把握其作为一种实体所具有的整体性、目的性、开放性、交换性、相互依赖性、控制性等特征。在研究和解决管理问题时必须具有整体观念和"开放的"与相对"封闭的"观点、反馈信息的观点、分级观点等有关系统的基本观点。

（三）具体方法

（1）历史研究法。通过对历史资料研究的方法，在历史的文献中可以寻找体育管理的规律，以帮助我们组织现代体育管理工作，指导现代的体育管理实践。

（2）比较研究法。通过对事物纵向、横向各种联系加以比较，从中找出它们的共同关系，存在的差异，取长补短，博采众长，为我所用。

（3）观察研究法。按照一定的计划和要求，对研究对象的全局或某一方面进行系统的、连续的、定期的观察，对观察所取得的第一手资料进行研究分析，并加以总结、概括出体育管理活动的规律。

（4）调查研究法。通过调查研究可以了解到管理的实际情况，经过分析研究，探索体育管理活动的规律。调查研究分为问卷调查、个别谈话等。

（5）试验研究法。试验研究法是有目的地严格控制或创造一定的条件，人为地引起研究对象行为，从而对其进行分析研究的方法。试验法又分实验室试验和现场试验。实验室试验控制条件非常严格，并可借助于仪器、设备，可反复试验，但人为性较大的现场试验是在实际工作场所进行试验，正因如此，现场试验有较强的现实意义。但现场条件复杂，干扰因素较多，且投入的人力物力较大。因此，需要周密的设计和较长时间的试验才能达到预期的目的。

（6）个案研究法。个案研究法是指对某一群体或组织的某件事在较长时间内连续进行调查了解，收集资料，分析研究其发展规律的方法。

除了上述方法外，体育管理的研究方法还有很多，在实际运用中，关键是针对不同的研究对象选择最适宜的研究方法，并能做到综合使用管理方法，这样才能透彻地理解和分析体育管理现象，从而对体育管理现象的研究才具有积极意义。

三、体育管理学的意义

（一）社会发展离不开管理

有的学者认为，管理与科学技术是推动现代社会经济高速发展的"两大车轮"。越来越多的人认识到，成功在管理，失败还是在管理，管理已成为"兴国之道"。当今世界面临着一个"经营与管理时代"，决定命运的是管理，只要做好了管理，其他各项工作都迎刃而解。

伍绍祖同志指出，现代体育发展离不开三件东西：一是"硬件"，指科学技术、场地设施；二是"软件"，指科学管理；三是"活件"，指人与人的积极性。事实证明，哪个国家抓住了科学管理，体育很快就上去了。美国职业体育的管理水平可以说是走在世界前列，像可口可乐这样一些有名的大企业居然到俱乐部来学习体育管理经验。法国由于大力提高体育管理人员的素质和水平，制定出较为有效的体育制度和政策，广泛开展大众健身运动，使竞技体育有了显著提高。法国在 1996 年亚特兰大奥运会上获得 15 枚金牌、37 枚奖牌，金牌数排名上升至第 5 位，而且半数参赛运动员在 25 岁以下。相反，英国由于放松了管理，它们在亚特兰大奥运会上仅获 1 枚金牌，排名后移至第 36 位。

（二）学习体育管理学的意义

（1）学习体育管理学，有利于普及体育管理科学，加强理论对体育管理实践的指导，并通过实践不断充实、完善体育管理学理论体系。

（2）学习体育管理学，有利于促进体育改革的深化，使体育工作的进行更为科学化、有序化。

（3）学习体育管理学，有利于提高工作效率和综合效益，促进体育事业的发展。

（4）学习体育管理学，有利于提高干部的素质和水平，加强管理干部队伍的建设。

【案例】管理是不是一种专业

老钟在体育经营开发中曾取得过骄人的业绩，也在该领域中颇有一些影响力。他在某体育中心负责了 10 多年工作，为中心业务的拓展做出了贡献，也创下了可观的利润。一天，他打电话请小李下午 4 点钟来主任室一趟。小李是去年才参加工作的大学生，毕业于某大学经管学院，现在体育中心负责公关工作。小李准时叩响钟主任办公室的门，钟主任热情地招呼他进来，并亲自为小李泡了杯热茶。一番简短的问候后，钟主任提出了他的问题。"最近省体育管理学会邀请我就'管理是一门专业'这个题目做一次讲座。说实话，从运动员退役后，虽然读了个大专，这么多年来也在从事管理工作，但这个题目还真不知从何谈起。今天请你来就是要听听你的看法。"小李听后想了一会儿，比较谨慎地讲："这个问题我在大学也接触过，或许能提供一些资料。记得在大学时看过一本书，名字忘记了，里面有一章谈到过这个问题。我能不能回去找一找，明天给您送来行吗？"

第二天，小李将那本书送到钟主任办公室。钟主任看后又一次约小李来到主任室。"小李，那本书我看了，对我还真有些帮助。但有些地方还是不很清楚，比如，作者虽然在谈'管理是一门专业'，但结论似乎又不是非常肯定。你是怎么看的？"小李回答道："记得刚开始我也有您这种看法，但从我个人的观点来看，作者还是十分强调'管理是一门专业'，虽然它是一门边缘性学科。也可能正因为如此，管理的知识非常丰富，涉及众多的专业知识，所以给人一种不能十分肯定的感觉。"钟主任听完后讲："你的看法十分有道理，但为什么有人认为'管理就是万金油'呢？所谓'万金油'既可以认为谁都可以干，也可以认为它不是一门专业。"小李讲："从管理历史发展看，它并不像医生等专业那样，一开始就被人们当做是一门专业来看待，而是在社会发展过程中，随着人类活动的规模和广度的扩大，需要有人专门从事一些组织、领导、协调、控制等工作时，人们才开始觉得这是一门专业。但说到底，管理从其本质上看，它实际上就是一门专业。尽管有些人没有拿到正式的管理文凭，但他们都或多或少在实践工作中通过自己的努力，已经学到管理必备的知识和经验。只是通过自己的领悟，比较慢一些而已。""任何专业都有自己的特点，管理专业的特点是什么呢？"老钟又问道。"这个问题我还一下子讲不清楚。我认为这个专业的特点可能主要有'协调性、艺术性和创新性'。协调性讲的是'管人'处理各类关系；艺术性讲的是'技巧和经验''一种顿悟'和'时机的捕捉与运用'等；创新性也可以说是'管理的生命'。我不太肯定。"老钟略显激动地称道："说得有道理，看来你还真不枉在大学学过。我再考虑考虑，谢谢你。"

（引自孙汉超，秦椿林主编《实用体育管理学》，人民体育出版社，2004年）

讨论题：

1. 你认为管理是一门专业吗？为什么？
2. 如果你是老钟，在你的演讲中会如何论述这一专题？

本章小结

1. 体育管理是指体育组织中的管理者通过一定方式整合资源，以实现组织目标的活动。体育管理学是专门研究体育管理的科学，是研究体育管理现象及其发展规律的一门综合性的管理科学。

2. 体育管理学的研究对象就是系统地研究体育管理活动的基本规律和一般方法的科学。研究体育管理学常用的方法主要有唯物辩证法、系统方法以及一些具体的方法。社会发展离不开管理，学习体育管理学对于有效指导体育实践，推进体育改革，提高管理效率和效益，促进体育事业发展，均有着重要的作用。

>>> **思考题**

1. 体育管理学的研究对象是什么？
2. 联系实际，谈一谈学习体育管理学的意义。

第三章 体育管理原理

本 章 要 点

管理原理是对现代管理活动的实质及其运行规律的概括和总结，是大量管理实践经验的升华。本章主要阐述体育管理的系统原理、人本原理、动态原理和效益原理的概念及其运用。

管理原理是对现代管理活动的实质及其运行规律的概括和总结，是大量管理实践经验的升华。研究管理原理有助于指导一切管理行为，强化管理职能，提高管理工作的效率与效益。体育管理原理主要有反映现代管理对象的系统原理、反映现代管理核心的人本原理、反映现代管理过程的动态原理以及反映现代管理目的的效益原理，它们共同构成了现代管理原理系统。

第一节 系统原理

一、系统原理的概念

系统是由若干相互联系、相互作用的要素组成的具有特定功能的有机整体。

系统论创始人贝塔朗菲提出的有关系统的整体效应观点认为：系统的整体功能之和可以大于各要素在孤立状态的功能之和。系统的整体之所以会大于各要素在孤立状态之和，这主要是因为系统的诸要素经过合理的排列组合之后，构成新的有机整体，具有其要素在孤立状态中所没有的新质即新的功能、特性、行为等，产生了放大的功能，也就是产生了"1＋1＞2"的效果。产生"整体效应"的奥秘在于科学的组织管理。

二、系统原理的运用

（一）把握系统的整体性

在管理工作过程中，必须在整体规划的前提下，明确分工，在分工的基础上有效综合。具体来说，就是从整体上把握系统的目标、所需的条件和所处的环境，从整体着眼，部分着手，统筹考虑，各方协调，达到整体的最优化。

从系统目的的整体性来说，局部与整体存在着复杂的联系和交叉效应。在一般情况下，局部与整体是一致的，对局部有利的，对整体也是有利的。但有时，两者并不完全统一。因此，当局部与整体发生矛盾时，局部利益必须服从整体利益。

从系统功能的整体性来说，系统的功能不能只等于各要素的简单相加，而是应大于各部分功能之和。这种总体功能的产生是一种质变，它的功能大大超过了各部分功能之和。因此，系统要素的功能必须服从系统整体的功能，否则，就会削弱整体功能，从而也就失去了系统功能的作用。

（二）明确管理的目的

每个系统都应有明确的目的，它包含两层含义：一是任何系统都应有明确的、统一的目的（或目标），这样，管理才能有秩序地进行。目的不明确或管理目标不统一，必然会导致管理系统活动的无序、低效甚至无效；二是不同系统间的目的不能混淆，否则必然会降低更高层次大系统的功效。应根据系统的目的和功能划分各子系统，各子系统的设置必须围绕系统的目的进行。在组织、建立、调整系统结构及各子系统间的关系时，要强调子系统应该服从系统的目的，使每个子系统都有确定的功能，为实现系统的目的发挥应有的作用。

管理系统的目的性，要求我们在建立任何管理系统时，都必须以高效实现管理目标为中心，以此来设置相应的分系统和各种要素，确定其功能，合理安排其组织结构。管理工作的任务，就在于通过科学的手段和方法，及时地发现和消除管理系统中与实现目标无关的因素，克服各种不利于实现管理目标的因素，诸如人浮于事、以人定编、因人设职等，从而使管理系统在达到既定目标过程中始终保持相对优化的状态。

（三）理清管理系统的层次性

管理系统的层次性，我们也可以把它理解为管理系统的等级性，它指的是任何管理系统都可以从纵向上把它划分为若干等级，其中低一级的管理机构是高一级的管理机构的有机组成部分。综观各种各样的管理系统，如果从层次上划分，大致都可以分为宏观管理、中观管理和微观管理三个不同的层次。宏观管理主要是指以制定战略、方针、政策为主的高层管理。这种管理必须集中、统一、相对稳定，切忌政出多门，政策多变。微观管理主要是指在宏观战略和总体目标指导下的对具体要素和具体事务的管理。这种管理带有明显的执行、落实的特点。从事微观管理要注意从实际出发，在坚持总体原则的情况下，尽量做到灵活、多样。介于宏观管理和微观管理之间，还存在着一个或若干个承上启下的管理层次，这就是中观管理。中观管理具有联结宏观管理与微观管理的特征。一方面，中观管理的对象既不像宏观管理的对象那样广泛，又不像微观管理的对象那样狭窄，而是同时有宏观和微观的特点；另一方面，在一个管理系统中，中观管理是连接宏观与微观管理的"桥梁"，正是中观管理把宏观与微观管理有机地连接在一起，从而形成了系统的有机整体。

在具有一定规模的管理组织中，都存在着管理幅度和管理层次的问题。由于管理者本身能力的限制，当他直接领导的下属人员超过一定数量时，往往就不能对其实行有效地领导，因此，必须通过划分管理层次、逐级进行管理来解决相关问题。管理幅度和管理层次是互相制约关系。管理幅度小，管理人员就能够有效控制和协调下属的活动，但却由于管理层次的增加而使管理工作所需的人、财、物增加，组织的信息传递复杂化，组织层次间的协调难度增大。同样，如果减少管理层次，又会增大管理幅度，这样虽然可以消除层次过多的弊端，但由于管理者对下属有效控制程度的下降，也会影响管理工作效率的提高。因此，正确地处理管理幅度与管理层次的关系，是提高管理工作效率的一个重要环节。为此，应该注意：

（1）只设最必要的管理层次。管理层次少，可以减少管理人员和管理费用，信息沟通也比较迅速，并可以减少信息流通过程中的"失真"现象，还便于上层管理人员直接接触基层，并及时进行控制和协调。

（2）层次间应各有职责，而不能越俎代庖。一般情况下，上级只为下级规定目标、下达任务、制定方针、确定政策，而不能随意干预下级工作。下级在其职责范围内依据既定的政策独立作决策，只是在遇到新的复杂情况时才需要向上级报告请示，上级只保留例外事项的决定权和控制权，这就是泰勒讲的"例外原理"或西蒙讲的"非程序化决策"模式。

（3）实行逐级指挥，逐级负责。每一级管理人员，都只能对自己的下一级发号施令，在一般情况下，不允许越级指挥。

（四）保持管理系统内部的相对封闭

管理系统内部要形成相对封闭的回路系统。这里所说的封闭只是针对系统内部而言，对系统外部则要呈开放状态，保持系统内部与系统外部不断地进行人、财、物、时间、信息等资源交流。在管理活动过程中要在以下四个方面进行有效封闭：

（1）管理的组织机构要保持封闭。作为管理手段的机构来说，要构成一个封闭的回路系统，必须具有决策机构、执行机构、监督机构和反馈机构四个基本组成部分（图 3-1）。决策机构是管理的起点，由此发出指令，其指令一方面发向执行机构；另一方面发向监督机构。执行机构的任务是准确无误的贯彻指令；监督机构的任务则是根据指令去检查与监督执行机构的工作情况，以保证决策中心的指令能够正确贯彻执行；反馈机构的任务是检查执行结果的情况，并对执行结果进行加工处理，然后反馈回决策机构。决策机构通过对反馈信息进行分析，采取新的措施与对策进行封闭，在此基础上发出新的指令，使管理活动不断逼近管理目标。

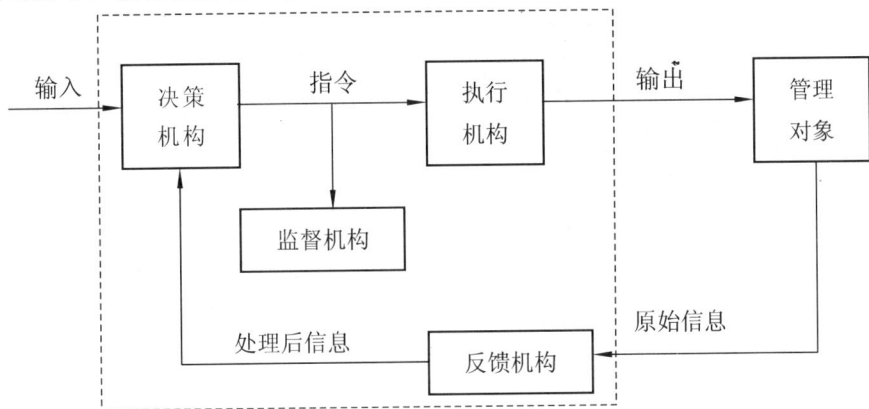

图 3-1　体育管理的组织机构框架

（2）管理的法规、制度要保持封闭。为了保证立法的客观性、实效性，决策中心应对立法工作给予信任和支持，并允许反馈系统与自己唱反调，做到"兼听则明"。要有一个尽可能全面的执行法，还要有执行的监督法。此外，还必须有反馈法，它包括执行过程中产生矛盾的仲裁法，对执行发生错误的处理法，以及对执行结果的奖惩法等。从系统内部来看，一切规章制度，也要形成封闭回路，如实行责任制，要以奖惩进行封闭，实行晋升制，则以考核进行封闭等。

（3）管理中的人要保持封闭。人的封闭集中体现在一层管一层，一层对一层负责，并形成回路。如果上下层级之间的指挥和沟通中断，或越级指挥，就必然导致管理上的混乱。如果没有形成通畅的回路，则会可能导致管理者的独断专行。

（4）信息在系统内要沟通、流畅，同样也需要形成封闭的回路。

第二节　人本原理

一、人本原理的概念

人本，顾名思义，就是以人为本；人本原理就是在管理中以人为根本。人本原理是指一切管理活动均应以调动人的积极性，做好人的工作为根本的规律的概括。管理实践证明，凡是人的积极性、主动性、能动性得到较好发挥的组织，其管理效益实现得也好。过去是把组织的普通职员和工人当做工具和机器看待和使用的，把他们和物的资源放在同等地位，给予任意的鞭打、宰割、处分、开除。现代管理已认识到，人创造组织整体，人创造组织的绩效，人支配和控制其他资源，所以，人是管理的中心。确立和运用管理的人本观念，是现代管理的必然要求。

在管理系统中，管理的最终目的就是为不断地满足人们的物质需要和精神需要，实现人的全面发展。人不仅是管理的主体，同时也是管理客体中最主要的因素，各项管理措施和管理手段的运用，首先是作用于人，再通过人来发挥其能动作用，最终协调与其他管理要素的关系。以人为中心的管理思想，是现代管理理论发展的主流。

二、人本原理的应用

（一）贯彻能级原则

物理学中的能量是指物体做功的本领。能量有大小，能量大，物体就具有较大的做功本领，其所处的能级就高。在现代管理中，机构、法和人都存在不同的能量。能量可以分级，分级就是建立一定的秩序、一定的规范和一定的标准。科学的管理就是必须建立一个合理的能级，使不同才能的人处于相应的能级中，使其能量与级别相对应。做到人尽其才，物尽其用。

现代管理要求按能分级，按层管理。正常、稳定的管理机构应当是呈正三角形，一般可分为决策层、管理层、执行层和操作层。决策层的主要任务是确定系统的大政方针、管理的目标和模式；管理层的主要任务是运用管理理论和各种管理技术来实现系统的方针政策；执行层的主要任务是具体贯彻执行管理指令，直接调动和组织人、财、物等管理对象及内容；操作层的主要任务是从事操作和完成每一项具体任务。以上四个层次，形成一个宝塔状的正三角形管理形态，每一层次不仅使命不同，而且标志着其能级差异。

能级原则的运用主要表现在以下方面：

（1）按层次组成稳定的组织形态。管理结构分出层次，才能使管理运动存在"势"，层次越高，"势能"就越大。现代管理要求按能分级，按层管理。

（2）不同能级应有不同的权益。权力、物质利益和精神荣誉是能量的一种外在表现，只有与能级相对应，才符合相对封闭原则。要使能级与报酬、荣誉相符。不同能级的管理人员，在待遇、荣誉方面也应有所区别，做到在其位、谋其政、行其权、尽其责、取其酬、获其荣、惩其误。

（3）各类能级必须动态地对应。现代科学管理必须善于区别不同才能和素质的人，知人善任，使人的能级与工作能级相对应。同时，人的能力是不断变化的，岗位能级的要求也是不断变化的，因此必须根据人的才能水平和岗位要求的变化，不断调整其管理职务，使之相适应，做到各类能级动态地对应，使每个人都真正各得其所，各尽其才。

（二）正确运用各种动力

动力是决定管理绩效的决定性因素，它不仅是管理的"能源"，更是一种制约因素。没有它，管理就不能有序运动，其他原理、原则的效能就会受到制约，人的积极性就难以发挥。同时，具备了动力但运用不当，同样也会影响到管理系统的绩效。

动力主要分为物质动力和精神动力。物质动力是指通过物质利益、经济手段等方式激发人的工作热情，调动人的积极性。有效地发挥物质动力的作用，就必须把工作成果与物质利益有机结合起来，促使人们将自身工作的好坏与物质利益挂钩，与单位的经济效益相联，从而积极认真地从事工作。虽然物质动力是最基本的动力，但并不是万能的。不重视物质动力，或过分地强调物质动力，都会受到物质"异化"的惩罚。所以，运用物质动力的同时，必须加强思想政治工作，使之与精神动力有机地结合起来。精神动力是指用精神的力量来激发人的积极性、主动性、创造性。人都有一定的精神支柱，总是受一定的思想、信仰所支配。一个人的思想状况、心理活动，对其工作的影响是很大的。因此，提高人的觉悟，给人以精神动力是首要的。它不仅可以补偿物质动力的缺陷，而且它本身就有巨大的威力。在特定条件下，精神动力可以成为决定性的动力。

运用动力时，首先，各种动力要综合运用，达到互相补充、扬长避短；其次，要正确认识和处理个体动力与集体动力的关系；最后，运用动力时，要掌握好适宜的"刺激量"。刺激量过大或过小，都会产生负效应。因此，必须掌握好刺激量的"度"。一般来说，刺激量要逐步提高。刺激量的标准要分档次，并拉开档次差距。刺激量的标准要得到群众公认，并公开实行。

第三节　动态原理

一、动态原理的概念

辩证唯物主义告诉我们，世界是物质的，物质是运动的。物质和运动是不可分的。由于人、财、物、时间、信息等管理对象处于不断变化、发展之中，因而相应的计划、组织、控制等环节也必须随着管理对象的变化而动态地发生变化。所以，动态原理是指在管理活动中时刻把握管理对象的变化情况，不断对其进行调节，以实现系统的目标。从管理系统的运动上看，虽然管理系统力求趋于稳定，但由于信息传递极易出现滞后、失真、不对称等现象，使得管理系统总是相对处于动荡发展变化之中。同时，管理系统中不仅存在着管理对象的复杂多变性，而且还受到相关系统的影响和制约，从而必须随着环境条件和管理对象的变化而不断变化和调节。

二、动态原理的应用

（一）运用反馈对管理过程进行有效的控制

反馈是指系统把信息输送出去，又将其作用结果返送回来，并对信息的再输出起到调节控制的作用。反馈控制原则就是通过信息的反馈，对未来行为进行控制，使行为不断逼近管理目标的过程。管理只有通过不断的反馈，才能促成管理目标的实现。

应用反馈方法进行控制，一般会产生两种不同的效果。一种是使系统的输入对输出的影响增大，造成系统偏离目标的运动加剧，导致系统振荡的反馈，我们称这种反馈为正反馈；另一种是系统的输入对输出的影响减少，使系统偏离目标的运动收敛，导致系统趋于稳定状态的反馈，我们称这种反馈为负反馈。从体育管理实践来看，运用较多的是负反馈。

反馈与控制是密不可分的，反馈是控制的前提，控制是实现管理目标的有效手段。反馈与控制，又都离不开信息，控制的基础是信息，一切信息的传递都是为了控制。运用反馈来达到有效的控制，关键在于反馈必须灵敏、正确和有力。

（二）在管理过程中要保持一定的弹性

由于管理环境的不确定性，在管理过程中必须留有余地，保持一定的弹性，以适应客观事物各种可能的变化，这就是弹性原则。在管理中如果弹性较大，其适应能力就较强，就可能较快地适应环境，但相应地其原则性就较差；如果弹性较小，其原则性就较强，但适应能力相对较弱。因此，弹性的大小主要根据不同的管理层次要求、不同的管理对象和不同的管理目标而定，没有一个绝对的标准。

我们在管理工作中，既要注意局部弹性，又要注意整体弹性，要采取遇事"多一手"的积极弹性，避免遇事"留一手"的消极弹性。

第四节　效益原理

管理活动的重要目标是利用最小的投入或消耗，获取最大的效益。管理的效益原理认为，管理者在管理活动中，要牢固树立效益观念，把追求最大的经济效益和社会效益放在管理工作的重要位置，克服一切忽视效益的管理思想和方式。效益原理揭示了现代管理的属性。管理工作的一切职能、措施、手段、方法等，最终都是为实现管理的预定目标服务的。

对体育管理效益的理解，需要弄清两个关系。

一、效率与效益的关系

效率是指单位时间内所取得效果的数量，反映了劳动时间的利用状况，与效益有一定的联系。效果，是指由投入经过转换而产生的有用成果，其中有的是有效益的，有的是无效益的。效益是有效产出与其投入之间的一定比例关系。一般说来，效率高，效益则好，但是效益与效率并不一定总是一致的，因为效益取决于系统的目标方向正确与否，即效益＝效率×目标方向正确。如果目标方向正确，则效益与效率成正比；如果目标方向失误，则效益与效率成反比，效率越高，损失越大。另外，效率和效益的辩证关系也可以反映出管理者调控资源实现目标的能力。它们的关系如表 3-1 所示。

表 3-1　效率与效益的关系

	低效率	高效率
高效益	低效率/高效益 管理者目标选择正确，但不善于整合资源以实现目标	高效率/高效益 管理者目标选择正确，并充分整合资源以实现目标
低效益	低效率/低效益 管理者目标选择错误，整合资源不力	高效率/低效益 管理者目标选择不当，但整合资源充分有效

二、社会效益与经济效益的关系

效益好坏往往可以从社会和经济两个不同角度去考察，即社会效益与经济效益。经济效益是讲求社会效益的基础，而讲求社会效益又是促进经济效益提高的重要条件，两者有着紧密的联系。但是，两者又是有区别的，主要表现在，经济效益较社会效益直接、显见。经济效益可以运用若干经济指标计算和考核，而社会效益则难以计量，必须借助于其他形式来间接考核。

【案例】让班组去做主

三江市体育馆主任史涛，年底前被市体育局安排参加了第三期管理干部培训班，学习了几个星期，听到不少专家、学者所作的关于现代管理原理与理论的报告，觉得很受启发。给他印象最深的一次课，是一位姓赵的老教授关于什么是人本管理原理的讲座。赵教授强调说，管理的核心是"人"，必须以人为本，要充分调动职工的主动性、积极性、创造性。根据大量国内外研究结果及实践表明，只要给广大职工以机会，他们就会集体想出高明的主意，领导也会乐于接纳的。换句话说，应当充分发扬民主，尊重人，让各班组去做主，制定有关他们的工作决策……老史听得津津有味，觉得很有道理，并很快总结出心得：以人为本就是以本单位职工为本！遇事尽量放权，让职工去自行决定！这样，他们的积极性就会调动起来。

培训班结束后，老史回到体育馆就接到市体育局关于提高来年体育馆上交定额的指令，老史觉得这个问题正好可以把培训班上学来的东西在实践中试一试。于是他把本馆包括一名服务部经理在内25名职工全都召集起来，对他们说，过去我们馆每年的上交指标是18万元，这一指标的制定没有充分尊重大家的意见，影响了大家的积极性。这两年来，我们每年的实际收入平均都要超过26万元。今年我们又新增加了一个"健身中心"，近期效果明显不错，所以，原来所定的18万元上交定额和超额指标看来已经过时，显然不适应新情况。现在想让你们自己来讨论一下，集体决定你们的定额是多少才最合理。布置完了讨论，老史就回自己的办公室去了。他觉得自己不该去参加讨论，领导在场，大家不易畅所欲言，而且显得对大家不够信任。但他坚信，群众准会定出连他本人都不敢提出的更高的标准来。

一小时后，老史又回到会议室，职工们说，他们都觉得原来的定额不够合理，定额过高，现在既然授权他们自己来设置定额，经集体讨论决定，新定额应比原来的降低10%。老史听后大吃一惊，这跟他原本的如意算盘截然相反，完全出乎他的意料，他一时不知所措。该怎么办呢？接受大家的决定吧，又实在太低，无法向市体育局交代。拒绝吧，失信于民，这以后谁还听你的呢？老史实在左右为难，只好登门去拜访那位赵教授，请教他的高见去了。但老史心里着实窝着一肚子火，这些书呆子，光出馊主意坑人，说的那一套根本不灵嘛!

（修改自余凯成主编《管理学案例学》，四川人民出版社，1987 年）

思考题：

1. 赵教授讲的以人为本，发扬民主，让职工群体参与决策的说法对吗？为什么史主任的实践却不成功？

2. 结合本章所学内容，你认为史主任的做法是否符合人本原理？在他的实践中出现了什么问题？

3. 如果你是史主任，接下来会如何做？

本 章 小 结

管理原理是对现代管理活动的实质及其运动规律的概括和总结，是现实管理现象的一种抽象，是大量管理实践经验的升华。体育管理原理主要有系统原理、人本原理、动态原理和效益原理。本章主要阐述这四个原理的概念及每个原理在运用时要注意的问题。

>>> 思考题

1. 在社会主义市场经济条件下，为什么在管理过程中还要强调"以人为本"？

2. 如何对管理的效益进行公正、客观的评价？

职能与方法篇

第四章　体育管理职能

本 章 要 点

1. 分析体育管理系统的构成要素，阐述体育管理的过程
2. 论述体育管理的领导职能、计划职能、组织职能和控制职能

第一节　体育管理系统

一、体育管理系统

体育管理系统是由体育管理主体、体育管理客体及体育管理中介等诸方面要素构成。管理主体与管理客体之间的相互联系和相互作用（实质为内信息）构成了组织系统及其运动，这种联系和作用是通过组织而发生的。管理主体相当于组织的施控系统，管理客体相当于组织的受控系统。组织是管理主体与管理客体依据一定规律相互结合，具有特定功能和统一目标的有序系统。在管理的过程中，管理主体领导管理客体，管理客体实现组织的目的，而管理客体对管理主体又有反作用，管理主体根据管理客体对组织目的的完成情况，从而调整管理主体的行为。它们通过这样的相互作用，形成了耦合系统，从而更好地实现组织的目的。在体育管理主、客体的辩证运动中，不断达成体育管理的目标。

（一）体育管理主体

体育管理主体是指具有一定管理能力，拥有相应的权威和责任，从事体育管理活动的人，也就是通常所说的体育管理者。体育管理者的外延较广，包括负责某一管理系统的领导者和从事具体管理事务的中层和基层管理者。他们在管理活动中处于主导和支配地位，其素质的优劣和管理水平的高低是

影响管理功效的关键。各级各类体育管理组织机构是体育管理者实施管理活动的载体，是现代体育管理活动中行使管理职能、实现管理目标的组织保证。

（二）体育管理客体

体育管理客体是体育管理主体所能预测、协调、控制和支配的对象。体育管理客体也是体育管理的对象，主要指体育资源。按不同的分类标准，可把体育资源划分为不同的类型，如按自然社会系统构成划分，可分为体育自然资源（地理环境资源、气候条件资源）、体育人文社会资源（科技资源、教育资源、经济资源、物质资源、民族资源、传统资源等）；按单位划分，可分为学校、社区、厂矿体育资源；按性质划分，可分为国有体育资源、社会体育资源、个人体育资源；按运动项目划分，可分为篮球、足球、排球、田径、乒乓球、羽毛球资源；按表现形式划分，可分为有形资源、无形资源；按具体内容划分，可分为人才资源、体育场馆资源、资金资源、信息资源、科技资源等。体育管理中最直接的体育资源主要包括人、财、物、时间、信息等。

人，指被管理者。管理者和被管理者是相对的，如基层管理者相对于上一级管理机构和领导者而言是被管理者，但相对于具体操作者来说，则为管理者。通常所说的被管理者，大多指基层的具体操作者。被管理者在管理对象各要素中是最积极、最活跃的要素，系统目标的实现，最终取决于他们与管理者的有效合作。从宏观的角度看，人既是管理的主体，又是管理的客体，而且管理的目标和计划，需要人去制定，组织机构是由人组成的，即使是采用先进的管理技术，最终也需要人去操纵，所以说，在管理诸要素中，人是管理的核心。体育管理的核心就是处理好体育活动中人与人之间的关系，充分调动各类人员的工作责任感和积极性。

财，指体育资金。任何管理都离不开一定的财力保证，管财是管理工作中的一项十分重要的内容。其中，生财是根本，聚财是保证，用财是关键。科学的管财必须做到努力开辟财源，正确聚集财力，合理分配和使用财力，提高经济效益。

物，指体育的物资。包括设备、材料仪器、场馆设施、运动器材、能源和自然资源等，是进行管理的物质基础。对物管理的目的，在于提高物的使用率，充分发挥其效用。

时间，指用于体育工作的时间。时间反映速度和效率，时间含有价值。管好时间，就是要在尽可能短的时间内，办更多更好的事。

信息，指体育工作需要的信息。信息是管理工作的命脉，是一种与人力、物力、财力等同样重要的宝贵资源。一切管理都是通过信息来控制和协调系统的运行，尤其是在当今信息社会里，信息已成为管理工作中占主导地位的重要要素。

（三）体育管理中介

体育管理中介是指为实现体育管理目标而采用的手段、方法、途径、步骤等的总称（这些内容也可认为是体育管理方式）。有效的体育管理中介是保证管理活动顺利进行、实现管理系统目标的重要因素。计划、组织、控制是体育管理中最基本的管理中介方式（也是体育管理的职能）。体育管理中介还包括各种体育管理的手段和方法。体育管理手段包括管理法规、管理信息和管理工具等。其中，管理信息既是管理的对象，也是管理的手段和工具。运用现代信息管理技术，不仅可以大大提高管理效率，而且也是实现管理现代化的一个重要标志。管理工具包括信息网络、计算机等。体育管理方法是用以达到体育管理目的，实现体育管理任务的手段和途径。不同层次的体育管理方法构成体育管理的方法体系。要想达到管理的目标，实现管理的任务和职能，除了遵循管理原则外，还必须探究管理方法。离开了管理方法，一切管理任务就无法完成。

（四）体育管理目标

探究目标是研究体育管理工作的首要问题，因为目标是一个组织通过决策和行动争取达到的意想目的，以及验证其决策行动同其意想目的相符程度的衡量指标。作为任何一项具体的体育管理活动或工作，一定有一个欲达成的具体目标，而管理活动的具体达成目标又一定是组织总体目标规定下的产物。这是因为，任何一个组织的存在，一定有其目的性，否则组织就不会存续。组织既定目标是其存续目的性的一个阶段性的表现。因此，任何体育组织的管理目标就是要实现组织既定的目标。而组织既定目标可以被分解成各类管理活动的具体目标，这些具体管理目标的逐步实现将最终帮助实现组织的既定目标。

（五）体育管理环境

体育管理的环境既包括体育管理主体、管理客体和管理中介所组成的组织内部环境，又包括政治、经济、文化、法律、自然等组织外部环境。体育管理的外部环境决定着管理主体、管理客体以及管理目标的性质，也决定着体育管理方式的具体采用。组织是一个开放系统，组织内部各层级、部门之间和组织与组织之间，每时每刻都在交流信息。任何组织都处于一定的环境中，并与环境发生着物质、能量或信息交换关系，脱离一定环境的组织是不存在的。组织是在不断与外界交流信息的过程中，得到发展和壮大的。所有管理者都必须高度重视环境因素，必须在不同程度上考虑到外部环境，如经济的、技术的、社会的、政治的和伦理的等，使组织的内外要素互相协调。

二、体育管理的过程

体育管理过程中诸要素是相互作用、相互影响并处于运动状态的，正是这种运动状态才推动管理工作的进行，使管理过程成为一种动态过程。管理过程中的运动主要表现为"人流""物流"和"信息流"三个方面，信息流往往是伴随着人流和物流同步进行的。管理过程的运动总是为了达到一定的目标，并按照时间顺序有规律地进行，其规律性主要表现为管理过程的阶段性和程序性。因此，管理的过程就是管理系统诸要素按照一定的规律和程序，为达到一定的目标而进行的有控制的活动过程。

管理过程的各个阶段划分可以根据不同需要或从不同的角度去确定。有的人从控制的角度，把管理过程划分为计划、设计、预算、分析、决定、评估和复核七个环节；有的人从行政过程，将管理过程划分为目标、计划、组织、指挥、控制和考核六个环节；有的人则更具体地将管理过程划分为明确方向、制订计划、建立机构、组织力量、指挥行动、跟踪变化、调节关系、控制系统、总结经验和前后分析十个环节；有的人从思维过程把管理过程的程序划分为感受信息、判断和决策三个环节。管理过程不论是多少个环节，其划分都是相对的，实际上每个环节的活动还可以根据内容的细微差别进一步划分为若干个更小的环节。如计划还可以划分为预测、确定目标、计划初步确定、修改计划和组织实施等若干个环节，而预测又可以进一步划分为确定预测目标、收集数据资料、分析计算和跟踪检查等环节。

从体育管理特点出发，可以把体育管理的过程划分为计划、组织、检查和总结四个基本环节进行论述。

（一）计划

计划是管理过程中的首要环节，是整个管理过程的依据。没有计划，管理工作就无法进行；计划缺乏科学性、指导性和实践性，也无法达到管理的目的。因此，制订切实可行的计划，对于保证管理过程的顺利进行，实现管理的目标具有重要意义。

制订计划要求做到：目标正确，指标可行，全面兼顾，重点突出，要求明确，分工落实，计划内要留有余地。制订计划必须符合方向性、科学性、可行性的要求。制订计划首先要学习、研究制订计划的依据并深入调查研究；其次，分析各种可行方案，草拟计划；再次，审议初稿，修改定稿；最后，布置实施。

（二）组织

计划制订之后，就要认真组织实施。组织实施是管理过程的中心环节。在组织实施过程中主要应做好四项工作。

（1）组织。

主要做好两方面的工作，一是任务的合理分配落实；二是人、财、物等资源的合理配置。

（2）指导。

在实施中管理者要深入第一线，指导下级工作，帮助解决各种困难和问题。为了达到指导的实效，指导中应该做到指点而不说教，帮助而不代替，引导而不强加，批评而不压制。

（3）协调。

要贯彻于实施的全过程，它是减少摩擦和内耗的重要手段。有效地协调，可以使人际关系融洽，人与事之间组合得当，事与事之间进度适应，步伐合拍。

（4）激励。

是调动人的积极性的重要措施。一方面通过激励，增强组织各成员的上进心和责任感；另一方面，运用精神和物质的各种奖励手段，激发每个成员的进取心。

（三）检查

检查是对计划预见性的监督和检查，它是总结的前提和依据，也是对下属的监督和考核。

（四）总结

总结是管理工作的最后环节，它对于积累经验，提高管理水平和工作效率，有着积极的意义。

管理过程总是按照计划、组织、检查和总结的程序，围绕着管理系统的目标周而复始地进行，一个周期接一个周期，螺旋上升，循环进行。

第二节　体育管理的基本职能

管理的职能，即管理活动应有的作用和功能。不同的管理职能则是由管理活动的不同专业分工决定的。不同的管理者在组织生产或其他活动以及调整生产关系或社会关系的过程中，大都采取基本的管理行动，发挥具有共同性的作用，一般都表现为领导、计划、组织、控制的管理职能。对体育管理而言，这些职能也都完全适用，因此，我们认为把体育管理的职能划分为领导、计划、组织和控制较为妥当。领导职能是指管理者根据管理目标、任务、原则和计划决策等要求，发挥管理艺术技巧，运用组织权力，通过适当手段，指导带动下属履行职责，实现决策目标的一系列管理行为。计划职能包括预测未来、决策目标、确定战略以及选择实现目标的最佳方案等，而不仅仅泛指一般的计划工作。组织职能是指合理组织管理活动中的各个要素，建立科学合理的组织体系，并协调有序地推动系统运动。在组织职能中，合理用人是重要的职能内容。控制职能指监测管理活动过程是否与原定计划决策相符合，并通过纠正行动保证两者一致的管理功能。

一、体育管理的领导职能

组织目标的实现，最主要的是看组织内部的人、财、物、信息等资源是否得到了充分、有效的使用以及组织内部的各项工作是否得到了顺利的开展，而所有这些，都离不开领导工作。一个组织要想取得成功和生存下去就需要有效的领导，领导职能是使整个管理过程中其他职能得以实现的推动力量。

（一）体育领导的含义

体育领导是体育管理的一种职能，是在体育组织中领导者与被领导者共同参与下，依靠领导者的影响力，组织、协调和指导个人或集体，在一定的客观环境条件下实现体育组织预定目标的活动过程。具体包括下列含义：

（1）领导是管理的一种职能，在管理过程中起着引导、指挥与先行的作用。

（2）领导是领导者与其部下相互作用中产生的影响力量，这种影响力包括组织赋予领导者的职位和权力，也包括领导者个人所具有的影响力。

（3）领导是一个动态的活动过程，它是领导者、被领导者及客观环境三大要素的函数。

（4）领导者具有权力、责任、服务的含义，是三者的统一体。被领导者具有主人翁地位，既有赋予领导者的种种权力，又对领导者施有监督权。客观环境包含组织状态、组织人员素质、社会政治、经济、文化等条件。

（5）领导既具有权威性，又具有责任性，并以为人民群众服务为宗旨。

（二）体育领导的类型

以领导概念的内涵和外延衡量，体育领导大致分为以下四种类型：体育的政治领导，体育的业务领导，体育的学术领导和体育的行政领导。

1. 体育的政治领导

体育的政治领导，是通过领导者一系列有影响力的行为，监督业务部门贯彻党和国家发展体育事业的方针、政策，使体育管理系统的竞赛、训练等各项工作得以顺利进行。

2. 体育的业务领导

体育的业务领导，是指体育专业活动过程中，各级业务部门干部以自身的影响力率领下属，以实现体育活动的具体任务为目标的管理活动。内容包括体育教学、体育锻炼、运动训练、运动竞赛以及科研、训练、竞赛、群体等有关职能部门的业务领导活动等。

3. 体育的学术领导

体育的学术领导，是指体育科学研究过程中的领导活动。我国体育事业的学术领导，不单是体育科研单位和体育院校（系）专家、教授的任务，体育的各级领导都应该加强学术领导的意识，才能更有效地加快体育事业的发展。

4. 体育的行政领导

体育的行政领导是从国家体育总局到省、市、县（区）各级体育局，通过这些领导者的影响力，指挥下属实现体育行政目标的行为过程。

（三）体育领导的方式

1. 体育领导方式的分类

体育领导方式是体育领导者从事领导活动所遵循的比较稳定的领导模式。至今人们对于体育领导方式的分类，还没有取得完全一致的看法。一种最普遍的分类方法是以体育管理领导者对权力运用的方式为依据，把领导方式分为：集权式、放任式和民主式。

（1）集权式领导。

这种领导方式具有一定的"专制"性。体育管理组织的一切计划均由体育领导者个人决定，然后依靠权力与自我意志强迫下属服从指挥。领导者本人不参加集体作业，并根据自己的好恶评价下属的工作成果。集权式领导不注重激发下属的智慧和才能，下属在强制下工作，缺乏自觉性和责任感，容易出现下属人员的怠工现象。这种方式的领导效果较为短暂，难以激发下属工作的积极性、主动性和创造性。

（2）放任式领导。

在这种领导方式下，体育组织的规划决策任由个人或集体决定，领导不参与，只提供工作上需要的材料，不作积极的指示，只有在下属的要求下，领导者才会提出工作意见，领导者也不评估下属的工作成果。放任式领导实际上是体育领导者放弃了领导权。一切事务任凭他的下属自行处理，失去了领导的意义。

（3）民主式领导。

在这种方式的领导下，体育组织的目标规划由集体讨论后决定，领导从中加以引导和激励。领导和下属一起工作，但领导敢于授权予下属，使下属自己完成工作任务，领导根据客观事实评价下属的工作业绩。民主式领导是当今管理界比较推崇的方式，它使体育管理组织成员之间团结和睦，齐心协力，从而使组织中的管理效益和工作效率达到最佳效果。

另外，有些学者按照执行任务和维持下属关系，将体育管理的领导方式分为：重事式领导、重人式领导和人事并重式领导。重事式领导是将体育管理组织所有成员的注意力引向目标，以完成工作任务为重而对下属不太关心。而重人式领导则是以人为中心的领导方式，领导比较关心体贴下属，但并不特别强调完成体育工作目标。显然，人事并重式领导是领导对下属和工作任务都相当看重的领导方式，它使两者达到有机结合，确保了领导工作的最佳效果。

2. 体育领导方式的选择

体育领导方式的运用与领导效果有直接关系。而领导方式的选择，取决于体育管理组织内外的诸多因素，如客观环境、工作特点、下属状况等。

（1）客观环境因素。

环境有自然环境和社会环境之分。这里我们指的是体育组织里的"社会环境"。组织环境好，是指上下级关系好，任务明确，领导职权大，反之则视为环境不好。在好环境下采用重事式领导，较差的环境一般则采用重人式领导。

（2）工作特点因素。

体育工作任务的性质不同，领导方式也应有所不同。工作具有保密性的，则倾向于集权式的领导；工作要求协作才能完成的，则要选择民主式领导；工作独立完成性较强的，则偏重于放任式领导方式的选择。

（3）下属状况因素。

体育领导者要熟悉下属的特点，根据下属的特点来选择领导方式。如果下属能力强，有信心，能理智地控制自己的行为，则采用以人为中心的领导方式较好。反之，下属依赖性强，缺乏信心，个人行为易受外界干扰，则应采取重事式、集权式领导。

总之，体育领导者选择领导方式时，要做到因人制宜、因事制宜、因时制宜，根据不同的任务情况，采用不同的领导方式，不能一成不变僵化地、教条式地固定于某一种领导方式。

（四）体育领导的方法

体育领导方法是体育领导者从事领导活动的方式、手段。自新中国成立以来，我国体育领导工作在党的领导下，把马克思主义普遍真理与中国体育实际相结合，产生了一系列行之有效的科学领导方法。继承和发展这些方法，是新时期体育领导者的光荣使命。

1. 实事求是，理论联系实际

老一辈无产阶级革命家陈云有这样一句名言："不唯上、不唯书、只唯实，交换、比较、反复。"意思是说，作为领导并不是要一字不差地按照上级的命令行事，也不是要按照文件、书本中的教条来死搬硬套，而是要从实际出发，实事求是地研究处理问题。实践和实际生活是一切知识与经验的源泉，是检验真理的唯一标准，是第一性的东西。所以"不唯上、不唯书、只唯实"是唯物主义的世界观，这是做领导工作应具备的哲学素养之一。在体育领导工作中，领导者应根据不同的领域，不同的管理对象或运动项目，不仅要做到客观全面地认识问题，而且还要把握问题的特殊性，做到具体问题具体分析，用不同的方法解决不同的问题。只有这样，才能对问题认识得全面，少犯形而上学的错误。

2. 一般与个别相结合，领导与下属相结合

任何工作的开展，都需要有一般的、普遍的号召，动员下属行动起来。如果只限于一般的号召，而领导人员没有具体直接地从所号召的工作取得经验，然后利用这种经验去指导其他单位，就无法检验所提的一般号召是否正确，也无法充实一般号召的内容，就有使一般号召落空的危险。因此，领导工作必须注意运用一般和个别相结合的方法，体育领导工作也不例外。

体育领导工作中，除了运用一般和个别相结合的方法外，还必须注意采取领导骨干与下属人员相结合的方法。这是因为，只有领导骨干的积极性，而无广大工作人员的积极性相配合，便将成为少数人的空忙。如果只有工作人员的积极性，而无领导骨干去恰当地组织他们的积极性，则工作人员的积极性则不能持久，也不能走向正确的方向和提到高级的程度。

3. 现代科学技术方法

为了适应现代科学技术和社会化大生产的发展，为了能正确及时地对体育领导工作中的各种问题做出科学的决策，体育领导者必须及时全面地掌握瞬息变化的情况和全局性的问题，需要借助一些现代科学技术所提供的现代科学方法，这主要有建立在系统论、控制论、信息论基础上的体育信息方法、体育系统方法、体育控制论方法等。

（1）体育信息方法。

指通过信息的收集、处理、输出、反馈为体育领导决策服务的一种方法。信息方法在体育领导中的重要作用是为体育科学决策提供正确的、及时的、足够的情报和资料。在信息化时代，信息的收集和处理更为重要，信息不及时或者不正确，会导致领导者决策失误，或错失决策良机。

（2）体育系统方法。

就是把客观对象看成是一个由各个有机部分组成的整体而加以研究的方法。根据马克思主义哲学普遍联系的观点、整体与局部的观点和系统论的观点，世界上一切事物都是相互联系的，每一事物都是一个系统，大系统由分系统和子系统组成。因此，认识和改造一个事物，就要从整体、系统的观点出发，认识整体与部分以及各部分之间，整体与外部环境之间的相互联系、相互作用、相互制约的关系，系统、综合地考察，以达到研究解决问题的目的。体育领导运用系统方法找出解决问题的方案，将大大提高领导效率，获得最佳效果。

（3）体育控制论方法。

这种方法是建立在体育信息论基础上的，它通过对有关体育行为的信息收集、反馈过程把计划和决策联系起来，把有关工作的信息资料反馈给决策者，决策者能够把实际效果与预定计划进行比较，以做出必要调整的一种方法。运用控制论方法最重要的是抓住决策执行过程中的三个步骤：收集信息、反馈信息、进行调整。这就要求体育领导者做出决策付之实施时，必须对整个实施过程进行检查、了解、检测和定量分析，把有关实施情况和效果的信息及时反馈上来，对反馈上来的信息与预定计划进行比较，发现问题，及时调整。控制论方法是做好体育领导工作，避免领导决策失误的重要方法。

（五）体育领导者的基本素质

素质一般是指人先天所具有的禀赋、资质。体育领导者的基本素质是指作为体育领导者应具有的一些基本条件和能力。归纳起来大致有以下几个方面。

1. 科学的决策能力

体育领导者首先要担负起对本系统具有决定性作用的决策工作，这就要求体育领导者具有很强的决策能力。决策是管理过程中一个十分重要的环节，一般可分为经验决策和科学决策。其中科学决策对现代领导者来说是第一位的，经验决策对于小系统的领导者而言应用十分广泛，但是不管是经验决策还是科学决策，体育领导者对本系统重大问题所进行的决策，往往就决定了本系统在未来竞争中的生存空间和政绩的大小。虽然一些错误决策（特别是行政决策）的影响在当时一段时间没有显现出来，但是随着时间的推移，它对该系统的破坏力最终将显示出来。所以领导者的决策能力应是领导者具有的首要素质。

2. 强烈的求知欲和进取心

体育领导者的决策往往是在具有一定的专业知识的基础上，衡量方面面的信息而做出的。在全球一体化和劳动分工全球化的当今世界，世界各国体育行为的"溢出"效应十分明显，同时，在国内单个体育行政单位相互制约的加强和市场环境千变万化的前提下，体育系统所处内外环境也时时在变化，各种新知识、新技术和新情况层出不穷。这就对作为体育领导者的知识结构和知识更新提出了更高的要求。美国企业管理协会用了 5 年的时间对 4000 名经理进行考察，从中选出了 1812 名最成功的经理进行研究并总结出了一名成功的经理所具有的 19 项素质，其中一个十分重要的素质是：有主动的进取心。体育领导者不会例外。

3. 容才之量和用才之心

体育领导者一般是具有专业技术或高超的管理能力的人，但这是远远不够的，而应当大胆地选拔与使用人才。在当今知识经济社会，人才是系统竞争的重要因素，同时也是竞争成败的关键资源。领导者是否能发现人才并且使之发挥其特长，是该系统能否具有发展后劲的重要环节，用人是领导者的职责，但是如何用人，做到量才使用，是很有艺术性的。邓小平同志说："善于发现人才，团结人才，使用人才，是领导者是否成熟的主要标志之一。"作为体育领导者，要有宽阔的胸怀，不要害怕人才赶上甚至超过自己，更不能担心其抢占自己的领导地位，这样，系统才有活力，才有发展前景。反之，埋没人才，打压人才，系统必然会最终走向衰败。

4. 提倡民主作风

体育领导者必备的基本素质之一是要有发扬民主的作风，对本系统所面临的各种问题，要善于听取被领导者的意见和建议。领导者发扬民主的主要目的是集中群众的智慧，这是保证领导者在工作中不犯大错误的一个极其重要的因素。发扬民主，就必须平等待人、平易近人，这样才有利于和被领导者建立融洽的关系，使被领导者更加努力地工作。发扬民主要建立在调查研究的基础上，充分掌握大量的第一手材料，把这些材料和其他渠道的材料进行比较研究，得出正确的结论。体育领导者倾听被领导者的建议，但这并不等于被领导者的一切看法都是正确的，也不能认为发扬民主就没有了集中。因此，在现代管理中，领导者合理地、艺术地运用二者是十分重要的。

5. 思想、政治方面要正确

在体育行政管理中，领导者的思想政治作风正确与否，直接影响到国家和地区的体育事业的发展。在不同的时期，对体育行政领导者的思想政治作风的要求是不尽相同的，但是总的来说，都要求体育领导者忠于其为之奋斗的体育事业。

（六）体育领导者的修养

在体育管理活动中，体育领导者工作的好坏很大程度上受到自身修养的制约，良好的个人修养应包括多方面的内容。

1. 知识要广博

作为体育领导者不一定要像一个专家一样具有高精的专业知识，但是，他们的知识一定要广博。不但要懂得人体运动科学、运动训练学和人文社会学方面的理论知识，还应当懂得非体育专业的知识，如：领导科学、经济学、心理学、人才学、社会学、文学、外国语及计算机等方面的基本知识。特别是当代的领导者，更要学习和掌握系统论、信息论、控制论等交叉学科的知识，这是当代体育领导者必备的基本修养之一。

2. 要有决断魄力和严格的科学态度

体育领导者的决策对本系统具有根本性和长远性的影响。领导者要承受的内外压力超出常人，这就需要领导者决策要果敢，不能怕承担风险而推三阻四，要有敢于承担责任的魄力。但是决断的魄力应建立在严格的科学论证基础上，不能单凭个人主观臆断而断然下结论。

3. 要有终生学习的态度和必备的政治思想修养

在当今的知识经济社会中，"终生教育"已被全社会所认同，作为体育领导者更应不断学习。只有这样才可能赶上时代的潮流，才能更称职地做好领导者的工作。政治思想修养历来是各社会组织领导者的必备修养之一。体育领导者的政治思想不合格，他就很难在体育领导工作中有正确的工作方向和较好的工作效率。

二、体育管理的计划职能

（一）体育计划的概念与内容

"计划"一词的原始意义，是指用刀把计谋刻在平面物如竹片或木板上，供以后记忆、参考之用。作为一种管理职能，计划的含义是指为了实现既定的决策目标，而对整个目标进行分解、计算并筹划人、财、物力，拟定实施步骤、方法和制定相应的策略、政策等一系列的管理活动。

所谓体育计划是指为实现体育工作目标而制定的理论规划及活动方案。体育计划为体育管理工作提供了基础，是管理者行动的依据，同时还是管理者进行组织以及实施控制的标准。因此，计划工作是体育管理工作的常规性和基础性工作。一般来说，一项完善的体育计划大致应包括以下一些内容：

（1）确定工作的目标与具体任务。

（2）完成工作的实施起止时间和完成进度。

（3）制定工作的步骤、重点、程序与工作规范。

（4）决定工作所需的经费及设备。

（5）工作所需的场所与使用的方法和规定。

（6）工作负责人、督导人及协作单位、部门。

（二）体育计划的特征

1. 目的性

计划都是为实现目标而制定的，任何组织和个人都是为了有效的达到某种目标。因此，作为管理活动中的首要职能，计划工作必须从一开始就要紧紧围绕系统的目标，设计和规划一个组织的未来蓝图，通过对人、财、物等各种资源的最佳配置，有效地实现组织目标。所以，目的性既是计划工作的基本特征之一，也是对做好计划工作的基本要求。

2. 先行性与前瞻性

在管理的职能中，组织、控制等职能的最终目的都是为了保证组织目标的实现，它们只有在组织确定了目标之后才能实现。所以，计划在管理职能中处于先行的位置。计划是对组织未来活动的安排，与未来有关，它不是过去的总结，不是现状的描述，而是要面向未来，充分考虑未来的工作。

3. 普遍性

大到一个国家，小到一个运动队或群体活动的辅导站，其管理活动首先是从计划开始的。虽然计划工作的特点和范围由于计划的性质以及上级所规定的政策不同而有所不同，但做好计划工作则是任何一个组织和管理者的重要职责之一。

4. 时效性

无论哪一种计划，都有时间的限制，都是在一定时期内为实现其目标而编制的，超越了一定的时间，各种情况都发生了变化，计划就失去了应有的作用，届时就需要重新编制计划。

（三）体育计划的类型

1. 按计划的时间划分

按计划的时间可划分为长期计划、中期计划、短期计划。

长期计划一般指 10～20 年的计划，亦称远景规划，是一种对组织发展的全局性、战略性的谋略，它在整个计划体系中占有极为重要的地位。通过长期计划，可以明确组织在较长时期中的发展方向、发展规模、发展水平和长远目标，为制订中期和短期计划奠定基础。

中期计划一般是指 1 年以上、5 年以下的计划。它是根据长期计划提出的战略目标和要求，结合计划期内的实际情况制订的。中期计划是实行计划管理的基本形式，也是长期计划的具体化，同时为制订短期计划提供依据。有了中期计划，才能保证短期计划的连续性。

短期计划一般是指 1 年以下，包括半年、季度和月计划等，短期计划是贯彻中、长期计划的具体执行计划。

2. 按计划制订者的层次划分

按计划制订者的层次可划分为战略计划、战术计划、作业计划。

战略计划由高层管理者做出，决定一个组织的基本目标及基本政策。如国家制订的《奥运争光计划》《全民健身计划》即属于此类；战术计划由中层管理者做出，它以时间为中心，将战略计划中的基本目标、基本政策变为确定的目标和政策，并规定达到各种目标的确定时间；作业计划由基层管理者做出，它是前两种计划的集中体现，体现业务性、可操作性的特点，对要达到的目标，需要解决的问题表述得非常明确。

3. 按计划的适用范围划分

按计划的适用范围可划分为高层管理计划、中层管理计划和基层管理计划。

高层管理计划一般以整个组织为单位，着眼于组织整体的、长远的安排，一般属于战略计划。中层管理计划一般着眼于组织内部各个组成部分的定位及其相互关系的确定，它既可能包含部门的分目标等战略性质的内容，也可能有各部门的工作方案等作业性的内容。基层管理计划着眼于每个岗位、每个成员、每个工作时间单位的工作安排和协调，基本是作业性的内容。

（四）体育计划的制订

1. 体育计划制订时要考虑的问题

计划既是管理实践和生产实践的详细标准，也是管理实践和生产实践的约束框框。我们可以把制订计划时所要考虑的问题通俗地概括为六个方面：做什么（What to do）、为什么做（Why to do it）、何时做（When to do it）、何地做（Where to do it）、谁去做（Who to do it）、怎样做（How to do it），具体含义如下：

（1）"做什么"。要明确计划工作的具体任务和要求，明确每一个时期的中心任务和工作重点。

（2）"为什么做"。要明确计划工作的缘由（是针对解决什么问题的）、宗旨、目标和方向，并论证可行性。实践表明，计划工作人员对这些问题了解得越清楚，认识得越深刻，就越有助于他们发挥主动性和创造性。正如通常所说的"要我做"和"我要做"这二者的结果是大不一样的，其中的道理就在于此。

（3）"何时做"。规定计划中各项工作的开始时间和完成的进度，以便进行有效的控制和对能力与资源进行时间上的平衡。

（4）"何地做"。规定计划的实施地点和场所，了解计划实施的环境条件和限制，以便合理安排计划实施的空间组织或布局。

（5）"谁去做"。计划不仅要明确规定目标、任务、地点、进度，还要规定由哪个主管部门负责。包括计划要明确规定每个阶段由哪个部门负主要责任，哪些部门协助，各阶段交接时，由哪些部门和哪些人员参加鉴定和审核等。

（6）"怎样做"。制订实现计划的措施，以及相应的政策和规则，对资源进行合理分配和集中使用，对人力、生产能力进行平衡，对各种派生计划（如组织年度经营计划派生出来的财务计划、销售计划、生产计划、劳资计划等）进行综合平衡。

实际上，一个完整的计划还应考虑控制标准和考核指标的制定，也就是告诉实施计划的部门和人员，做成什么样，达到什么标准才算是完成了任务。

2. 体育计划制订的程序

科学的计划工作必须严格按照科学的计划程序进行。任何违背计划程序所编制出来的计划，只能是一种带有天生缺陷的主观产物，这种计划不仅难以顺利实施，而且直接影响到组织目标的实现。编制体育计划的程序一般包括：

（1）分析环境，科学预测。

在拟订计划之前，必须对客观环境条件进行认真的分析。只有对计划执行时期的环境、条件和影响因素进行科学地预测，才能正确地把握时机，使计划符合实情，也才能利用一切可能的有利条件，发挥优势，并把各种不利的限制条件转化为无害条件或有利条件。对现状了解越深，对未来把握越准，计划的科学性和可行性程度也就越高。确切地说，这项工作并非计划的正式过程，它应该在计划过程开始之前就已完成，但它是这个计划工作的真正起点。

（2）正确决策，确立目标。

目标是说明预期成果的，它指明我们要做的工作有哪些、重点应放在哪里，以及通过一整套的策略、政策、程序、规划、预算和方案告诉我们要完成的是些什么任务。目标的设立必须考虑到组织的主客观因素，同时，体育计划目标是多目标的集合体，应把目标划分为不同的等级，并使众多目标形成一个有机的网络。

（3）分析差距，提出对策。

目标是对未来预期结果的一种描述，也是组织必须通过一定的努力才能达到的境地。因此，目标与现实之间必然存在着一定的差距。要实现组织发展目标，必须对这种差距进行细致的分析，采用科学的方法找出问题的症结，针对不同的问题拟定有效的措施和对策，以保证管理工作不断逼近和逐步达到组织目标。

（4）拟订备选方案。

几乎每次活动都有"异途"出现，所谓"异途"就是不同的途径、不同的解决方式和不同的方法。一个计划制订前，必须有几套合适的方案拿出来以供选择，而不能"单打一"，只准备一个方案。

（5）确定方案。

备选方案拟订以后，决策者必须仔细分析各个方案的优劣长短，根据已确立的计划目标和计划执行期的预期环境，来权衡各种计划因素和评价比较各个备选方案，最后从中选择最优方案，或从中综合修订出最优方案。

（6）编制计划。

这一阶段工作的主要内容是根据经过决策优选出的目标实现方案，来具体制订该方案的实施计划。在制订计划时，要仔细分析制订计划时考虑的有关问题，还要合理确定出各种具体的指标，将抽象的计划变为具体而详细的数量和时限。对于那些不能用定量指标表示的计划内容，也尽可能选择那些便于考核的定性指标来表示。

方案确定后就可以正式编制计划（草案），然后逐级上报主管部门，主管部门对计划进行综合平衡和汇总后报请有关决策机关审定、批准，再作为正式计划文件下达各部门、各地区和基层单位贯彻实施。

三、体育管理的组织职能

体育管理的组织，指为了有效地实现体育组织的既定目标，通过建立体育组织机构，确定工作职责、权限，协调相互关系，使体育管理诸要素合理有效地配合，形成一个有机整体的活动过程。它主要包括两个方面的含义：一是体育组织设计，即设计、选择、确定体育组织结构和表现形式，规定组织关系；二是体育组织实施，即把人、财、物、时间、信息等各种资源有效地配合，按组织实体规定的工作顺序和规范，实现体育组织目标的动态过程。

在一定意义上讲，体育管理组织工作的优劣，决定着组织目标的完成程度和组织活动的成果大小。一般而言，体育组织职能的内容包括组织结构设计、组织实施、人员配备与任用以及组织变革等。

（一）组织结构设计

这是以组织结构安排为核心的组织系统设计活动，是组织总体设计的重要组成部分，是有效地实施管理职能的前提条件。进行组织结构设计时，首先考虑的一个问题是组织设计的目的。显然，组织结构设计的目的是建立有益于管理的组织，要把组织设计成合乎下列要求的模式：有益于计划的组织；

有益于指挥、领导的组织；有益于控制的组织。

一般而言，组织结构设计的主要内容包括：

1. 职能分析和职位设计

首先要分析整个组织活动要得以正常有序、有效地进行，组织应该具备哪些职能。然后根据职能设计职位。

2. 部门设计

根据一定的标志和原则划分部门，形成合理的部门结构。

3. 管理层次与管理幅度的分析与设计

首先要对影响管理层次和管理幅度（是指一个上级主管人员能够有效地指挥和监督的下级工作部门或工作人员的数目）的各种因素加以分析，然后划分出不同的管理层次，并确定适当的管理幅度，目的是要保证整个组织结构安排的精干与高效。

4. 组织决策系统的设计

包括组织的领导体制的确立，高层组织的权力结构设计，组织高层决策机制的设计，各种咨询性或顾问性组织的设计等。

5. 组织执行系统的设计

组织的执行系统和相应职能部门的设计，目的在于有效地开展各项组织活动。

6. 横向联系和控制系统的设计

7. 组织的行为规范设计

8. 组织变革与发展的规划设计

进行体育组织设计，必须遵循以下要求：

（1）以目标、任务为中心。

任何一个体育组织的存在，都是由它特定的目标决定的。也就是说，每一个体育组织及其组成部分，都与特定的目标、任务有关系。否则，它就没有存在的意义。因此，组织设计要以目标、任务为中心，即要以"事"为中心，因事设机构、设职务、配人员，要做到人与事高度配合，绝不能以人为中心，因人设职，因职找事。

（2）职权责对等。

组织设计应使拟设岗位所必需的职责、权力、责任三者对等一致。为了实现目标，需要给予一定的职务，只有在其位，才能谋其政。有职必授权，有职、无权无法管理。有职、有权尚需"明责"，要对事业的成败承担责任。只有真正做到有职、有权、有责，而且三者均衡相称，才能使体育组织中每个在岗人员在其位、谋其政、行其权、尽其责，顺利实现管理目标。

（3）精干高效。

无论哪种组织结构形式，都必须在保证完成体育管理目标的前提下，力求减少管理层次，精简管理机构，用最少的人完成组织管理的工作量，达到高效率、高质量的目标。只有机构精简，队伍精干，才能做到人人有事干，事事有人管，负荷饱满，保质保量。

（4）统一指挥。

体育组织机构的设置应该保证命令的统一和指挥的统一，使组织真正成为上下贯通协调的统一整体。统一指挥要求做到：组织中从最上层到最基层的管理"等级链"不能中断；任何下级只能有一个上级，不允许多头领导；不允许越级指挥；职能（参谋）机构不应直接干预直线指挥系统下属的工作；统一指挥与分级管理、集权与分权有机配合。

（5）控制幅度。

控制幅度亦称管理跨度，指一个管理者能直接、有效地指挥的下级和人员的数量。由于每一个人的能力和精力都是有限的，所以一个上级领导者能够直接、有效指挥的下级机构和人员的数量也有一定限度。只有把控制幅度控制在合适的范围内，才能形成严密有效的管理。

（二）组织实施

组织实施就是通过开展各种管理活动，执行组织所规定的功能，使组织发挥绩效，最终实现组织目标的活动过程。组织实施是一个从静态结构到动态活动的过程，主要内容包括：

（1）制定各部门的活动目标和工作标准。

（2）制定办事程序和办事规则。

（3）建立检查和报告制度。

（4）作好各种原始记录和信息资料的整理。

（5）具体开展各种管理活动。

（三）人员配备与任用

人员配备就是要根据"德才兼备""扬长避短""量才使用"和"竞争择优"的原则，根据职务的需要，在每一个工作岗位和部门配备最适当的人选，同时也为每一个人找到最合适的岗位，以便人尽其才。

在人员的配备、任用方面需要注意以下几点：

（1）要以组织现有的规模、机构和岗位为依据。

（2）要以各类体育组织的工作定额为计算基础。

（3）要考虑人员的流动率。

（4）要适应组织发展的需要。

（四）组织变革

任何组织都不会是一成不变的，任何组织也都不会是完美无缺的，随着组织内部条件和外部环境的变化，一个富有生命力的组织为了适应这种变化，必然会及时地做出相应的调整，以达到组织的自我发展和自我完善。组织的变革有三种基本的方式：

1. 改良式的变革

在原有的组织结构框架内作些日常的小改革，修修补补。如局部改变某些科室职能，新设某些机构，新任命某些人员，或小范围地精简、合并或撤销某些部门等。它是一种局部的变革，涉及面不广，震动不太大，引起的阻力也较小，它有利于组织全局的稳定发展，因而在大多数正常情况下是实行组织变革的有效方法。

2. 革命式的变革

即断然采取革命性的措施，彻底打破原有框架，在短期内迅速完成组织机构的重大改组。如从直线职能制结构改组为事业部制结构，组织与组织之间进行合并，组织内部进行分立等。这种变革方式涉及面广，波及组织的方方面面，因而引起的震动很大，所引发的阻力也可能不小，因此，需要组织领导人具有非凡的魄力，并事先制订出周密的计划。这种变革一旦取得成功，它往往会使组织脱胎换骨，重新焕发生机和活力；而一旦失败，则也有可能使组织从此一蹶不振，元气大伤，这就需要组织的最高管理者十分谨慎地从事。

3. 计划式的变革

先对改革方案进行系统研究，制定全面规划，设计出理想的变革模式，然后有计划、有步骤、分阶段实施。这是一种比较理想的组织变革方式，在实际工作中得到普遍采用。目前，我国现行的体育行政组织的变革大都属于这种计划式变革。

四、体育管理的控制职能

（一）体育控制的含义

控制是指保证组织的管理过程与计划、目标一致而采取的管理活动。组织如果能制定出切实可行的不需要修改的计划，并且能保证计划被完美无缺地贯彻执行，那么可以说，组织就没有进行控制的必要了。但实际上，由于人的认识能力有限，人们并不能制订出完全符合客观实际的计划，或者由于未来环境的变化使原来的计划不能有效地指导实际的工作，因而产生了修改计划的问题。即使不存在修改计划的问题，在计划的贯彻执行过程中，也可能产生计划的执行结果与原来的计划要求发生偏差，这就要求组织采取一定的措施来纠正偏差。对计划本身的修正和对计划执行结果的偏差的调整就体现为管理的控制职能。

体育管理活动是一个动态过程，在管理过程中往往会出现各种非预计情况，为了不使管理系统在运行的过程中偏离目标，就必须对一些可变的因素加以控制，采取必要的措施确保管理目标的实现。因此，体育控制是指为保证体育组织的各项活动按预期计划及目标进行而采取的管理活动。

体育计划、组织与控制是相互联系的统一体。体育管理活动的各项活动无不是以体育计划为前提和依据的，而计划又必须依赖于体育组织采取一定的组织活动来执行，在组织执行过程中，组织内部因素和外部因素又时常处于动态的变化之中，因而，体育控制就成为保证体育组织计划及监控组织实施的有效手段。在完整的体育管理过程中，体育管理的控制职能是作为一个独立的职能发挥作用的。它使体育管理的过程成为一个完整的统一体（图 4-1）。

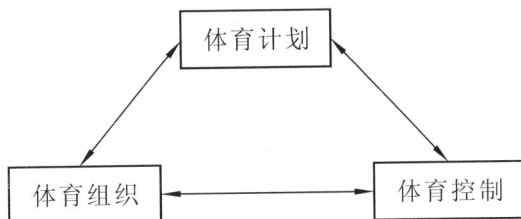

图 4-1　体育管理职能的关系示意图

（二）体育控制的内容

体育控制的内容也就是体育控制的对象，一般而言，体育控制的内容包括对人、财、物、信息和组织绩效等方面的控制。具体包括以下方面：

1. 对人的控制

组织的目标是要由人来实现的，"人"包括管理者和被管理者。以下方法可以有助于对管理者的控制：加强法制建设、宣传教育、建立与健全监控系统以及加强制度建设等；对被管理者控制常用的方法是直接巡视、现场督导，发现问题马上进行纠正。另一种有效的方法是对被管理者的工作绩效进行评估。通过评估，对绩效好的予以奖励，对绩效差的管理者就采取相应的措施，纠正出现的行为偏差。

2. 对财务的控制

为保证体育组织的正常运作，必须要进行财务控制。这主要包括审核各期的财务报表，以保证一定的现金存量，保证债务的负担不致过重，保证各项资产都得到有效的利用等。预算是最常用的财务控制衡量标准，因此也是一种有效的控制工具。

3. 对组织实施过程的控制

体育组织的实施过程很大程度上决定了组织提供的产品或服务的质量。通过对组织实施过程的控制，可以提高组织提供的产品或服务的质量。对组织实施过程的控制一般采用现场勘察、历史同期对比、效益评估等方式。

4. 对信息的控制

随着人类步入信息社会，信息在体育组织运行中的地位越来越高，不精确的、不完整的、不及时的信息会大大降低组织效率。因此，在现代体育组织中对信息的控制显得尤为重要。对信息的控制就是要建立一个体育管理信息系统，使它能及时地为管理者提供充分、可靠的信息。

5. 对组织绩效的控制

组织绩效是组织中上层管理者的控制对象，组织目标的达成与否都从这里反映出来。有效实施对组织绩效的控制的关键在于科学地评价、衡量组织绩效。一个组织的整体效果很难用一个指标来衡量，关键是看组织的目标取向，即要根据组织完成目标的实际情况并按照目标所设置的标准来衡量组织绩效。

（三）体育控制的类型

体育管理控制过程与整个管理过程是紧密联系的。根据管理过程不同阶段的划分，体育管理控制可分为预先控制、现场控制和结果控制三种基本类型（图4-2）。

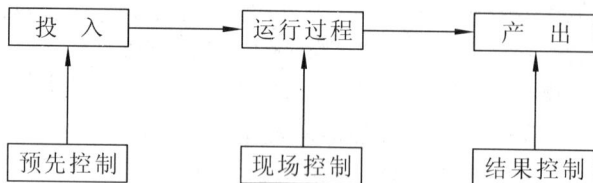

图 4-2　控制的基本类型

1. 预先控制

在工作开始之前进行的控制，叫预先控制，也称前馈控制。它通过对体育系统环境的观察、规律的掌握、信息的获取、趋势的分析，预计系统活动可能会发生的偏差，在其未发生前提前采取纠偏措施，使预期的偏差不致发生。体育管理中的计划、定额、标准、规定等都是典型的预先控制的形式，它们都是在对各种可能出现的情况做出估计后制定的。预先控制不能一次性完成，而要根据系统出现的新问题、新动向，适时采取必要的控制措施。

预先控制具有许多优点。首先，它是在工作开始之前进行的控制，因而可防患于未然，尽量避免损失；其次，预先控制适用范围广，适合于体育系统一切领域的所有工作；最后，预先控制是在工作开始之前，是针对某项计划行动所依赖的条件进行的控制，不针对具体人员，不会造成心理冲突，易于被员工接受并付诸实施。但是，实施预先控制的前提条件也较多，它要求管理者拥有大量准确可靠的信息，对计划行动过程有清楚的了解，懂得计划行动本身的客观规律性，并要随着行动的进展及时了解新情况和新问题，否则就无法实施预先控制。

2. 现场控制

工作正在进行中实行的控制，叫现场控制，它包括两方面的工作：一是指导下级按照正确的方法和程序进行工作；二是监督下级的工作过程以保证工作取得预期的成果。

现场控制大多是对业务性工作进行指导和监督，而体育管理系统中的业务性工作主要集中在基层，因此，基层管理者是现场控制的主要承担者。他们首先要根据计划确立各项控制标准，例如，体育教学过程中的教学进度、教学方法、教学质量和考试等；运动训练过程中的训练进度、训练水平和比赛等，拟定有关标准之后，就要用这些标准去衡量实际工作的成效。学校中的体育教学检查、体育产业中的定期产品检验或抽查都属于这类工作。

现场控制有助于提高工作人员的工作能力和自我控制能力，其弊端首先，是容易受管理者时间、精力、业务水平的影响。管理者不能时时、事事都进行现场控制，只能在关键项目上使用，而对一些问题难以辨别、成果难以衡量的工作，如体育科研、管理工作等，几乎无法进行现场控制。其次，现场控制容易在控制者与被控制者之间形成心理上的对立，使被控制者的工作积极性和主动精神受到影响。

3. 结果控制

指对工作结果进行的控制，亦称反馈控制。它是对体育系统的输出（产出成果）进行衡量，然后根据信息反馈发现偏差，分析原因，采取措施，纠正今后的行动。比如，运动队对违纪队员进行处理就属于结果控制。结果控制的优点是控制方向较明确，有助于解决问题和改进系统的工作，为进一步实施预先控制和现场控制创造条件，实现控制工作的良性循环，并在不断的循环中，提高控制效果。结果控制的最大弊端，是在实施纠正措施之前，偏差就已经发生。

上述三种控制方式互为前提、互相补充，在实际控制工作中，管理者不能仅依靠某一种方式进行控制，必须根据实际情况，综合运用各种控制方式，以提高控制效果。

（四）体育控制的条件

1. 控制要围绕目标进行

管理者只有事先明确自己进行管理的总体目标是什么，达到什么具体要求，才能有的放矢地进行管理控制工作。否则，如果管理者连自己管理的组织应该完成的任务指标都不清楚，就根本无法要求和检查整个单位的工作，也谈不上了解全体人员表现的好坏，也就无法进行控制。对目标错误的理解，也同样会导致错误的控制。管理目标与管理控制的关系是，目标决定控制内容，控制工作为实现目标服务，控制要时刻以目标为中心。

2. 控制要以计划为依据

控制是以计划为具体考核标准的，计划越明确、细致、全面，控制工作的效果就可能越好。没有计划，控制就无从着手，工作目标就难以实现。同时，控制工作自身也须拟订计划，确立控制工作的目标、重点、要求、进度，以及各种控制形式的正确使用和各种控制手段运用上的协调一致等，以保证控制工作的顺利进行。

3. 控制要有组织机构做保证

它包含两方面的内容：一是要有专司控制职能的组织机构，即明确由何部门、何职位、何人来负责何种控制工作。控制工作的计划设想的再好，如无特定的组织和人员来负责实施，控制工作仍得不到落实。二是要做好体育管理控制中的组织工作和协调工作，明确各级组织及管理人员的职责。

4. 控制依赖于信息的可靠与有效

要想取得良好的管理效果，管理者必须及时、真实、准确的掌握在计划的执行过程中实际情况与标准间的偏差信息，否则，管理者就无从控制。信息的可靠性反映了获取偏差信息的真实程度，信息的有效性则反映了获取偏差信息的准确程度，既真实又准确的信息保证了控制的有效实施。

（五）体育控制的过程

体育管理控制的过程一般包括四个步骤，即制定控制标准、发现偏差、分析偏差、纠正偏差（图4-3）。

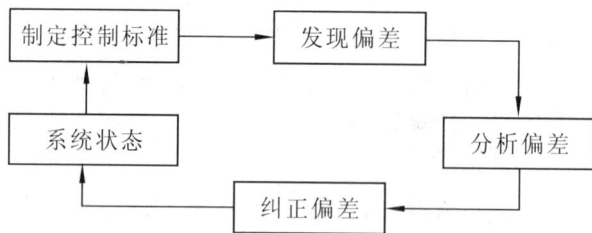

图4-3　体育控制的过程

1. 制定控制标准

控制的基本条件是确立控制标准，控制标准的确立要以计划为依据，同时要根据具体工作的实际情况确立标准。标准尽可能是定量的，对于不能定量化的标准，应该提出定性的标准。控制标准可分为时间标准、数量标准、质量标准和成本标准。无论是何种控制标准都应该做到明确、适用、稳定、公正、合理。

2. 发现偏差

把控制对象运行的现实状况同制定的控制标准对比，就是发现偏差的过程。发现偏差的过程也可认为是对信息的收集、处理与传递的过程。控制系统的有效性在很大程度上取决于信息的收集、处理与传递的及时性、有效性与可靠性。

3. 分析偏差

分析偏差是为了了解系统运行中产生偏差的原因以及明确工作的责任。首先，要对产生偏差的原因进行分析，在原因分析中往往包括主观的、客观的以及可以控制的、不可控制的因素在内；其次，还要进行责任分析。责任分析就有追究责任的问题，如果原来并没有明确规定而发生了偏差，就只有明确责任要求而没有追究责任的问题。

4. 纠正偏差

纠正偏差是在分析偏差的基础上，对偏离目标的偏差进行及时纠正，以保证计划目标的实现。为了采取有效的措施纠正偏差，首先要找出产生偏差的原因，然后制定出纠正偏差的措施加以纠正。为使纠正偏差行之有效，必须明确对控制工作负责的部门和人员，并规定其责任和权力。

经过上述四个过程，系统就进入了一个新的"系统状态"，完成了一个局部控制周期的全过程。事实上，出于系统发展、完善的需要，系统需要不断进行新的控制循环。每经过一轮控制，系统就会上升到一个新的水平。

【案例】吸引高素质人才与控制成本并重——雅典奥组委的人力资源策略

雅典奥运会能够成功举办，其中最重要的因素之一就是人。雅典奥组委招募了大量具有丰富的奥运会组织经验的高素质专业人才，尤其是中层管理人员。他们职责明确，在各自的岗位上都能独当一面，解决、应对各种突发事件，从而保障了奥运会这个庞大工程的顺利推进。

雅典奥组委中层管理人员中的人力资源部部长尼克拉奥先生就是一个典型例子。他早年留学英国，后来在多家跨国公司担任要职，具有非常丰富的管理经验。在雅典奥组委，他带领30余人的团队，全面负责奥组委的人员招聘、员工管理、上岗培训、薪酬福利等事务。曾在该部门实习的北京奥组委人事部工作人员王翠杰对他的工作和应变能力非常钦佩。她向记者诉说了一个有关尼克拉奥先生的小故事：因为医疗在国外属于高薪行业，所以，雅典奥运会在招募不受薪的医生志愿者时遇到了困难。而且，由于雅典奥运会实行的是公司化运作，其人员招募、薪酬支出等全部由雅典奥组委自行解决，政府不承担责任。于是，在测试赛即将开始时，各场馆出现了医生志愿者严重不足的紧急情况，如何才能调派到一大批医生志愿者呢？尼克拉奥通过调动自己的人际关系，从雅典的军队中借到了一批军医，从而帮助雅典奥组委顺利渡过了这一危机。

为了吸引人才，雅典奥组委一方面在奥运会赛前5年即制定战略规划，及早聘用核心骨干工作人员，使他们尽快到岗，熟悉工作；另一方面，还推出了富有吸引力的薪酬制度。据王翠杰介绍，雅典的失业率约为10%，普通雅典人的月薪为700—800欧元。而在雅典奥组委，即使最基层的秘书、办事员，月薪也能够达到1000欧元以上，而7000余名临时人员中，具有大学学历者，月薪则能够达到1300欧元左右。

在实行富有吸引力的薪酬制度的同时，雅典奥组委又极为重视控制成本，制定的人力资源计划非常详尽细致。他们所提出的目标就是——能够在赛前1个月雇佣的员工，决不提前2个月雇。这样，在赛前一年时，雅典奥组委将受薪工作人员控制在2000人左右，其余4000余名受薪工作人员和7000余名临时人员都是在赛前一年中才陆续到位。

通过各种有效措施，在吸引高素质人才与控制成本两方面并重，雅典奥组委的人力资源策略获得了很好的贯彻，从而保障了雅典奥运会的顺利举办。

（引自北京奥组委官方网站：http：//www.beijing—2008.org）

讨论题：

结合上述案例，谈一谈体育控制应该从哪些方面进行，在控制过程中应该注意什么问题。

本 章 小 结

1. 体育管理系统是由体育管理主体、体育管理客体及体育管理中介等诸方面要素构成。从体育管理特点出发，可以把体育管理的过程划分为计划、组织、检查和总结四个基本环节。

2. 管理的职能，即管理活动应有的作用和功能。我们把体育管理的职能划分为领导、计划、组织和控制。领导职能是指管理者根据管理目标、任务、原则和计划决策等要求，发挥管理艺术技巧，运用组织权力，通过适当手段，指导带动下属履行职责，实现决策目标的一系列管理行为。计划职能包括预测未来、决策目标、确定战略以及选择实现目标的最佳方案等，而不仅仅泛指一般的计划工作。组织职能是指合理组织管理活动中的各个要素，建立科学合理的组织体系，并协调有序地推动系统运动。在组织职能中，合理用人是重要的职能内容。控制职能指监测管理活动过程是否与原定计划决策相符合，并通过纠正偏差保证两者一致的管理功能。

>>> **思考题**

1. 体育管理系统包括哪些构成要素？
2. 体育计划包括哪些内容？在制订体育计划时应该注意哪些问题？
3. 在进行体育组织设计时应该注意什么问题？

第五章 体育管理的基本方法

本章要点

分析阐述体育管理的基本方法：行政方法、法律方法、经济方法、宣传教育方法的概念、特点与运用方法，论述体育管理方法的综合运用。

管理方法是管理理论、管理原理的具体化、实际化，它是管理原理指导管理活动的必要中介和桥梁。体育管理方法是指在体育管理活动中，为实现体育管理的目标，所采取的各种手段和措施。体育管理方法与体育管理原理是相互联系、相互作用的。体育管理原理必须通过管理方法才能在管理实践中发挥作用。目前，应用于体育管理领域的方法有许多，我们可以将这些方法归纳为两大类，即任何体育管理活动都适用的一般方法和适用于具体管理问题的特殊方法，其中后者又常常与某些特定的技术相联系，因此，又可称之为管理的技术方法。应用于管理领域的现代技术方法包括定性方法和定量方法两大类，而以定量分析方法居多。这些方法往往是以系统论、控制论、信息论为基础的现代化管理方法，如价值工程、网络技术、线性规划、滚动计划法、管理信息系统等。本书对这类方法暂不进行研究。本章将重点分析在管理领域适合于任何管理活动的一般方法，即体育管理的基本方法。

第一节 行政方法

一、行政方法的概念

所谓行政方法是按照行政组织系统，依靠行政组织的权威，运用命令、规定、指示、条例等行政手段直接对管理对象实施管理的方法。行政方法实质上是通过行政组织中的职务和职位来进行管理，它特别强调职责、职权和职位。体育组织系统为了管理工作的需要从上而下建立了一整套的行政机构，其内部设有若干职位和职务，并有严格的职责和工作范围，上下级和同级之间关系是清楚的。由于它是以上级发布命令、下级贯彻执行为基点，所以行政方法的程序通常表现为：发布命令、贯彻实施、检查督促、调节处理四个步骤，并按行政管理层次进行。

二、行政方法的特点与作用

行政方法与其他管理方法相比较，具有以下特点：

（一）权威性

行政方法是否有效，在很大程度上取决于行政机构和领导者权威的大小，它要求管理的主体在被管理者中具有较高的威信。管理者的权威越高，他所发出的指令接受率就越高。提高各级体育管理者的权威是运用行政方法进行管理的前提，也是提高行政方法有效性的基础。同时行政方法的权威性特点，使得行政方法有利于发挥领导层的决策作用，便于通过强有力的行政措施，对所辖各级机构进行有效的管理。

（二）强制性

行政方法的强制性是指对特定的管理对象而言，要求必须取得原则上的统一性，必须服从上级领导。这些指令是上级组织行使权力的标志，下级机关必须无条件地贯彻执行。因而行政方法具有强制性。这种强制并不等于官僚主义的强迫命令，而是指非执行不可的意思，它要求人们在思想和行动上服从统一意志，强调原则上的高度统一。

（三）垂直性

行政方法是通过行政系统、行政层次来实施管理活动的。因此，各种行政指令的下达，通常呈垂直型传递的纵向性特点。这种纵向性特点，使得行政方法在自上而下的系统管理中较为有效，保持了系统的相对稳定性。但是，在同级或横向联系上，如政府体育组织中的财务部门与总务部门之间、体育学院中的教学部门与后勤部门之间等，都容易出现沟通困难、信息传递受阻的弊病，给管理系统的发展带来不利影响。

（四）针对性

行政方法的针对性表现为从行政发布对象到命令的内容都是具体的，而且在实施过程中的具体方法上也因对象、目的和时间的变化而变化。所以，任何行政指令往往是在某一特定的时间内对某一特定对象起作用，具有明确的指向性和一定的时效性。这种针对性的特点，使得行政方法对管理中各种社会现象和问题的处理特别及时。尤其是在处理紧急情况和解决新问题等方面，更显示出立竿见影的作用。但是，如果缺乏相应的行政立法保证，针对性特点也可能导致政出多门、各自为政的不良状况。

三、行政方法的正确运用

行政方法是实现管理功能的一个重要手段，但只有正确运用，不断克服其局限性，才能发挥其应有的作用。

（一）提高管理理念和水平

服务是行政的根本目的，这是由管理的本质和社会主义的性质所决定的。由于行政方法具有强制性，容易使一些管理者过分迷信行政方法的效力，不讲求客观规律，不进行调查研究而滥用，这就可能助长某些领导者养成独断专行、官僚主义和瞎指挥的不良作风。行政方法更多体现的是人治，而不是法治。其管理效果，主要取决于管理者的素质，所以行政方法的运用对管理者的素质提出了很高的要求。因此，管理者首先要明确"管理是服务"的行政理念，贯彻"以人为本"的行政作风，不断加强职业修养、业务能力的培养，切实提高管理水平。

（二）考虑多方利益并适当分权

行政方法是靠权力和服从来进行管理的，但有时上级管理者并不能全面考虑各单位、各部门和各地区的利益，使得下级对上级的服从和合作是出于行政命令，而非出自自愿。另外，管理者如果对下级管得"过多""过死"，也会使得下级在执行上级指示、命令过程中缺乏主动性和积极性，长期下去会使下级丧失工作的主观能动性和责任感，形成对上级的依赖。因此，运用行政方法，必须考虑到要照顾多方利益并适当分权。

（三）保持有效的信息传递

行政方法的运用要求有一个灵敏、有效的信息系统。这是由于领导者要驾驭全局、统一指挥，就必须及时获取各种信息，才能做出正确的决策；其次，上级要把行政命令迅速而有效地传达下去，还要把收集到的各种反馈信息和预测信息发送给下级领导者，供下级决策使用。

（四）和其他管理方法的结合运用

管理者采用行政方法进行管理，比较简单、直接而且有效，但如果单纯采用行政方法或者滥用行政方法，就会产生不良影响。此时，被管理者由于惧怕违抗上级命令、指令会受罚，往往会表现得处处假意迎合、顺从管理者的意志。显然，被管理者"身顺心违"甚至"消极对抗"不利于发挥被管理者的积极性、主动性和创造性，这将严重影响管理的实际效果。因此，管理者应注意综合采用多种管理方法，充分调动、发挥被管理者的能动作用。

第二节　法律方法

一、法律方法的概念

广义的法律不仅包括国家正式颁布的各种法律，也包括各级政府和各个管理系统所制定的具有法律效力的条例、规章制度等。狭义的法律是指由国家规定的、公众必须遵守的行为规范。法律方法就是运用法律规范以及类似法律规范性质的各种行为规则来进行管理，它需要通过各种法律及司法、仲裁工作，规范和调节各管理要素之间的关系，以促进管理系统和谐有序地发展。

法律方法的内容，不仅包括建立和健全各种法规，而且还包括相应的司法和仲裁工作。这两个环节是相辅相成、缺一不可的。只有法规而缺乏司法和仲裁，就会使法规流于形式，无法发挥效力；法规不健全，司法和仲裁工作则无所依从。法律方法的形式主要包括法律、法令、条例、决议、命令、细则、合同、标准、规章制度等。

司法工作是由国家的司法机关按照法律和法规解决各种纠纷和审理案件的执法活动。司法机关"以法律为准绳，以事实为依据"，通过司法制裁，强制执行法规，停止违法活动，恢复正常秩序，并给予当事人一定惩罚，达到维护法律尊严、教育人民的目的。司法制裁分为经济制裁和刑事制裁两类。仲裁，也称公断，是指组织或个人之间发生纠纷，经过协商仍不能达成协议，就可由仲裁人或仲裁机构从中做出判断和裁决。就仲裁的性质而言，它是一种行政性活动，不是司法活动。因此，裁决不被当事人执行时，仲裁机关不能强制执行只能由法院强制执行。

二、法律方法的特点

（一）规范性

法律是拥有立法权的国家机关依照法定程序，制定和颁布的规范性文件。法律方法体现了国家统治阶级的意志和利益，它用准确、简洁、严密的法律语言，明确规定人们在一定情况下可以做什么，应该做什么或不应该做什么，因而具有较强的规范性。同时又通过这种指引，作为评价人们行为的标准。

（二）强制性

法律规范同其他的社会规范不同，它是由国家强制实施的，国家法律一经颁布，就要用军队、警察、法庭等国家机器作为实施的保证，使违法犯罪者受到应有的制裁。因此它具有强制性。运用法律方法来进行管理，实际上就是运用这种强制性来进行管理，它是人人必须遵守的行为规则，具有普遍的约束力。

（三）稳定性

法律一经制定，就不能随意更改，而是要延续使用一段时间；同时，法律的制约对象是抽象的、一般的，它可以在同样的情况下反复适用，而不是针对个别具体的人或某个具体事物。所以，它一经制定，就具有一定的稳定性。

（四）预防性

国家制定法律规范的目的，不仅在于对违法者事后进行应有的惩罚，更重要的在于事前对人们起到指导和教育作用，使人们自觉守法从而达到预防犯罪行为的发生。

三、法律方法的运用

（一）注意法律方法的双重作用

法律方法从本质上来讲，就是通过上层建筑的力量来影响和改变社会活动的方法。这里具有双重作用，是指既可以起到促进作用，也可以起到阻碍作用。如果各项法律和法规的制定和颁布符合客观规律的要求，就会促进事业的发展，反之，也可能成为事业发展的障碍。法律方法由于缺少灵活性和弹性，易使管理僵化，而且有时不利于基层组织发挥其主动性和创造性。在管理活动中，各种法规要综合运用，相互配合。

（二）注意应用范围与条件

法律方法在体育管理中主要体现在对体育系统的整体管理应用上，尤其是在调节和处理体育系统内外关系、强化管理秩序、保持管理系统稳定和处理管理中普遍存在的共性问题上，更能发挥其他方法难以起到的作用，这是法律方法的应用范围。法律方法应用的基本条件是：首先，要建立和健全各种体育法规；其次，要注重体育法规的监督和执行工作，这是保证发挥体育法规作用的关键；最后，要大力开展法制宣传和教育，增强人们的法制观念。

（三）建立有效的组织机构及制度体系

法律方法的内容包括立法和司法两部分。立法是国家权力机关按照一定程序制定或修改法律。司法是指检察机关或法院依照法律对民事、刑事案件进行侦查、审判。有效地运用法律方法，需同时加强立法和司法工作。而建立有效的组织机构是运用法律方法的组织保证。同时，还需要有制度保证，即必须建立有效的制度体系，真正做到有法可依、有法必依、执法必严、违法必究。

（四）和其他方法的结合运用

法律方法虽然在体育管理中起着十分重要的作用，但其作用范围还是有限的，不能企望法律方法解决所有的问题。在法律范围之外，还有种种大量的经济关系、社会关系需要用其他方法来管理和调整。正确的做法是把法律方法与行政、经济方法结合使用，互为补充，才能达到较好的管理效果。

第三节　经济方法

一、经济方法的概念

经济方法是指按照客观经济规律的要求，运用经济手段，调节各种不同经济主体之间的利益关系，以实现管理目标的方法。经济方法既不是否定利益共存，又不是按照平均主义的形式进行利益分配。经济方法的实质就是贯彻物质利益的原则，按客观经济规律办事。随着我国社会主义市场经济体制的建立和完善，管理者会更多地依赖经济方法实施管理。宏观方面的经济方法包括价格、税收、信贷等经济手段。在微观方面，包括工资、奖金、福利等经济手段。

二、经济方法的特点和作用

（一）利益性

经济方法是通过利益机制引导被管理者去追求某种利益，间接影响被管理者行为的一种管理方法。利益性是经济方法最根本的特性。在社会生活中涉及经济利益的领域非常广泛，因而经济方法可以在管理中被广泛运用，它体现了不同利益实体共存、不同利益相互协调发展的要求。所以，经济方法的运用既有一定的广泛性，又有局限性。

（二）间接性

经济方法的间接性主要表现在两个方面：首先，它不直接干预和控制管理客体的行为，不直接干预人们应当怎么做，而是通过调节经济利益来引导人们的行为，以达到管理的目的；其次，经济方法的运用要以市场为媒介，借助于市场机制来实现。经济方法这种调节作用的间接性在宏观管理中表现得尤为明显。如对体育竞赛市场的开发，政府通过制定一些经济政策，通过各种利益关系来调节各竞赛主办者的行为。

（三）灵活性

经济方法调节的灵活性，主要表现在它有多种多样的调节手段，这些手段可以在不同的条件下发挥同样的作用，因而可以根据不同的情况灵活选择。如对我国健身娱乐市场的发展，为了适应全民健身战略的要求，国家可以对高档次的健身娱乐场所适当提高其税收标准，而对普及型的健身娱乐场所制定若干优惠经济政策，以鼓励其发展。

（四）规范性

经济方法总是以某些规范的经济指标来表示。经济指标的设置和确立须保持时间和空间上的连续性，所形成的经济指标体系在不同的组织之间应具有可比性，以便规范地比较和分析管理的结果。

三、经济方法的运用

（一）要注意应用的范围和限度

经济方法的应用有其特定的范围，在那些不涉及经济利益或不以经济利益为主的领域，经济方法就不能充分发挥作用。经济方法的运用也要有一些基本的条件：首先，体育管理中运用经济方法要以经济利益的存在和人们对物质利益的追求为前提；其次，要强化广大体育工作者的经济意识，使体育管理者头脑中确立起社会主义市场经济观念；最后，要做好组织内的经济立法和规章制度与之配合，否则容易出现各种混乱局面，导致经济上的违法行为。

（二）合理掌握物质刺激的度和时机

首先，要注意物质刺激的"度"，过高或过低都不能收到预期效果。其次，还应重视物质刺激的时机，当被管理者付出超额劳动或工作成果出色时，应立即给予物质利益的鼓励，时间拖得越长，效果越差。

（三）和其他管理方法的结合运用

经济方法是以价值规律为基础，强调物质利益的方法，因而带有一定的盲目性和自发性。经济方法虽然是一种比较重要的管理方法，但是这种方法还存在一定的局限性，在实际管理中要与其他管理方法，如行政方法、法律方法和宣传教育方法等综合使用，才能发挥更好的效益。如经济方法与行政方法结合使用，有利于增强经济手段的权威性；经济方法与法律方法结合使用，有利于增强经济方法的规范性和法律效力；而经济方法与宣传教育方法结合使用，则有利于增强经济方法的准确性和对运用时机的把握。

第四节　宣传教育方法

一、宣传教育方法的概念

宣传教育方法是指通过宣传和教育等方式，使人们围绕着共同目标而采取行动的方法。管理是人类有目的的活动，人是管理中最积极最活跃的因素，而人又是有思想、有感情、能思维的动物。人们行为的动力首先通过头脑，转变为愿望和动机，由动机引发人类的行为。这就要求管理者应注意掌握被管理者的需求，分析他们的动机，引导他们的行为。因此，宣传教育方法是以人们对思想活动的发展规律的正确认识作为其客观依据的。

宣传教育方法的形式多样、灵活不拘，常用的宣传教育方法有作报告、讨论、对话、谈心、家访、典型范例、形象教育、对比教育等。

二、宣传教育方法的特点与作用

宣传教育方法与其他管理方法相比较，具有以下特点：

（一）先行性

任何一种管理方法的实行，管理决策的制定，都必须通过宣传和教育。通过宣传教育，一方面，使被管理者对其有充分的了解，同时思考自己如何配合行动；另一方面，在管理过程中实施各项决策之前，通过宣传和教育，还可事先预测到人们可能产生的各种反应，并制定相应的宣传教育措施予以预防，从而强化其正面效应，抑制可能产生的不良效应。

（二）滞后性

这一特点在思想教育中表现得尤为突出。由于人们的认识和思想是对客观事物的反映，所以思想教育大量的工作是在事情发生之后或有些苗头的时候。滞后性特点要求管理者对已经发生的问题实事求是地、科学地、正确地进行分析，以理服人，这样才能使思想教育真正落到实处，从根本上激发人们的动机。

（三）疏导性

开展宣传教育，要动之以情、晓之以理，启发人们的自觉性。对思想问题采取回避或捂堵的方式是不能奏效的，甚至会激化矛盾。只有因势利导，才能达到教育的实效。

（四）灵活性

人的思想是复杂多变的，引起人的思想变化的多种因素又往往交织在一起发生作用。不同的时期和不同的管理对象，其思想基础、性格类型、价值观念和需求等也不同，因此宣传教育工作必须根据不同的时期和不同的管理对象，确定宣传教育的内容和重点、形式和手段，保持灵活性和针对性。

三、宣传教育方法的运用

（一）注意应用的范围与条件

虽然宣传教育方法的作用巨大，效果显著，但其应用范围的局限性也十分明显，如不能调动人们的经济利益、不能直接干涉和决定人们的具体行为、不能解决所有的思想意识问题等，尤其在被管理者的思想觉悟和自觉性还停留在较低程度时，孤立地运用宣传教育方法则难以取得理想的管理效果。运用宣传教育方法要考虑到一些基本条件：首先，要善于营造一个良好的群体氛围，不断提高被管理者的思想认识觉悟及水平；其次，要有一批政工管理人员来专门从事这项工作。

（二）讲求宣传教育的科学性与艺术性

首先，宣传教育的形式、内容、工作制度、工作方法等都要体现科学性。要运用心理研究和社会科学成果，探索影响人的思想和行为的因素，研究人的思想和行为的发展规律；其次，对管理者的宣传教育还要讲求艺术、追求实效，务求做到理论和实际相结合、表扬和批判相结合、身教和言教相结合等，要使教育更加生动、活泼、形象、直观等。

（三）和其他方法的结合运用

宣传教育方法不仅是一种有效的管理方法，对其他管理方法的实施也有很大的支持作用。但宣传教育方法的有效性是相对的，在很大程度上存在于与其他管理方法的结合运用之中。

第五节　体育管理方法的综合运用

运用系统科学的观点学习和掌握体育管理的方法是十分重要的。只有这样，我们才能从整体上把握体育管理方法的精髓，深入地研究各种方法之间的密切联系，有效地提高科学运用管理方法的水平，不断获取优化的管理效益。

一、体育管理方法是一个统一的完整体系

体育管理方法的完整统一，集中表现在各种方法之间的密切联系上。这种密切联系，从体育管理方法的分类已得到了充分的显示。忽视这些联系，就是割裂体育管理方法的完整统一，势必孤立、静止、片面地运用一个个具体方法，其结果在实际管理工作中就会出现某种方法单一运用的倾向，阻碍管理水平的提高。如在计划经济体制下，在体育管理工作中过多地运用行政方法，把行政方法作为体育管理的唯一方法，就会导致统得过死的不良状况。又如在改革开放的新形势下，随着社会主义商品经济的实行，经济方法被引进体育管理之中。但是，如果忽视管理方法的完整统一，把经济方法看成是万能的管理方法，这种思想的片面性也将导致经济方法的滥用，最终将削弱其作用，甚至会产生反作用。如在运用经济方法时，忽视思想教育，就可能在群众中导致"一切向钱看"的倾向，进而不能妥善处理国家、集体与个人的关系，只思索取，不求贡献。如果在具体制定管理措施时，事事与经济挂钩，处处伸手要钱，动不动就处以罚款，则不但达不到良好的管理效果，甚至会引发群众的抵触情绪，产生逆反心理。

总之，把体育管理方法看做一个统一完整的体系，有利于我们从整体上

把握管理方法的实质，克服思想上的形而上学和绝对化，杜绝管理实践中的主观性和盲目性。当然，把握整体并非否定各种管理方法的相对独立性，其目的正是要从它们各自的特点、形式和应用范围与条件的研究入手，从中寻找它们彼此之间的内在联系，以取得最佳的整体管理效应。

二、各种体育管理方法的互补与组合

就每一类或每一种管理方法而言，在实际运用中存在一定的利弊，受到一定的局限，因而不存在任何单一的万能的管理方法。只有在运用中认真考察各种管理方法的组合与互补关系，才能发挥出它们的综合效能。

在体育管理方法的四大类别之间，就存在着互补与组合关系。管理的技术手段适于解决体育管理中一些技术性、定量化问题；管理的基本方法对各种管理方案的组织实施有着极其重要的作用；而管理的技巧与艺术，则在妥善处理管理中的各种关系，协调各方面力量上，显示出其独特的功能。这就是说，它们在某些因素的管理上都有各自的特长，而在另一些问题的管理上又都有各自的欠缺。然而，实践证明，体育管理中各种因素通常不是单一地、明显地摆在管理者面前，往往是相互交织、错综复杂地等待着人们去处理。这种情况在决策中表现得尤为明显。因此，没有各类管理方法的互补与组合，也就没有有效的管理。这种互补与组合的关系，在各类管理方法所包含的各种手段之间，同样是客观存在的。如行政管理方法，它有利于实行集中统一的管理，但仍须依靠法律方法来保障正常的管理秩序。尤其是在横向管理关系的有效调节方面，更需要法律方法的支持。而行政方法与法律方法结合起来所表现出来的强制性，又要依靠宣传教育等灵活性较大的管理方法来协调，才能使管理达到严而不死、活而不乱的效果。又如经济方法，由于它与人们的物质利益联系较紧，尤其是在社会主义市场经济条件下，要运用各种经济手段来调动人们的积极性，使人们经济利益与工作绩效直接相联系，但也需要其他管理方法的支持。在运用经济方法时，还应在兼顾国家、集体、个人三者利益的基础上，鼓励人们胸怀全局，发扬风格，而这些离开宣传教育方法同样也是难以办到的。再如，宣传教育方法是一种行之有效的管理方法，但若缺乏行政方法、经济方法、法律方法的支撑，也可能在一定程度上降低管理工作的权威性。由此可见，学习体育管理方法决不能停留在对各种单一方法的个别探讨上，而必须深入地研究它们各自的优劣，互补与组合。这样才能真正明确各种方法在体育管理系统中的地位与作用，在体育管理实践中加以合理地运用。

三、追求各种管理方法的综合效应

系统分析的目的在于追求整体效应。体育管理系统能否产生整体效应，在很大程度上取决于各种管理方法的综合运用。如前所述，我们强调弄清各种管理方法之间密切联系的重要性，但这并不意味着就可以混淆它们彼此之间的区别，进而在实际运用中互相取代。事实上，各种管理方法就其相对独立性而言，都有自己独特的作用。如经济方法利用经济杠杆，贯彻物质利益原则，通过把集体和个人的物质利益与其工作绩效相联系，从而调动人们的积极性、主动性和创造性，进而有效地控制人们的行为方面，就有其独特的作用，是其他方法不能替代的。

因此，我们要追求各种管理方法综合运用的整体效应，一个重要的前提就是要弄清这些方法在体育管理工作中的独特作用。只有弄清它们各自的特点、运用形式和范围、条件，才能有机地将它们统一起来，做到扬长避短，互相弥补，产生整体效应。此外，认真地分析这些方法各自的长处和短处，才能通过它们的综合运用互相补充，才能使各种管理方法在综合运用中成为一个有机的完整的方法体系，在体育管理实践中发挥整体功能。

四、管理者的创造性决定着管理方法的运用效果

前面我们已对体育管理方法的结构体系和内在联系进行了讨论，其目的就是要强调，应把体育管理方法看成是一个完整的结构体系。但是管理方法的整体效应能否在管理实践中体现出来，主要取决于管理者对管理方法创造性地运用，也就是说管理者如何从管理实践出发，针对管理对象的具体情况和管理环境的变化，灵活地运用各种管理方法。尤其是行政方法、法律方法、经济方法和宣传教育方法这类管理的基本方法的综合运用，主要是取决于管理者运用的技巧与艺术。

显然，体育管理者运用管理方法的技巧与艺术，集中反映在创造能力上。如果管理者缺乏创造性，只是机械、教条地照搬某种现成的方法模式，企望找到某种放之四海而皆准的管理方法，人云亦云，忽视管理对象的特点和客观环境的变化，其结果是很难取得理想的管理效果。

【案例】狠抓管理教育，弘扬乒乓精神

两强相遇勇者胜，两勇相遇智者胜。运动队不仅要以训练为中心，扎扎实实抓好训练，同时也要严格管理、教育，搞好思想政治工作。中国乒乓球队坚持思想和技术两手抓，两手都要硬。

中国乒乓球队重视入队教育。每当一批新队员进入国家队，都要请老领导、老教练讲述乒乓球队的光荣历史，讲述三代中央领导集体对乒乓球队的关怀和指示，观看容国团等老一辈运动员争冠夺标激烈场面的录像，了解他们成长的过程。20世纪50年代末60年代初乒乓球队兴起的一种说法"不想

当世界冠军，别进国家队大门"，流传至今，激励着一代又一代运动员树立起明确的目标：誓夺世界冠军，为国争光。这种目标在一代又一代乒乓健儿心头深深扎根。孔令辉1988年刚进入国家青年队时，写了一篇题为"我的理想"的日记表达志向和决心："我的理想就是打世界冠军，打奥运会冠军。虽然自己有理想，但没有实际行动，那也是空想。所以要从各方面磨炼自己，加倍地去努力，争取早日实现自己的理想。"

　　乒乓球是一项充满技巧和智慧的运动。在小小的竞技桌面上，球速那么快，旋转如此强，器材、打法五花八门，技术、战术千变万化，要想取胜，必须反应高度灵敏，具有应对各种复杂变化的智慧。运动员入队年龄都比较小，正值世界观形成的关键阶段。乒乓球队的领导和教练重视对他们进行正确思想和理论的灌输，结合日常训练比赛实际，对他们进行深入浅出的思想引导。当年，国家体委老领导荣高棠等同志，常给乒乓球队讲解毛主席的矛盾论、实践论，引导运动员教练员如何"一分为二"地看问题，如何处理好战略上藐视、战术上重视对手的关系，如何运用辩证法解决训练与比赛中的矛盾和问题。徐寅生同志在女队的讲话，是这种学习成果的集中体现。毛主席对此给予高度评价："讲话全文充满了辩证唯物论，处处反对唯心主义和任何一种形而上学。"从此，学习运用辩证法，在中国乒乓球队形成了风气，成了中国乒乓球队克敌制胜的传家宝。

　　如何正确对待成绩和荣誉，是长盛不衰的中国乒乓球队经常面临的严峻考验，也是思想政治工作的重要课题。20世纪60年代，当中国队从第28届世乒赛夺得5项冠军胜利归来，就提出了"从零开始"的响亮口号。他们要求自己尽快从鲜花和掌声中走出来，瞪大眼睛找缺点。每次大赛后的总结会，讲成绩常常一笔带过，主要讲问题，找改进措施。王楠在第27届奥运会夺得2枚金牌，总结会上她主要讲了与新加坡李佳薇一战自己险遭淘汰的教训。会上有人说"这把球刀已经架到了你的脖子上，已经勒出了血，一个世界冠军怎么会被打成这个样子？一定要当做失败来总结。"王楠本人和全队都受到了深刻的教育。这种强烈的忧患意识，是乒乓健儿不断奋进的力量源泉。

　　管理出战斗力。中国乒乓球队坚持严格管理，以法规治队，制定了有关训练、比赛和生活方面的一整套规章制度，奖罚严明。如国家一、二队内部循环赛升降制度，运动员实行比赛积分电脑排名，对违反队内纪律进行处罚等规定，建立起有力的激励和制约机制。严格执行规章制度，不允许有任何人搞特殊。教练员以身作则，带头遵守，一旦偶然违反，都主动受罚作检讨。教练员自身硬，对尖子队员、世界冠军才能敢抓敢管。刘国梁成名之后，在一次国内比赛中输了球发脾气，把球拍摔到球台上。蔡振华在会上毫不留情地将他批评得痛哭流涕，还让他停训半天闭门思过。1998年春节放假，杨影迟归队3个小时，受到调整回省队的处分，三个月后，她对问题有了深刻认识又重返国家队。这些敢于碰硬的举措，对全队震动极大，使世界冠军们受到深刻教育。在乒乓球队，尖子运动员的模范带头作用十分鲜明，带出了遵守纪律、团结战斗的好风气。

乒乓球队的教练员不仅教运动员如何打好球，还教他们如何做人。张燮林带邓亚萍第一次出国参加亚洲杯比赛，她与李惠芬争冠军，关键时刻李惠芬打了一个擦边球，裁判员没看清，邓亚萍支支吾吾不承认，裁判就判邓亚萍获胜。过后张燮林严肃批评邓亚萍："赢球要赢心，裁判没看清你就不承认，这是职业道德问题，你要赶快向李惠芬道歉，回去写出书面检查。"这件事对邓亚萍的教育非常深刻，以后在她身上再也没有出现过类似问题。张燮林担任女队主教练20多年，曾10次率领女将夺得女团考比伦杯，对思想工作也积累了丰富经验。他教育运动员"对党对国家要忠心""对父母长辈要有孝心""待人要诚心""比赛要有自信心"，一共总结出"28个心"，对做好运动队的思想政治工作很有启发。

发挥集体智慧，群策群力，有针对性地把思想政治工作做深做细，也是中国乒乓球队的成功经验之一。几年前，年轻队员王励勤的技术已达到世界一流水平，但思想不太稳定，在一些重大比赛中有时发挥失常，起伏较大。教练组开了很多次会，为他集体会诊，指出他的主要问题是比赛中患得患失，对可能出现的困难估计不足，准备不充分。教练们反复与他谈心，要求他摆正个人与集体的关系，鼓励他为祖国荣誉而拼搏。同时集思广益，把可能出现的困难和矛盾归纳成67个问题，让他去思考，通过实践去解决。经过一段时间锤炼，王励勤逐渐成熟了，终于在奥运会和世乒赛上夺得金牌。

在新形势下，思想教育为主还须与物质利益相结合，才能取得好的效果。20世纪90年代初，一批退役的乒乓球运动员出国打球，收入很高，在我国乒乓球界产生很大反响，不少人人心思外。乒乓球队及时进行了"祖国培养意识"教育。蔡振华教练给大家算了一笔账，他说中国的运动员从小开始打球，一直到进入国家队，学费、器材费、服装费、伙食费、差旅费直至出国的所有费用都是国家负担的，是国家培养咱们成才的，咱们首先应该想如何回报祖国。在加强思想教育的同时，主管部门也想尽办法解决这个矛盾，打破过去只允许退役运动员出国打球的框框，主动派现役国手到欧洲俱乐部短期打球。这样做既增加了国手与欧洲强手较量的机会，也可以增加收入，稳定军心。同时，在国内开办了擂台赛和俱乐部联赛，开拓乒乓球市场，逐步提高运动员的待遇。国内打球的条件和待遇越来越好，有效地遏制了人才外流。

对于外出打球或执教的所谓"海外兵团"人员，没有给他们任何歧视，并从舆论上给予积极引导。我国的俱乐部赛制允许海外运动员参赛，"海外兵团"有的成员又回国来参加俱乐部赛。乒乓球队对非主力队员也尽可能妥善安排，使大家心情舒畅，增强了集体的凝聚力。

中国乒乓球队在不断取得优异成绩的同时，也凝聚出丰富的精神成果。1981年，万里同志代表中央对"乒乓精神"做了概括总结："胸怀祖国、放眼世界、为国争光的精神；不屈不挠、勤学苦练、不断钻研、不断创新的精神；同心同德、团结战斗的集体主义精神；胜不骄、败不馁的革命乐观主义和革命英雄主义精神。"乒乓精神在新形势下还在不断丰富其内涵，一代代乒乓健儿的爱国情怀、集体观念、拼搏精神、创新思维、忧患意识、务实作风不断得到发扬光大，它为我国乒乓运动长盛不衰提供了强大的思想保证和精神动力。

（王耀文改编自《乒乓长盛考》，载《中国体育报》，2002年7月15日）

讨论题：

1. 结合本章内容，试分析中国乒乓球队的管理者运用了哪些管理方法，从而实现了成功管理。

2. 如果你是中国乒乓球队的管理者，你将如何看待"海外兵团"人员？

本 章 小 结

行政方法是按照行政组织系统，依靠行政组织的权威，运用命令、规定、指示、条例等行政手段直接对管理对象实施管理的方法；法律方法的内容，不仅包括建立和健全各种法规，而且还包括相应的司法和仲裁工作；经济方法是指按照客观经济规律的要求，运用经济手段，调节各种不同经济主体之间的利益关系，以实现管理目标的方法；宣传教育方法是指通过宣传和教育等方式，使人们围绕着共同目标而采取行动的方法。

>>> 思考题

1. 体育管理的基本方法各有什么特点和作用，在管理实践中应如何运用？

2. 体育管理方法综合运用时应该注意哪些方面？

基本内容篇

第六章　学校体育管理

本章要点

> 1. 分析阐述学校体育管理的含义、特点、目标和任务，以及学校体育管理的原则，论述学校体育管理体制与学校体育管理法规
> 2. 阐述学校体育管理的基本内容
> 3. 论述学校体育管理评估的原则、基本内容、评估指标体系以及学校体育管理评估的具体实施过程

学校体育管理既是学校教育管理的重要组成部分，又是学校教育管理的重要手段。学校体育管理的目标是通过对学校体育资源的有效整合，实现学校体育的既定目标。重视和加强学校体育管理，推动学校体育的发展，对全面贯彻党的教育方针，促进学生身心健康发展，培养德、智、体、美全面发展的社会主义建设人才，以及推行《全民健身计划》、开展阳光体育运动，实施《国家学生体质健康标准》，促进整个中华民族素质的提高都具有十分重要的意义。

第一节　学校体育管理概述

一、学校体育管理的含义

学校体育管理是指遵循学校体育和教育的基本规律，充分利用有限的人、财、物、信息和时间等因素，以最佳的手段和方法，对学校体育工作进行计划、组织、控制、评估等一系列的综合活动。

二、学校体育管理的特点

（一）教育性

学校体育具有教育的重要功能，"以生为本"是学校对学生的教育与管理的重要原则。充分调动教师、学生及各级各类管理干部的积极性，是提高管理效益的重要环节。在制定与执行各种体育管理法规的同时，思想教育要始终贯穿于学校体育管理的全过程，特别是对学生体育的管理工作，更应将"育人"放在首位。

（二）方向性

方向性是指学校体育管理必须坚持以马列主义、毛泽东思想、邓小平理论和"三个代表"重要思想为指导，深入贯彻落实科学发展观，贯彻党的教育方针，为实现学校教育的总目标服务。因此，学校体育各个层次的工作人员都要明确学校的基本目标任务是培养适应社会主义现代化建设需要的合格人才，要摆正体育在学校教育中的位置，正确处理体育与其他教育活动之间的关系，使之通力合作，以实现整体效应。

（三）阶段性

首先，不同年龄阶段学生具有其成长的阶段性特点；其次，学校工作是按学期或学年来安排的，上、下两学期的体育教学内容具有一定的差异，从而使每学期的工作需要保持一定的独立性。因此，不同学期、不同年龄段的学生的管理，应体现出阶段性的特点，在管理方式上应有所区别。

（四）系统性

学校体育教育是一个复杂的、多变的动态系统，在运行中出现的各种问题如不及时解决，就会干扰学校体育工作的健康发展。要使该系统运转协调，就必须不断提高学校体育的管理效能。为此，需要建立一个强有力的调控系统，完善各种制度及控制手段，不断获得各种管理信息并及时反馈，以维持学校体育管理系统的动态、良性发展。

三、学校体育管理的目标与任务

（一）学校体育管理的目标

学校体育既是学校教育的重要组成部分，又是体育管理的重要分支。我国学校体育的根本目标是增强学生体质、促进学生身心健康，培养学生的终身体育意识及能力，使其成为德、智、体、美全面发展的社会主义事业建设人才。进行学校体育管理，其重要目标及任务就在于通过各种管理职能，合理调控资源，发挥资源的最大价值，以保证各项学校体育目标的实现。

（二）学校体育管理的任务

学校体育主要包括各级各类大中小学的体育课教学、课外体育活动、课余运动训练和运动竞赛等各项工作。我国学校体育管理的任务包括：明确学校体育工作开展的指导思想和学校体育发展目标；建立和健全学校体育的各级管理机构，制定一整套管理法规并明确各有关管理机构和人员的管理职责；科学地制订学校体育管理的各种计划和文件，使之适应学校体育发展的需要；合理地组织管理学校体育各方面、各环节的活动，确保各项活动低耗、高效地顺利实施；协调学校体育各管理部门和学校体育内、外部的各种关系，为学校体育工作的顺利开展提供必要的物质技术基础以及创造良好的育人环境；定期和不定期地对学校体育管理工作进行检查评估，促进体育教学质量的不断提高和学生体质的不断增强。

四、学校体育管理的原则

学校体育管理必须依据国家教育方针，国家各时期教育改革和发展规划，《学校体育工作条例》，有关部门对学校体育工作要求、规定及学校工作规划等方针政策，对学校体育工作实行系统管理。学校体育管理的原则主要包括整体性原则、计划性原则、导向性原则、可控性原则。

（一）整体性原则

学校体育管理是学校教育管理的一个组成部分，学校体育管理首先要为实现学校管理目标服务，培养学生成为德、智、体、美全面发展的社会主义建设人才是学校教育的目标。学校体育管理应该建立在这一目标上开展各种工作，这样才能真正摆正学校体育管理的位置。要充分发挥体育在培养学生意志品质、形成良好校风、活跃校园文化生活中的作用，还要从整体上协调好学校体育工作的各方面关系，正确处理体育教学、课余体育训练、体育锻炼及运动竞赛之间的相互联系、相互制约的关系。要充分发挥它们各自的作用，根据各个时期学校的任务及实际，有所侧重的突出重点，使之能始终围绕完成学校教育目标、学校体育目标开展工作。

（二）计划性原则

学校体育计划是指对学校体育工作的具体安排及规划。学校体育计划管理要求对学校体育整个系统做出全面的部署，从宏观管理到微观管理，统一计划、统一实施。在宏观上要以《学校体育工作条例》为准则，提出实施细则，明确完成任务的具体措施。在微观上要明确学校体育各方面的具体任务及责任，根据学校的实际情况及学校整体管理的要求，制订全面实施计划并加以贯彻落实。计划是管理过程的首要环节，制订哪一方面的计划都应遵循规律。例如体育教学工作计划，首先是制订全年教学工作计划；其次是制订学期教学工作计划；再次是制订单元教学计划；最后是编写教案，然后才能执行和实施。可以说，没有计划，就无法完成任务。无论哪一项工作计划，在实践中必须不断接受检验，及时修改与调整。

（三）导向性原则

学校体育管理的目标在于完成国家赋予的"育人"的重要任务。国家对青少年一代提出了德、智、体、美全面发展的要求，根据这一目标，学校应结合各个时期的工作重点，提出不同阶段的工作目标。因此，作为子系统的学校体育管理系统必须依据各级政府及有关部门所制定的阶段发展规划，结合每一时期（阶段）本地区学校体育发展水平，制定出相应的措施及办法。

（四）可控性原则

可控性原则就是指在实施目标过程中，通过不断检查、评估和控制，保证整个系统顺利地开展工作。学校体育管理的控制主要通过检查评估去执行，通过检查评估发现在实施目标过程中哪些工作得到贯彻落实，哪些工作在执行中出现问题，需要做哪些方面的修改或促进。评估结果及意见反馈到决策部门后，要对出现的问题加以修正，使原定目标更能切合实际。例如在体育教学中，教师按预定的方法组织学生练习，在练习过程中，教师通过学生的练习作初步评价，根据学生掌握情况及时调整或改变教学方法，以便能更好地完成预定的教学目标。

五、学校体育管理体制

学校体育管理体制是学校体育管理的机构设置、权限划分、运行机制等方面的体系和制度的总称。它是实现学校体育总目标的组织制度保障。建立与健全学校体育管理体制是保证政令畅通，充分发挥各方面积极性的重要措施，也是为学校教育提供组织保证的重要措施。我国学校体育管理体系可分为政府行政部门、社会体育组织、学校体育组织三个方面。

我国学校体育宏观管理机构设置如图6-1所示。

（一）政府行政部门

1. 各级教育行政部门

国家教育部学校体育卫生与艺术教育司是全国各级各类学校体育工作的最高行政领导机构，负责领导、监督、检查学校体育工作，对全国学校体育进行宏观管理，其具体职责是：制定学校体育总体发展规划和目标；制定学校体育工作的方针、政策及有关的规章制度、管理办法，督促检查贯彻落实情况；审批和颁布体育教学大纲和体育教材；制定学校体育人员编制、经费比例；培训体育师资、卫生人员；领导和组织全国学生运动会，组织参加世界性学生体育竞赛；指导学校体育教育科研机构及社会团体的业务工作；组织学校体育发展战略研究，开展国际性体育学术交流。

各级教育行政部门，均设有相应的体育管理机构。省、直辖市、自治区

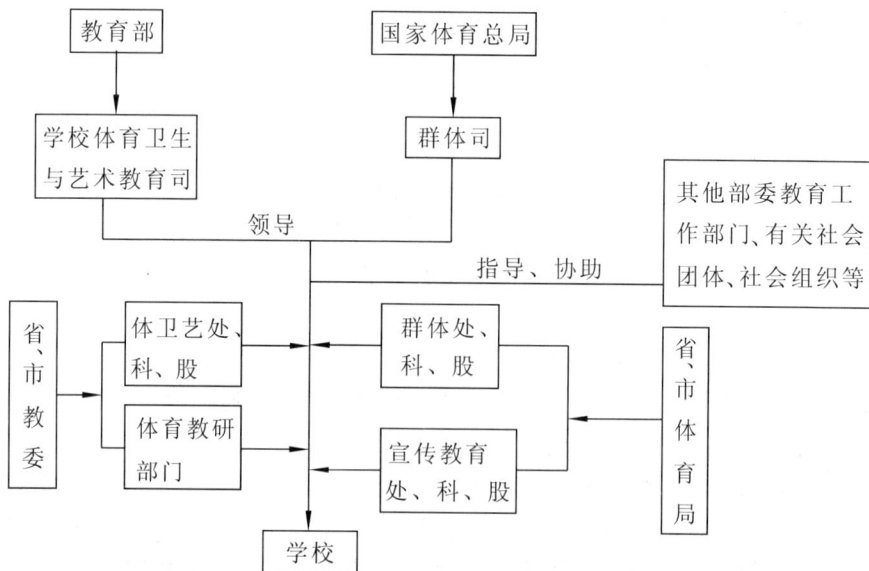

图 6-1　我国学校体育宏观管理机构设置

（引自孙汉超、秦椿林等编《体育管理学》，人民体育出版社，1999年）

教育部门设有体育卫生处；市（地、州）、县教育行政部门设有体卫艺处、科、股，乡（镇）一级教育行政部门也配有体育专职干部。他们的主要职权是具体协助教育、体育部门管理本地学校体育，制定本地学校体育管理的有关政策、法规和要求，并给予业务指导和人、财、物等的支持，保证国家对学校体育宏观管理职能的层层落实和形成本地区学校体育的特色。

我国各地的高等院校（大学、师范大学〈学院〉、教育学院、体育学院、师范专科学校）、中等师范学校、教育（学校体育）科研所是我国学校体育教育、科学研究的主要机构。它们担负着培养和培训体育教师及体育管理人员，编写学校体育教材及有关专著，开展学校体育教学、科学研究等工作的任务。

2. 国家有关局、部、委及各级地方局、委主管学校体育管理的部门

国家体育总局群体司设有专门的学校体育管理部门，协同领导和组织全国学校体育教育工作。其他有关部委也设有专门管理学校体育工作的机构和人员。各级地方体育局、委也设有相应的学校体育工作的机构和人员，负责管理学校体育工作。

（二）社会体育组织

我国学校体育的社会组织是由学术研究团体和学生体育团体构成。学校体育社会学术团体是中国教育学会学校体育研究会及中国体育科学学会学校体育专业委员会。各省、直辖市、自治区，地、市、县教育部门或体育部门

一般也都设有相应的学校体育的研究组织。它们负责开展学校体育学术交流活动，组织有关学校体育现状及发展的重点科研课题的研究，普及及宣传学校体育工作，开展学校体育工作的调查研究，向教育、体育行政管理部门提供咨询材料及合理化建议，举办各种培训班及学习班，组织出版和推广有关学校体育书刊及科学研究成果，开展学校体育国际学术交流活动等。

学生体育团体有全国大学生体育协会和全国中学生体育协会。全国各地也相应地建立了大学生体育协会和中学生体育协会，其基层组织是大、中、小学的学生体育协会或学生体育俱乐部。学生体育团体的任务是：组织全体学生参加体育锻炼，增强学生体质；选拔有条件的学生参加课余体育训练，发现和培养优秀体育后备人才及优秀体育人才，组织全国性大、中学生体育竞赛，进行学校课余体育训练工作的评估及培训各级各类学校负责训练的体育教师；承接世界大学生、中学生体育协会有关比赛任务，参加世界性学生体育比赛和体育交流等。

此外，我国各社会团体（工会、共青团、妇联、青联、学联等）和体育组织（中华全国体育总会及所属各单项运动协会、中国体育科学学会等），均设有对体育教育进行指导、研究和协助管理学校体育工作的机构或组织。这些团体在全国也都有相应的机构，它们接受上级的领导，在全国和各地的学校体育工作中发挥自己的作用。

（三）学校体育组织

学校内部体育工作的管理主要是通过校长（或分管体育工作的副校长）和相应的校内体育管理机构进行的（图6-2）。

1. 学校体育管理的领导系统

（1）校长（或分管副校长）对本校体育工作的领导：校长（或分管副校长）负责对本校体育工作进行全面的决策及机构设备指挥、布置和检查。包括对本校体育工作提出总体目标要求；建立相应的校内体育管理机构，并协调学校各有关部门同体育管理机构间的关系，使

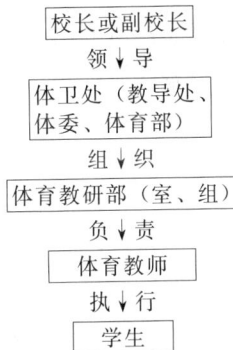

图6-2 学校体育微观管理体系

之密切配合，共同搞好学校体育工作；对校内体育教学、课外体育活动、课余训练和竞赛、学生健康和体质测定等业务工作做出整体安排；为学校体育工作提供必要的经费及物质技术保障，帮助解决工作中的实际问题，特别是对体育教师的配备、考核和进修提高给予政策和经费上的保障等。

（2）体育卫生处（教导处、体委、体育部）对本校体育工作的管理：为

了加强学校内部体育工作的管理，中小学可建立由学校行政部门、体育教研室（组）、校医、班主任及团、队等方面代表参加的学校体育卫生领导小组或体育卫生处。高校可设立由教务处、总务处、武装部、工会、共青团、学生会、校医院（室）、体育教研部（室、组）等有关方面负责人组成的校体育运动委员会或体育部，作为学校体育管理的具体职能部门。对上接受校长（或分管副校长）的领导，对下则组织体育教研部（室、组）等有关单位全面负责学校体育各项工作的管理。

（3）总务部门。其具体职责是：合理安排体育经费，购置必要的体育设施和器材；负责场地建设和维护、设备维修；教育后勤人员支持体育工作，做到服务育人。

2. 学校体育管理的组织实施系统

（1）体育教研部（室、组）具体负责对全校各项体育工作的业务指导与组织。它的主要职权是：根据党的教育、体育方针及上级指示，会同有关部门制订本校体育工作的计划和有关规章制度，定期向上级汇报工作，提出具体的建议和意见；搞好教研部（室、组）的课务，指导并组织早操、课间操及班级体育活动，积极推行《国家学生体质健康标准》，开展课余训练和校内外各项运动竞赛活动，积极组织和开展阳光体育运动；组织好教研部（室、组）的学习和进修，深入钻研教学大纲和教材，定期检查执行情况，认真开展教学研究活动（高校还应积极进行体育课程建设）；协同校医定期开展对学生的健康和体质的测定工作，建立学生健康卡片，不断提高管理实效；协助总务部门做好体育场地器材的建设、选购、维修和保养工作，并教育学生爱护公共财物；搞好体育宣传，积极培养学校体育骨干；关心体育教师的思想、工作、学习和生活，充分调动他们的积极性，以保质保量地完成各项任务。

（2）体育教师是学校体育管理工作的具体组织和执行者，他们工作的优劣，直接关系本校体育工作的实效。其主要职责是：积极参与讨论或制订学校体育工作计划和有关规章制度；深入钻研教学大纲、教材和教法，努力上好每堂课，保证教学质量；认真组织好学校的早操、课间操和班级体育活动，努力搞好课余运动训练和运动竞赛工作，积极开展阳光体育运动；参与学生的健康检查和体质测定工作；配合总务部门做好场地器材的建设、选购、维护和保养工作；搞好体育宣传，培养体育骨干；严于律己，以身作则，全面关心学生的成长。

（3）学生体育活动组织。学校少先队、共青团、学生会、学生体协（体育俱乐部）等是开展学校体育工作的主要活动组织。学校体育工作开展得是否活跃，与学生组织对体育工作的参加、管理有直接关系。其主要职责和任务是：

①根据学校及体育教师的有关工作安排，积极组织学生参加各种体育锻炼和训练、竞赛等活动。

②积极做好学校体育的宣传工作。

③在体育教师指导下，组织各种丰富多彩的体育活动，积极开展班级之间的体育竞赛，并热情为同学服务。

④选拔学生中的体育优秀人才，担任体育干部，积极参加学生体育的组织、管理工作，以发挥团、队组织的骨干作用和模范作用。

六、学校体育管理法规

为了有效地加强学校体育管理工作，我国教育、体育和卫生等部门，以党的教育方针和《中华人民共和国体育法》为根本依据，制定了以《学校体育工作条例》（1990年2月20日经国务院批准颁布）为主体的一系列政策与规章制度，如《国家体育锻炼标准》及其《实施办法》；大、中、小学生《体育合格标准》及其《实施办法》；《九年义务教育体育教学大纲》；《全国普通高等学校体育课程教学指导纲要》；中学和小学《体育器材设施配备目录》；《国家学生体质健康标准》；《初中毕业生升学考试体育试点工作方案》，以及一些地方性、单位性的有关规定等，基本上形成了一个较完善的法规体系，为我们有效地进行学校体育管理，提供了重要的依据和工具。

为了促进学校体育管理进一步规范化、制度化，使学校体育法规的实施更加科学合理、简便易行，真正纳入依法治体的轨道，必须认真抓好以下几个方面的工作：

（1）建立、健全学校体育管理组织系统，明确各自的职权范围。这是学校体育法规得以全面、顺利实施的组织保障。

（2）根据有关法规制度，制定本校的具体实施办法，如达标和优胜者评定条件等。

（3）有关部门要建立必要的监督机构和制度。对认真实施法规的学校和个人，给予表彰和奖励；对执行中弄虚作假、徇私舞弊的单位和个人应视情节轻重，给予批评教育直至行政处分，以保证体育法规在各校切实贯彻执行，使学校体育管理真正做到有法可依、有法必依、执法必严、违法必究。

【案例】教体"无缝对接"激活学校体育

——山东省淄博市淄川区实施教体结合，打破了传统的学校体育格局

地处山东省淄博市中部的淄川区自古就有重视教育和体育的传统，如今，这个面积近千平方公里、人口超过72万的区县，因实施"教体"结合而名声

大振。这项波及全区中小学校的机制变革，从根本上改变了以往该区竞技体育和学校教育"两张皮"的现象，打破了传统的学校体育教学的格局，激发了中小学生参加体育锻炼的兴趣和热情，给学校体育带来了活力和生机。寒冬季节，记者慕名来到这里，走进一所所学校，去探访这项机制变革给学校体育到底带来了什么样的变化。

逼出来的教体融合之变

实践告诉我们，任何一种涉及机制的变革，都有其被逼无奈的现实原因。淄川区教体结合的改革之举也不例外。淄川区教体局局长赵永坦率地说："当初，我们进行这项改革主要是为了解决全区竞技体育面临的艰难局面。"

20世纪90年代中期以前，淄川区的竞技体育曾经有过一段辉煌的历史。那时候，区体育学校向山东省乃至全国输送了一大批有实力的运动员。但是，伴随着市场经济的发展和社会环境的变化，淄川区的竞技体育迅速下滑，终于在20世纪末滑到谷底。对此，两年前刚从区体校校长职位上退下来的李建国深有感触："最糟的一年，区体校只招到了不足20名学生。全校几十名教练员，天天围着十几个学生转，这种情形还怎么能维持下去？"与此同时，全区的学校体育也同样是死气沉沉，缺乏活力。社会上，家长只盯着孩子的成绩；在学校内部，"重学科，轻体育"的现象也普遍存在，有的学校甚至将体育课变成了学生的自习课。这样的局面必须改变。淄川区委、区政府果断决策。2002年6月，新组建的"淄川区教育体育局"正式挂牌，新局长赵永上任后的第一件事就是着手解决竞技体育和学校体育所面临的困难。

经过认真调研，区教体局认为，造成竞技体育难以为继的最主要原因是，竞技体校的训练与普通学校的教育完全分离，这在一定程度上牺牲了体校学生的文化课学习，从而影响了家长送孩子到体校训练的积极性。要打消家长的顾虑，就必须解决体校学生的文化课学习问题，最好的办法就是做到让他们训练和上课两不误。于是，一个教体结合的改革思路初步形成。随之，一场波及全区几十所中小学校的机制变革开始了。

教体结合"无缝对接"

赵永是一个典型的山东汉子，说起话来伴着爽朗的笑声。谈起这项改革的思路，他不无自豪地说："简单说，就是将原来区体校的职能和范围扩大延伸，在全区的普通中小学校设立训练基地，将更多的普通学生纳入体校培训的视野，在扩大了竞技体育人才选拔范围的同时，也推动了学校体育教学和学生体育锻炼的协调同步发展。"

具体方法就是，把原来竞技体校的训练项目分成7个大项，22个小项，然后结合各学校的传统体育优势项目，在全区几十所中小学校建起了38个训练点，如区实验中学的男足、摔跤和柔道，淄博十中的排球，淄川一中的田径，淄川二中的乒乓球，淄博十五中的中长跑，区实验小学的武术，等等。

"新机制如何解决学生的训练和学习的矛盾？"当记者向赵永提出这个问题时，他不假思索地回答："这些学生在学校都是分散在各个班级中，每天和普通学生一样上下课，只不过每天下午放学后，他们要集中训练一两个小时而已。"

为了消除学生和家长的后顾之忧，区教体局专门为这些学生建立了双重学籍，即使他们将来不能成为运动员或升入体育院校，也能同时参加普通学校的招生考试，而且他们在各类比赛中取得的成绩实行一分两计，并作为将来升入普高和中职的重要依据。

自从实施教体结合新机制后，原来在区体校负责相应项目训练的教练员，也随着项目来到各中小学校，工作也由教练员变成了体育教师。淄川一中是田径训练基地，因为田径训练的小项多，区体校共向一中下派了9名教练员。该校体育部主任兼田径训练总负责人司志林说："9名体校教练员的加入，极大地加强了学校的体育教师队伍，学校的体育教学水平明显提高了一大块。"除了加强体育教师队伍，为学校体育注入了活力和动力外，新机制给学校体育带来的另一个看得见的好处，就是学校的体育设施得到明显加强。据赵永介绍，近几年区里共投资4700多万元，新建了5个塑胶田径场、6个室内比赛训练馆、8个灯光球场、5个网球场、1个游泳馆。"这些场馆全部建在学校院内或周围，极大地缓解了学校体育运动场地不足的困难。"赵永说。

特色学校体育新格局形成

新机制对学校体育的推动作用，更多体现在通过训练基地带动了各个学校特色体育活动的开展，并由此激发了学生参加体育锻炼的兴趣和热情，这是记者在采访中最切身的感受。淄川二中是乒乓球训练基地，走进设在学校餐厅二层的训练馆，只见几十张乒乓球台整齐摆放着，靠近大门一侧的几个球台上，有十来个学生正在两个年轻教练的指导下苦练基本功。校长李安平指着那些空球台说："别看现在没人，一到放学后，学生们就会来争抢球台。"谈起教体结合对学校体育的推动作用，李安平说："作用太明显了！以前学生不爱上体育课，主要是没兴趣，现在，学校体育课教学以乒乓球为主，学生学会打球后，兴趣就来了，下课后便结对来打球。"该校分管体育教学的校长助理孙启新说："现在，学校会打乒乓球的学生超过60%，很多学生每天上学时书包里都揣着乒乓球拍。"

淄博十中建立排球训练基地后，带动了学校的排球运动。该校党总支书记兼排球训练总教练陈明说："学校体育课以教排球为主，学生们都喜欢打排球。"淄川区实验小学的训练项目是武术,他们精心设计出了一套适合普通学生的武术操。记者到该校时,正巧赶上一个班的学生正在利用大课间练习武术操。只见学生们整齐地站成几排,伴随着节奏明快的音乐,整齐地出拳、踢腿,一边做动作,一边还大声喊着诗文。学校副校长兼武术总教练孙即铭在一旁介绍说:"这套武术操名为"精忠报国拳",共分八节,每节配四句诗文,取材于古代的爱国名人故事,学生在锻炼身体的同时也受到爱国主义教育。"

"22个竞技体育项目,最多能影响22所学校,那其他学校怎么办呢?"当记者把这个疑问抛给赵永时,他笑着说:"刚开始搞教体结合时,我们只想解决体校的问题,但当我们发现这种做法对学校体育有那么大的带动作用时,我们也想出了很好的办法。"赵永称这个办法叫"母鸡带小鸡",就是每个训练项目以一所学校为主,在四五所学校设立小规模的相同项目基地,这就扩大了学校的普及面,从而带动了全区学校体育的整体发展。

看来,淄川区教体结合的模式对学校体育的推动,是在实践中不断完善发展的。

(王耀文改自蔡继乐、王树勋《教体"无缝对接"激活学校体育》,载《中国教育报》,2007年12月17日)

讨论题:

1. 案例中淄川区的学校体育新格局是否符合学校体育管理的目标?

2. 用自己的话描述"教体结合"是怎样一种学校体育管理模式。你是否认可这种模式,为什么?

第二节 学校体育管理的基本内容

一、体育教学工作管理

体育教学是学校体育工作的重要组成部分,是实现学校体育目标的基本途径。学校体育教学管理的目的在于提高教学质量,保证体育教学目标的实现。体育教学管理的主要内容包括体育教学过程管理、体育教学管理评估、体育课成绩考核等。

(一)体育教学过程管理

体育教学过程是指师生为共同实现体育教学任务而进行的双边活动过程,其内容主要包括教务管理、课堂管理以及意外伤害事故管理。

1. 教务管理

教务管理是课堂管理前的一项基础性工作。包括编班、安排课表、教师任务分配等工作。编班时应考虑到男女学生的比例，体育基础好与差的学生要适当分配，每班的人数应控制在 50 人之内。根据体育教学的特点和学生生理特点，体育课一般应安排在上午第三节和下午进行，同时要使同一个班级的各次体育课之间保持合理的间隔时间。同一进度的内容宜集中安排。因受到天气气候等客观因素的影响，课程安排需要有一定的弹性。同时要留出理论课的时间。课表制定以后下达到体育教研室，由教研室把课分给各位教师。

2. 课堂管理

课堂管理包括备课管理、上课管理、课的结束管理。

（1）备课管理。在备课中，管理者要对教师提出备课的具体要求。体育教师在备课中要根据教学大纲的要求和学校的有关规定写出教案，备课应考虑到学生的情况，如体育基础、体育骨干、伤病情况等，同时要考虑到场地、器材的实际情况等。备课的文字要精练、准确，教法运用要正确。

（2）上课管理。管理者对体育课的教学要给予关心和支持，并提出一定的要求，要深入到课堂看课、听课，加强对体育课的检查督导，同时创造良好的教学环境；体育教师在体育课上既是教育者，又是管理者，教师对体育课的管理质量起决定性作用。体育教师的管理工作包括课堂常规的建立、课的合理分组、调度和运动密度强度的掌握、教学方法手段的运用、场地器材的运用、安全措施的运用、学生积极性的调动以及教师本人和学生的服装要求等。

（3）课的结束管理。教师应按时下课，并对本次课进行小结，提出下次课的任务，组织学生收交器材、整理场地。

3. 意外伤害事故管理

学校体育意外伤害事故是指在学校体育教育教学活动期间发生的学生人身伤害或者死亡事故。体育教育教学活动期间是指在校内与体育教育教学相关的活动期间。人身伤害是指在法定时间内，肢体残疾、组织器官功能障碍及其他影响人身健康的损伤。对于学校体育意外伤害事故的管理，首先，要强化"预防为主，安全第一"的意识及措施；其次，要做好意外伤害事故的现场处理及管理。

（1）意外伤害事故的预防措施。主要包括：学校应当根据国家和省、市有关规定，确保教育教学和生活的设施、设备符合安全标准；学校应当教育和监督教职员工履行职责，根据实际情况采取必要措施，预防和消除可能造成学生人身伤害的危险；学校应当按照学生不同年龄段的生理、心理以及教育特点，建立、健全各项管理和保护学生的规章制度；学校应当健全各项安全保障措施，活动场所和设施应当符合安全标准；学校在进行规模较大的文体活动时要进行必要的项目安全检查并要求活动管理者严格遵守操作规程。

（2）发生伤害事故后的现场处理及管理。要做到以下几点：第一，正确地判断并实施相应的抢救措施。应根据意外伤害事故的性质做出正确的判断并实施相应的抢救措施，轻伤者可送医务室治疗，重伤者或者生命危险者应立即转送医院抢救。第二，及时通报。重大的意外伤害事故应立即通知家长、学校领导和当地派出所或有关部门，并详细汇报伤害事故发生的时间、地点、原因、后果与处理措施等。第三，填写有关意外伤害事故的报告。报告的内容应实事求是，必要时应提供人证和物证。重大的伤害事故如发生意外死亡的，最好请当地的法医作鉴定报告。

（二）体育教学管理评估

体育教学管理评估是指按照一定的标准对整个体育教学管理工作和体育部、体育教研室（组）工作的效率和质量做出客观的判定。提高体育教学工作的管理水平是学校管理者（特别是教务部门）和体育部、体育教研室（组）管理者极为关注的问题。体育教学管理评估是解决这个问题的有效手段之一。这是由于：通过体育教学管理的评估，可以获得体育教学的有关信息，有助于管理者及时发现和处理体育教学管理上的问题，不断改进体育教学管理工作，提高体育教学管理水平；通过体育教学管理的评估，可以将有关的信息及时反馈给教师、学生以及有关人员，可以调动他们的积极性，提高体育教学质量和效率；通过体育教学管理评估，特别是校际间的评估，可以进行校际间的横向比较，有助于相互学习，取长补短，加强协作，共同提高；通过评估，还可以为上级主管部门提供有关的材料，便于他们制定政策和进行有效的监督和指导。

体育教学管理评估的种类，概括地说可分为校内和校外两大类。校内评估即学校自我评估，目的在于获得本校体育教学管理的有关材料，为学校管理者改进和提高体育教学管理水平提供决策依据，同时也对有关人员（教师及场地器材管理人员）起检查、督促作用。这类评估可以每年进行一次。校外评估即由上级有关部门或兄弟单位组成的评估组的评估，这类评估的目的主要是检查和了解各校体育教学管理的水平和存在的共同问题或突出的问题，以便采取措施，促进相互学习，取长补短，推动各校体育教学工作。这类评估需要花费较多的人力，可以两三年进行一次。

（三）体育课成绩考核管理

学生体育课成绩的考核是体育教学过程管理的一个重要组成部分。可分为教研室对成绩考核的管理和体育教师对成绩考核的管理。

1. 体育教研室（组）对成绩考核的管理

主要是根据体育教学大纲和教学计划的有关规定，结合学生实际情况确定体育课考核的内容，制定考核的标准和评分的方法。审核各组体育课成绩，及时上报教务部门，建立学生成绩档案，组织对不及格学生的补考等。

2. 体育教师对体育课成绩考核的管理

按照学校和体育教研室的有关要求，认真组织落实体育课成绩考核的工作。熟练掌握成绩考核的办法与标准，客观、公正、准确地进行实际测评，及时做好成绩的登记，按规定程序上报体育教研室及有关部门。组织落实不及格学生的补考工作。

二、课外体育活动的管理

课外体育活动是学校在体育教学大纲和教科书范围以外，对学生进行的有计划、有目的、有组织的教育活动。它在课堂体育教学的基础上进行，并与课堂体育教学相互促进、互为补充。因此，学校管理者应该加强课外体育活动的管理。

（一）课外体育活动管理的内容

课外体育活动管理包括早操、课间操、班级体育锻炼、体育节、节假日体育等内容。

1. 早操、课间操的管理

早操的内容一般以徒手体操为主，如广播操、眼睛保健操、健身操等，也可开展早锻炼活动，如跑步、太极拳、武术、气功、各项球类基本动作练习以及缓和轻松的游戏活动等。

早操的时间一般可 15～20 分钟，生理负荷不宜过大，以免影响文化课学习。

早操的组织方法应根据学校的实际情况而定。在场地器材的安排上，可集体与分散相结合；在确定项目内容上，可统一安排和自选相结合；在工作方法上，学生干部、班主任、体育教师应相互配合；在活动效果上，可平时考勤与抽查评比相结合。

课间操是在上午第二、第三节课之间开展的体育活动，师生都应参加。时间为 15～20 分钟。生理负荷不宜过大。每节课间的 10 分钟休息，虽未规定要组织体育锻炼，但最好的休息方法也仍是适当的身体活动，进行积极性休息，以尽快地消除因静坐学习而带来的消极影响。课间操的内容和组织方法可参照早操的内容和组织方法。

在早操、课间操的管理中，要首先保证"两操"的时间，不得以任何理由占用"两操"的时间；早操、课间操要有专人负责组织，班主任、任课教师要密切配合；要充分发挥学生干部的作用；要做好宣传教育工作，使学生充分认识"两操"的重要作用，使之成为自觉行动；可通过会操表演，比赛等方式提高"两操"的质量。

2. 班级体育锻炼的管理

班级体育锻炼是以班为单位分成若干小组，在班干部和锻炼小组长带领下进行的体育活动，班主任和体育教师应进行指导。班级体育锻炼在时间、内容、组织和生理负荷等方面有着更多、更高的要求。班级体育锻炼的活动内容，可以与体育课教学内容结合起来，可以围绕"标准"项目开展锻炼，也可以与学校传统项目或学生喜闻乐见的简单易行的非正规项目，以及游戏、校外体育活动等结合起来。

3. 体育节管理

体育节一般有"体育周"和"体育日"（健康日）两种形式。

"体育周"是集中利用一周下午的课外活动时间，组织各种宣传、教育、锻炼、比赛等活动。如体育专题报告、体育讲座、体育知识竞赛、体育表演、比赛、体育游戏等。它具有浓厚的节日气氛，能提高学生的兴趣并吸引广大学生参加。这对扩大学生的知识领域，提高体育素养，增强体育意识，调动锻炼的自觉积极性，培养体育骨干等方面都有重大意义。开展"体育节"活动应列入学校体育工作计划，成立临时指挥机构，取得各有关方面的支持与配合，并做好充分准备。体育周结束后要做好总结工作。

"体育日"一般是结合有意义的节日或体育形势（重大的国际、国内的体育活动），利用一天或半天的时间，开展专题性的体育主题活动，进行体育教育和锻炼。一般可以组织全校性的活动，也可按年级、班组进行，充分发挥学生的积极性与创造性。

4. 节假日体育管理

利用节假日组织开展各种体育活动，可以在校内进行，也可以到大自然中去组织进行。校内活动，可充分利用现有的场地器材等活动条件，尽可能满足学生的兴趣爱好。校外活动可组织郊游、旅行、登山、游泳、远足、野营等活动。在进行这一活动时，要加强领导，搞好组织工作，注意安全和卫生，防止伤害事故。

（二）课外体育活动管理的基本要求

1. 管理者要重视

充分发挥学校体育教研室、班主任、卫生教师，以及共青团、学生会、少先队等部门在课外体育活动中的作用，切实把青少年儿童身体健康放在教育、体育工作的重要位置。

2. 加强学生组织建设

充分调动社会、学校、家长、学生等各方面的积极性，建立适合不同年龄、性别和学生不同需要的课外体育活动组织，使学生参加课外体育活动得到组织保证。同时，还要注意培养和使用好学生体育骨干，使他们在体育组织中发挥积极作用。

3. 安排好时间以及提供必要的场地、器材、设备与物质保证

要安排好时间，保证学生每天有一小时的活动时间和相应的场地器材，加大学校体育场地设施建设力度，新建学校要按国家标准建设体育场地。

4. 积极开展各种活动与比赛

各级教育、体育行政部门及各种社会组织、公共体育场馆都要组织适合学生参加的各种各样、丰富多彩的课外体育活动及竞赛。要针对当前学生体质健康存在的问题，倡导并重点开展长跑等简单易行、锻炼价值大的体育活动。

5. 加强宣传

思想教育工作要有针对性，要切合实际，教育要形象化、多样化。宣传的重点对象是学生、家长，要使家长深刻认识到从保证学生健康成长出发应是"健康第一，学习第二"，使家长自觉督促孩子经常参加体育锻炼；要对学生进行课外体育活动科学方面的宣传，积极引导学生自愿、自觉参加课外体育锻炼。

6. 建立必要的规章制度

要使课外体育工作持久有序地进行，不仅需要认真贯彻还要不断完善有关法规制度、考勤制度、检查评比制度和定期测验制度等，使学生参加课外体育活动得到制度保证。

7. 加强医务监督

加强课外体育工作的医务监督，保护学生健康，保证课外体育活动顺利进行。

三、课余运动训练与竞赛管理

学校体育课余运动训练与竞赛是学校体育工作的一个重要组成部分。科学地进行课余运动训练和运动竞赛是提高运动技术水平，培养群众体育活动骨干，选拔体育后备人才的基本途径，对于推动学校体育工作的开展，实现学校体育目标具有重要作用。

（一）课余运动训练管理

课余运动训练是指利用课余时间，教练员对部分在体育方面有一定才能的学生进行系统的训练，全面发展他们的身体，不断提高专项运动成绩，培

养体育骨干而专门组织的一种教育过程。它是全面贯彻我国教育方针实现学校教育目标和体育目标的一项重要措施，也是我国体育运动普及与提高的中间环节。

1. 课余运动训练管理的特点

（1）针对性。

课余运动训练管理是针对学校、学生而进行的，与其他类型运动训练管理有所区别，在目标计划的制订、组织实施等方面要充分考虑到这一点。

（2）基础性。

学生正处于生长发育时期，他们的思想作风、道德品质、身体机能均处于形成和发展阶段。因此，在管理过程中，要加强思想教育，训练从打基础方面考虑，使他们能够全面发展。

（3）课余性。

学生的训练时间基本上都在每天下午文化课学习之后以及星期天和每年的两个假期。这就要求计划的制订、执行等方面要适应课余性这一特点。

2. 课余运动训练的组织形式

（1）学校运动队。

学校运动队包括班级代表队、年级代表队及学校代表队等。它是我国学校课余运动训练最普遍、最广泛的组织形式，也是我国运动训练体制的基础。其主要任务是全面发展学生运动员的身体素质，打好思想、身体、技术、战术等方面的基础，逐步提高专项运动技术水平，推动学校群众性体育活动广泛开展，为国家培养和输送体育人才。

（2）体育传统项目学校。

体育传统项目学校是开展学校课余运动训练的有效组织形式。它的主要任务是：普及群众性体育活动，广泛开展体育传统项目训练；更好地增强学生体质，提高传统项目的运动技术水平；培养输送有某项运动专长的后备体育人才。体育传统项目学校，通常以小学和初中为主，以城镇为主，以田径和本地区重点项目为主，国家教育和体育主管部门对体育传统项目学校实行分级分批申报，批准命名，并颁发证书。证书一般有效期为三年，以促进竞争，提高效益。

（3）基层运动训练点。

基层运动训练点是在学校群众性体育活动广泛开展的基础上，以一两个传统运动项目为重点的训练场所。它是由县区体育和教育部门根据需要，共同规划、全面布局设置的。也有的基层训练点是以某一重点学校为基地，吸收附近学校有培养条件的学生来参加训练，通常也把这些参加训练的学生编制成一个班，以便教学、训练工作的统一安排和管理。

（4）体育运动后备人才试点校。

培养体育运动后备人才试点校是在深化改革的过程中，从体育传统项目学校中，选择一批学校领导重视、师资力量强、运动场地器材设备条件好、教学质量较高的学校试办的一种专项体育训练的形式。其目标是在课余时间，对部分全面发展的学生进行系统的、科学的运动训练，不断提高运动技术水平，创造优异的运动成绩，培养优秀的体育运动人才，推动学校群众性体育运动的广泛开展。

（5）青少年体育俱乐部。

从 1999 年开始，国家体育总局提出了使用体育彩票公益金开展创建适应市场经济体制和青少年体育活动需求的青少年体育俱乐部的工作思路，即充分利用和发掘现有社会体育资源，建立一种新型的具有社会主义公益性特征，旨在广泛开展青少年日常体育活动的青少年体育组织。青少年体育俱乐部主要任务是：培养青少年体育兴趣和爱好，养成终生体育锻炼的良好习惯，增强青少年体质，并向其传授体育运动技能，发现和培养体育人才。

（二）课余运动竞赛的管理

课余运动竞赛是指借助运动项目及游戏等活动，充分利用课余时间，在校内、外组织学生进行的各种运动竞赛活动。课余体育竞赛是学校课外体育的重要组成部分，是推动学校群众性体育运动广泛开展，增强学生体质和提高运动技术水平的重要措施。

1. 课余运动竞赛的形式

课余运动竞赛包括校内竞赛和校际竞赛。校内运动竞赛一般由体育教研室（组）或有关专门机构负责，根据制订的课余运动竞赛计划进行组织管理，开展灵活多样的、学生喜爱的班级之间、年级之间、系与系之间的竞赛活动。

校际运动竞赛一般由上级教育主管部门负责，体委协助，以当地就近为主，普通小学校际体育竞赛一般不出区、县，普通中学校际体育竞赛一般不出地、市。中等专业学校和职业学校的体育竞赛一般在省、自治区、直辖市范围内进行，或由主管部（委）及其行业体协组织安排。全国大、中学生运动会及单项体育竞赛一般安排在寒、暑假期间进行。如遇特殊情况需要在假期以外时间举行的，必须由主办单位报经国家教育主管部门批准后方可举行。

2. 课余运动竞赛的组织与领导

学校组织和开展运动竞赛工作，应在主管体育工作的校长直接领导下，由各有关部门和人员（体育教研室（组）、总务处、卫生室、共青团、学生会等）参加，组成相应的机构来负责组织领导体育竞赛工作。

（1）全校运动会的竞赛组织委员会。竞赛组织委员会的成员，一般应由党、政、工、团、体育教研室（组）、总务处、学生会、医务人员等组成。他们全面负责竞赛工作，制订各种计划，审批有关报告和通知等文件。在组委会领导下可设立有关办事机构。如大会秘书组、宣传组、竞赛组和后勤组等。

秘书组是组织委员会的常设机构。负责召开组委会，执行组委会决议，检查督促竞赛工作的进行，制订比赛工作日程计划，协助有关部门工作，主持大会期间日常工作等。

宣传组负责思想教育和宣传报导工作。负责出黑板报、墙报、广播宣传，以及印发有关学习文件和参考资料等工作。

竞赛组是比赛中业务工作的中心，主要由体育教师担任。负责编排比赛秩序册，组织裁判工作，做好成绩记录和统计评定，审查成绩记录等工作，及时召开有关会议，解决比赛中出现的有关问题。

后勤组是负责编制经费预算，保证比赛的场地器材和设备的供应，搞好医务卫生和防伤急救等工作。

（2）体育教研室（组）。各种球类、广播操、健美操比赛等，一般由体育教研室（组）负责，并会同班主任或年级主任统一安排，具体由体育教师分头组织进行。

（3）团、队、学生会。为了培养学生的独立工作能力，在体育教师的帮助和指导下，由共青团、学生会、少先队等学生的群众组织，负责举办一些简单易行的群众性的比赛活动，如跳绳、拔河、踢毽子、登山、越野跑、接力跑等。

（4）班内组织。在班主任和班级体育委员的组织安排下进行小型多样的比赛。如《国家体育锻炼标准》的某个项目的比赛、各种游戏比赛活动、越野跑、班级旅游活动等生动活泼、小型多样的比赛。

3. 课余运动竞赛的基本要求

（1）明确课余运动竞赛的宗旨。组织学生课余运动竞赛，应以培养教育人为根本宗旨。运动竞赛要有利于学生全面发展，有利于培养学生终身体育意识及能力。要从学校实际出发，贯彻灵活多样、广受欢迎、基层为主、勤俭节约的原则。

（2）做好宣传教育工作。要采取各种宣传手段广泛宣传比赛的意义、作用以及各种体育知识，并及时通报竞赛中的好人好事，特别是那些既是优秀运动员，又是"三好学生"的典型事例，以树立学校的赛风和学风榜样。同时要及时批评和制止比赛中的不好风气和现象。

（3）坚持竞赛的业余性和经常性。学校运动竞赛要尽量利用节假日和课外时间进行。按照运动项目的特点和气候季节特点，使某一竞赛项目形成传统，要定期举行。还要在项目的设置、比赛办法、标准的确立等方面考虑适应学生的特点。每年春秋两季应尽可能举办田径运动会，或球类单项赛，冬季可组织越野跑、象征性长跑、拔河、跳绳、武术、滑冰等活动。夏季可开展游泳比赛活动等，使学校活动经常不断，小型多样。

（4）依靠领导与组织，发动群众、培训骨干。体育部、体育教研室（组）应依靠学校领导，在主管校长的直接领导下，组织和抓好竞赛工作，对竞赛活动的计划安排、工作进程和存在的问题，要主动、及时地向领导汇报。同时还应与总务处、教务处、卫生室、学生会、共青团等有关部门的人员密切联系和配合。竞赛管理过程要充分发挥体协、共青团、少先队等群众组织的作用。要根据各项比赛的需要，利用业余时间培训体育骨干和裁判人员，提高他们的业务能力，统一工作方法和要求，明确分工和职责，并进行现场示范和实习。

（5）课余运动竞赛要与课外体育锻炼密切结合。竞赛活动是学校课余体育活动的一个方面。虽然它有多方面的作用，深受师生欢迎，但不能用大量的课余时间来搞竞赛活动。学校组织运动竞赛的时间，尽可能不占用上课时间。要把竞赛活动与锻炼活动有机地结合起来，使锻炼活动中有比赛，使比赛为学生的全面锻炼服务，成为推动锻炼活动开展的动力。因此，在时间、经费的安排上都应统筹兼顾，使竞赛促进学校体育锻炼活动的开展。

（6）厉行节约、勤俭办竞赛。学校课余运动竞赛应特别讲求实效勤俭性，节省一切可节省的经费开支，尽可能用较少的钱开展竞赛活动，把学校有限的资金用在改善场地设施上。还要按照场地、经费等实际情况，尽量扩大竞赛活动的群众性。

四、体育教师的管理

（一）体育教师管理的主要内容

1. 教师队伍规划

在科学预测的基础上，对体育教师的数量和结构制定长远的、全面的发展规划。内容一般包括对现有体育教师的数量、结构、能力等各项指标的分析，通过科学预测，确定各项规划指标，制定实现规划的措施。

2. 教师编制

根据学校规模和规格、体育教育任务，制定岗位规范，确定体育教师配备数额，制定合理的编制。

3. 教师使用

按照用其所学、用其所长、量才使用的原则，根据学校体育教学、训练、科研等项工作的需要，对体育教师进行合理的组织、调配和激励，最大限度地发挥每个体育教师的才能。

4. 教师培训

教师培训包括岗位培训和在职培训，前者指按照岗位工作的需要和人员素质的要求，对体育教师进行的一种有目的、有组织的培训活动，使之获得从事本岗位工作所必需的基本知识和技能，更有效地开展本职工作；后者是一种在不脱离原岗位职务的条件下参加学习和培训的形式，通常采用指定专人传、帮、带，业余时间自学或进函授学校、夜大学、电视大学进行脱产与半脱产的学习等方式。

5. 考核和晋升

建立、健全体育教师的岗位责任制、教师工作量制度、业务档案管理制度和考核奖惩制度，为体育教师考核工作的制度化、规范化打下基础，并在全面考核的基础上做好体育教师的晋升工作，以达到合理使用人才的目的。

(二) 体育教师队伍建设

1. 体育教师队伍建设的目标

教师队伍的建设目标是建设一支能坚持正确的政治方向、数量适度、质量合格、结构合理、充满生机与活力的教师队伍。坚定正确的政治方向是我国社会主义教育事业的要求，应当要求广大教师热爱社会主义祖国，坚持四项基本原则，自觉学习马列主义、毛泽东思想、邓小平理论、"三个代表"重要思想和科学发展观，忠诚社会主义教育事业，以身作则，为人师表，教书育人，全面地贯彻党的教育方针；数量适度要求体育教师队伍的教师数量要与学校的发展规模相适应；质量合格要求教师政治思想水平高、专业造诣深、教学科研能力强、教学效果好；结构合理要求教师队伍中教师的年龄、学历、职务、专业、智能、性格等因素要有一个合理的构成状态。

2. 教师队伍建设的具体指标

教师队伍的数量、质量、结构和师资队伍的培养与学校的发展规模相适应。

3. 教师队伍建设的实施措施

(1) 学校教师队伍建设的目标一旦确定，就应当制定实现目标的具体措施。

(2) 要把好教师的"进入"关，做好教师的补充工作。

(3) 要加强中青年教师的培养工作，提出培养的方案、措施。

(4) 要加强学术梯队建设。

(5) 要健全考核制度，做好考核工作。

（6）要做好教师队伍的调整工作。

（7）要提高管理水平。

（三）体育教师的培训

体育教师培训是指为提高体育教师的质量而实施的一种专门教育。体育教师培训的形式主要有短期培训班、教材教法合格证书培训班、专业合格证书培训班、学历证书班（包括中师班、大学专科班、大学本科班）、助教进修班、研究生班以及岗位培训等。培训方式主要有脱产、半脱产，函授、电大、夜大学以及自学等。

培训在职体育教师的机构及形式包括：①体育学院、高师体育院系；②教师进修学校及部分中等师范学校；③广播电视教育机构；④自学考试机构；⑤单位体育机构。

五、学生体质与健康管理

增强学生体质、促进学生健康是学校体育的重要任务。学生是国家的未来，他们的体质及健康状况，直接影响到国民身体素质和学校培养人才的质量。根据 2000 年全国国民体质健康状况调查和 2003 年教育部公布的青少年体质监测结果显示，目前我国青少年的体质状况不容乐观，多项指标呈下降趋势，这一现象引起了全社会的普遍关注，学校体育部门更是责无旁贷。因此，必须加大力度实施《国家学生体质健康标准》，加强学生体质与健康管理。

学生体质与健康管理的基本要求是：

（一）建立、健全组织机构

健全体质、健康检测的组织机构，学校应由校长领导，由体育教研室会同学校卫生部门，在班主任的协助下，定期对学生进行体质与健康检查，并将其纳入体育工作计划。一般从新生入学到毕业，每年都应该进行全面检查，其内容包括身体形态发育水平，生理机能和身体素质与运动能力水平。

（二）建立各项管理制度

《学校卫生工作条例》规定："学校应当建立学生健康管理制度。根据条件定期对学生进行体格检查、建立学生体质健康卡片，纳入学生档案。"此外，还要建立体弱、伤残学生体育活动制度，开设体弱、伤残体育与保健康复体育（医疗体育）课，加强监测，切实增强他们的体质和健康。

（三）加强对学生健康教育

不断对学生进行体质与健康方面的宣传教育，如清洁卫生和生活习惯教育、疾病意外伤害的预防教育、营养与膳食卫生教育、公共卫生与环境教育、心理卫生教育、性教育、青春期教育和防艾滋病教育等。另外，加强学生课外活动的指导与训练，通过游戏、讨论、表演、示范、参观和实验等多种方法可使健康教育丰富多彩，为学生所喜爱。

（四）建立学生健康档案

对学生体质与健康的档案应分班、分人进行整理，编写登记，然后汇入总登记册。要分年级、教学班定位陈列，以利于随时查阅。

（五）开展检查评估

要对学生体质与健康进行经常性检查与评估，并对全体学生的体质与健康状况进行深入的分析研究，并据此开展宣传教育，采取各种针对性的措施，改善学生的卫生习惯和卫生条件，增进学生健康。

六、学校体育经费管理

（一）学校体育经费管理的任务

学校体育经费的管理是指对学校体育经费进行合理地计划、使用与监督检查等工作。学校体育经费管理的主要任务是：编制并负责执行学校体育各项工作经费计划和预算，切实管理好各项体育资金；拟定学校各项体育工作经费使用管理制度及实施细则；监督检查学校各项体育工作经费使用的情况与计划执行情况，分析考核各种体育经费的使用效果，使有限的体育经费发挥出最大的效益。

（二）学校体育经费的收入来源

学校体育经费的收入来源主要有事业拨款、学校筹措、社会集资和自行创收等。事业拨款是指教育行政部门按学生人数下拨的教育事业经费中用于体育的部分，它包括用于维持正常学校体育工作开展的体育维持费和用于购置大型体育设备所用的体育设备费，以及学校体育场馆建设专项经费等；学校筹措是学校内部从创收、校办产业等方面划拨给体育教师的奖励及福利经费，一般用于体育教师的课时酬金补贴；社会集资是学校或体育教学部（室）因举办重大比赛、参加重大比赛和体育场馆建设等向社会各界募集得到的赞助费；自行创收则是由体育教学部（室）通过合法的手段向师生和社会人员提供有偿服务而获得的收入。

（三）学校体育经费的支出

学校体育经费的支出一般包括维持正常体育教学、课外群体活动、运动队训练竞赛、场馆器材维护、图书资料添置的体育维持费；购置大型体育器材设备的体育设备购置费；建设体育场馆的专项建设费；用于体育教师和行政后勤人员的奖励、福利经费和后勤经费；用于体育管理机构的日常办公经费等。

（四）学校体育经费的预算

学校体育经费的预算，一般是按年度对体育教育的各项经费进行收支预算。学校体育经费预算的依据是：国家和学校的有关财政法规制度；当年度学校经费预算的指导思想；学校对经费预算的内容要求；上年度收支指标完成情况分析和决算财务分析；本年度开展学校体育工作所需要的经费预测或者与上年度相比主要增减的项目；本年度学校体育自我创收经费估计等。

七、学校体育场地设施与器材管理

学校体育场地设施、器材管理是加强学校体育物质条件保证的重要环节。在其管理过程中，只有做到按计划购建、合理保管、及时供应、充分利用、科学保养、修旧利废、余缺调剂，才能有效地发挥体育场地器材的最大效用。国家在《学校体育工作条例》中明文规定："学校的上级部门和学校应当按照国家或者地方制定的各类学校体育场地器材、设备标准，有计划地逐步配齐。体育器材应纳入教学仪器供应计划。新建、改建学校必须按照有关场地、器材的规定进行规划、设计和建设。"

（一）学校体育场地设施管理

1. 制订管理制度与使用计划

管理制度包括学校场地使用规定、场地管理人员岗位责任制、场地目标管理条例等。使用计划主要指场地修建维修计划，教学、训练、锻炼、竞赛使用计划，经费预算等。体育场地必须由专人管理，可根据各学校场地的大小，按情况决定管理员工数量。

2. 定期对场地进行保养和维护

首先，要保证场地的安全性，做到悉心检修体育场地设施，保证场地的标准化使用，并做好防火、防盗等安全保卫工作；其次，还要想方设法延长场地设施的使用寿命。

3. 协调场地的使用，做到合理、高效

在保证开展学校体育各项活动正常使用体育场地设施的前提下，可向社会开放体育场地，扩大学校与社会的联系交往，提高场地使用率并适当提高其经济效益。但必须加强管理，统一安排。

4. 合理布置，优化场地布局，注意体育场馆的清洁卫生与环境美化

学校体育场地设施的优化配备，以及良好的环境条件，是促使学校体育管理目标顺利实现的重要因素之一。

（二）体育器材管理

1. 体育器材的登记与保管

学校体育器材应设专人进行管理，应对所有体育器材的种类、名称、性

能、用途、数量、单价、金额和存放地点等登记编号，分类编制目录、设置账卡、详细记载。对购入、自制、领用、借用、变价、调拨、报废、报损、盘亏等严格进出手续，保证账目与物品、卡片相符。管理部门应设置"固定资产明细账""材料明细账"和"低值易耗明细账"三本账簿，对体育器材实行统一、严格、有序的管理。

2. 体育器材的使用

要建立体育器材设施使用的规章制度，并设专门机构及人员负责严格执行和遵守。对体育器材的领用和借用，要认真履行借领手续。归还时，管理人员应和借领人员一起检验物品的数量与质量，如有损坏，要严格按规定赔偿或修好后方可归还。体育器材使用过程中，要经常检查清理，除进行数量的清点外，还要检查器材使用、维修情况，检查有无长期闲置或损坏的器材，对闲置或积压的器材设施可变价处理；对使用不当或保养不当而导致损坏的器材可先行修理，对已损坏且不能修复的器材及时报废或报损，以防止使用中发生事故。另外，在使用中还应切实加强领导，对学生和教师进行爱护器材的教育，推行责任制，贯彻"谁用、谁管、谁负责"的原则，实行交接与奖惩制度，以提高体育器材的使用管理水平。

3. 定期对器材进行保养

定期保养体育器材可以大大延长器材的寿命，还能保证器材的使用质量。不同器材的维修周期不同，一些比较耐用的器材，维修周期可以长些，可以以月、季、学期为标准，一些损耗较大的器材维修周期要短些，以天、星期为标准，另外一些损耗特别严重的如乒乓球、羽毛球则要以一节课为标准。另外，为了防止和学生自带的器材发生混淆，可在学校的器材上留下标记，以便区分；在对器材进行保养的同时也要检查标记是否脱落或模糊不清，如果是，就要进行添加。

4. 定期补充器材

由于器材有必然的损耗，一种是使用过程中的正常损耗所导致；另一种则是由于个别学生的恶意破坏导致，这就要求教师对学生要严格要求，给予正确的指导来尽量避免。另外，在器材补充当中，被淘汰的器材要集中存放。补充器材要根据需要，不要造成浪费。发现有属于质量问题的器材，要马上找供应商进行解决。补充器材的周期因不同学校不同情况而定，主要是按需补充。

八、学校体育科研与信息管理

（一）学校体育科研管理

加强学校体育科研管理的目的在于有效地组织开展学校体育科研活动，

提高科研管理水平，调动广大体育教师体育科研的积极性，提高科研效率，获得更多更好的科研成果，促进学校体育事业的发展。

1. 学校体育科研管理的基本内容

制定体育科学技术政策；选择制订体育科研计划；科学地组织学校体育科研队伍，并按科研工作需要和个人能力组织科研人员；建设相应的研究室、实验室、课题组；为学校体育科研工作提供必要的物资条件；提供体育科研工作所需的图书与情报资料；加强研究人员的培训工作；组织成果鉴定、推广和评奖等。

2. 学校体育科研计划

开展体育科研是提高体育教学质量的必要条件，也是提高教师理论水平的有效途径，还是深化体育教学改革的重要措施。因此，通过体育科研管理，不仅能获得体育科研的成果，还能促进体育教育教学质量的提高。在制订体育科研计划时，需要注意以下几点：

（1）要深入调查研究。

（2）要坚持体育科研为体育教学改革服务。

（3）要正确处理科研与教学的关系。

（4）举办体育学术报告会。

（5）建立教师体育科研档案。

3. 学校体育科研的管理

完成学校体育科研工作，必须依赖于一定的组织及设立相应的管理制度。

（1）设立学校体育科研机构。学校体育科研机构的设立随科研项目、课题的来源不同而不同。一般应由科研项目、课题批准部门作为最高管理部门，学校科技处（社科处）和体育教学部（室）均应根据学校有关科研管理政策加以管理，项目、课题负责人为具体管理者。

（2）明确学校体育科研职责。学校体育科研职责权限，同样因项目、课题的来源不同而不同。但主要职责应由项目、课题负责人承担，并对研究成员进行具体分工。但是任何体育科研课题都需要划分为课题前期管理、中期管理和后期管理三个阶段。

（3）建立学校体育科研管理制度。制定学校体育科研工作管理规定，一方面是为了保证项目、课题任务的顺利完成；另一方面也是鼓励和约束广大体育教师自觉主动地参加体育科研工作的需要。除了按照国家、地方科研管理部门颁布实施的有关科技法规，制定本单位的相应规定之外，还可以结合学校人事分配制度改革（岗位津贴），制定体育教师岗位职责和体育科研工作任务，明确科研奖惩管理规定。

（二）学校体育信息管理

体育管理的统计工作，主要是收集并记录、整理和分析有关体育事业的各种数据统计资料，为各级体育领导决策研究提供可靠依据，对国家体育事业的发展状况做出客观的反映，对各项体育政策、计划、措施的执行情况进行检查和监督。体育统计与报表要及时、准确、系统、齐备。它要求建立严格的规范，包括报表的格式和指标体系，建立和完善统计组织体系。学校体育的统计与报表按照原国家教委发布的《教育统计工作暂行规定》进行实施。

【案例】一位中学校长的独白

王校长是一所县级农村中学的副校长，勤恳工作了几十年，对上级和校长的指示从来都不打折扣。当教学和体育发生冲突时，作为同时分管学校教学和体育工作的副校长，他感到十分无奈和烦恼。看到学生体质越来越差，王校长心中充满内疚，按他自己的话讲就是"都是眼泪啊"。在前不久一次推心置腹的谈话中，他道出了学校体育工作中的辛酸事儿。

学生体质下降，我该负责吗？学生身体素质越来越差，我有责任吗？

2007年7月适逢建校50周年，我校举行了盛大的活动。校庆那天人来人往、川流不息，校园里一派热闹的景象。但在这样一个大型的活动中，却出现了一些不和谐音：那天由于天气比较热加上参加活动的数千名学生一起挤在操场上，不到半个小时，便接二连三地出现了学生晕倒的事情。这下可忙坏了我这个大型活动的总指挥，一边组织抢救，一边还得维持秩序，最后总算将这场突如其来的"灾难"应付过去了。可当着那么多嘉宾和校友的面发生这样的事儿，作为分管学校体育工作的副校长，我真是感到脸上无光，心里也很不是滋味。活动结束后的统计表明，那天有近10名学生出现了身体不适的症状或晕倒，真是触目惊心啊！

学生没有时间锻炼

我所在的学校是一所县级农村中学，学校既不像县一中那样深得领导宠爱，也不像乡镇学校那么受家长待见。在我们这个人口大省，优质教育资源还是相对匮乏的。过去我们学校也是家长和学生眼中的"香饽饽"，但近些年随着农村中小学生源的减少，加上好教师不断外流，我们不得不加入到抢生源的战斗中。要说抢到生源，学校升学率高低是决定性因素。说实话，现在老百姓才不管你学校是在实施什么教育，只要学校升学率高我就把孩子往学校送，甚至花钱也愿意，所以，有时候我们片面追求升学率，也是被逼无奈的一种选择啊！

我的尴尬在于我这个副校长既分管学校体育工作，又主管教学工作，因此，实际上追求升学率才是我的主要工作和中心工作所在。为了提高升学率，我们想尽了一切办法，其中很重要的一个举措就是延长学习时间。我校的学生早上不到 7 点就必须到校，家离学校稍微远点的 6 点就得起床。学生从 7 点多到 12 点一直处于学习状态中，课间虽然有眼保健操和文体活动，但由于时间较短，活动量很小，根本不能满足学生锻炼的需要。有些学生中午虽然能回家休息一会儿，但多数学生家都距离学校较远，只能呆在教室里。

这些年，为了提高升学率，节假日和晚上的自习时间都被教师利用起来了。有时教师甚至要"争"时段讲课，在这种"比、学、赶、帮、超"的学习热情下，高年级和毕业班的学生要到晚上 10 点左右才能回家，学生一天在学校的时间达到十多个小时，那才叫披星戴月、夜以继日呢。

经常听专家说，青少年每天至少应当有 9～10 小时的睡眠时间，可我校的学生能有六七个小时睡眠时间就不错了。在这种状况下，上课开小差、睡觉的现象屡见不鲜，我也知道这对孩子们的健康成长肯定不利。但我们也是迫不得已啊，这些年教育部门多次发文要为学生减负，可在我看来学生的负担非但没怎么减轻，反而是越来越重了。你想想，大家都在"加负"，我们岂能自甘落后？不过，像我们这样的农村地区，学生家庭多数不富裕，营养更是没有保障，因此这样做的直接恶果就是学生营养严重缺乏，体质健康状况较差。每当看到学生们一个个都跟"豆芽菜"似的，我心里头很不是滋味。

但是不管怎样，延长学习时间抓教学对于提高升学率还是很见成效的。实行这一"制度"后我校学生成绩上升了不少，学校、家长、学生都很满意，我自然也很满意。试想，学生还是那些学生，教师还是那些教师，延长时间加班加点学习，升学率怎能不提高？不过就是苦了孩子们，这种年复一年、日复一日的恶性循环，对处于成长期的青少年无疑是一种摧残啊！

体育课常要为"主课"让道

其实，学校体育工作属于我的日常管理范围，我非常想抓好，可学校一没经费；二不能保证时间，让我拿什么抓呀？大家都知道学校体育是个花钱的事，开运动会得要钱吧？出外比赛没钱咋参加？学校群体工作也要花钱呀。就拿我们学校来说，体育设施只有几个单双杠、几副破篮球架，学校仅有的几个足球，还是学生踢破后体育教师给补过的。学校连个像样的场地都没有，前些年，学生集体跑早操还得出外到马路上跑，山西沁源学生跑早操出事以后，我们也不敢出去跑了。

我们学校的体育课和体育活动虽然都还能正常开展，但无论是体育课的质量，还是体育活动的强度都远远达不到要求。这里面既有场地设施的问题，也有教师水平和学生不爱上体育课等问题。每当到了中考等学习紧张时期，体育课往往就要让道，体育等"小三门"课被砍掉上其他主课在我们学校是家常便饭的事儿。我们学校教师基本是满编的，可语文和数学等教师多，音、体、美教师缺乏，我们只能让语文和数学教师轮岗到音、体、美岗位，或带音、体、美的课，这样才算勉强开齐了课。至于质量，肯定没法保证了。

我认为，学生负担重，体育活动少，体质不断下降，造成这一状况的关键是领导不重视，家长没要求。比如有时候，我到外面开会回来传达一些上级对体卫艺工作的要求，校长听完后总是"嗯""好""知道了"……却从来没有在政策上和经费上给予过支持。校长经常在全体教师大会上强调学生要德智体美全面发展，但私下里总对我哭穷，时不时用"学生没有病就是健康，不碍事的"诸如此类的话来搪塞我。最可气的是，家长们对自己孩子的健康状况也熟视无睹。一位初三学生的家长曾对我说："只要我孩子能够考上县一中，你怎么对他都可以，让他掉层皮我也不会怨你。"

安全事故困扰体育教师

小王是我校的体育教师，在今年的一次体育课上教前滚翻动作时，一位学生不慎扭伤了脖子，其父母状告学校，并提出巨额赔偿要求。在校方、家长的协调下此事总算圆满解决，可小王从此却心有余悸，难度大的器械课说什么也不敢再教了。

这件事也让校方很难堪，折腾了很长时间，好在家长还算理解、配合，事情解决得比较圆满。要不然我这个副校长别干别的了，整天处理这类事情还处理不完呢。

现在老有家长跟我们过不去，动不动就把学校告上法庭。我想，一是因为家长的维权意识强了，懂得用法律保护自己。可就是苦了学校，出一点小事就得应付、应对，不搞到筋疲力尽别想收场；二是学生的体质比以前差了，很容易受伤，而且越是缺乏运动体质就越差，最后成了恶性循环。

想想我当教师那会儿，别说是上体育课，学生啥事不敢干？出了事，家长也很少找学校。相比之下，那时我们当教师还是很有尊严的，现在的教师尤其是体育教师真是不好干。

学校安全问题是一票否决，校长是第一责任人，学校的一些安全事故如校园踩踏、食物中毒等已经让校长战战兢兢、如履薄冰。校长经常旁敲侧击地说："别再在体育课和体育活动时出现安全问题了。"对此，我心领神会。我把小王等体育教师叫来，千叮咛万嘱咐："体育课只要上就行了，千万别搞什么花样出问题了。"这帮体育老师还真争气，这不，一年多了都没有出过什么事，学校体育教学平平安安，我心里也觉得踏实。只不过，前不久为汶川地震死难者默哀时，我校又有不少学生晕倒；体育中考时，学生的成绩也不

体·育·管·理·学

理想。唉，《中共中央国务院关于加强青少年体育增强青少年体质的意见》都下发一年多了，面对我校学生体质依然没有改变的现状，我真不知该不该负这个责任！

（引自李小伟《一位中学校长的独白：学校体育的那些辛酸事儿》，载《中国教育报》，2008年8月26日第8版）

讨论题：

1. 在此案例中，你认为学生体质下降这位校长该负责吗？学生身体素质越来越差，他有责任吗？

2. 结合本节所学内容谈一谈，如果你是这位校长，你该怎么办？

第三节　学校体育管理评估

学校体育管理的检查与评估，是全面贯彻党的教育方针，实现学校体育目标的重要措施；是实现学校体育整体优化，加强学校体育科学化决策与管理的重要内容之一，也是深化学校体育改革，促进学校体育工作的有效手段。而建立一个科学的学校体育工作评估体系是解决这个问题的有效手段。科学的评估对学校体育工作具有导向性，有利于把学校体育工作逐步纳入制度化、科学化、规范化的管理轨道。它可以帮助各级管理层了解学校体育工作情况，便于决策和指导，提高管理水平。另外，通过评估还可以与兄弟学校其他教研室（组）进行横向比较，有利于相互学习、共同提高。

一、学校体育管理评估的原则

（一）方向性原则

对学校体育评估必须建立在正确的方向（指导思想）上，党和国家在不同时期制定的对学校体育发展的各种政策、规划、法规、制度等就成为学校体育评估的重要依据。

（二）客观性原则

在评估指标体系的建立过程中，要尽量采用那些能定量、公认的和可测定的评估指标与评估方式，通过评估能比较公正、客观地反映工作的实际情况。同时在评估指标体系的建立过程中，要注意选择同类评估对象的共性内容，严格控制评估体系的标准化，把握评估尺度的一致性，通过准确的评估结果，比较同类事物的优劣，权衡差异。

（三）目的性原则

目的是各项工作的起点。学校体育评估的目的在于一方面检查工作绩效，查对与工作目标是否一致，分析问题存在的原因，不断修正工作计划，朝着最终实现总体目标的方向努力；另一方面是"以评促建、评建结合、重在建设"，借评估工作进一步推动工作的开展。

（四）科学性原则

科学性的评估是使评估标准和评估方法能够符合评估事物的客观规律，体现其中决定事物本质的主要因素和内在联系，并且尽可能做到精确和数量化，把主观估计的因素降到最低水平，为此，要做到定性与定量评估相结合。定性评估是指对事物过程和结果的性质进行判定，注重反映事物的"质"。定量评估是对事物过程和结果从数量方面进行判定，注重反映事物的"量"。

（五）可行性原则

由于学校体育管理领域中有许多因素难于确定客观标准和不能数量化，所以，在制定评估指标体系时，必须考虑评估的可行性。

二、学校体育管理评估的基本内容

学校体育管理的检查与评估应以《学校体育工作条例》和各级学校学生《体育合格标准》及其《实施办法》以及学校体育工作目标为依据。其基本内容应包括组织管理、体育教学、课外体育活动、课余训练竞赛、师资队伍、教学设备经费等。

（一）学校体育组织管理评估

学校体育组织管理评估内容主要包括，学校是否已设立以校领导为首的各层次学校体育管理机构，学校体育管理各层次的职责是否明确，学校体育的重大发展规划能否及时提交校长办公会讨论，各项工作的人员分工是否合理，人员的职、责、权是否清晰等。

（二）学校体育教学评估

体育课教学评估内容主要包括：各类教学文件是否齐备，体育课的教学质量是否得到保证。课外体育活动评估内容主要包括：学生锻炼的出勤率，《学生体质健康标准》测试率和通过率，早操、课间操的组织与实际开展情况。课余训练的评估除传统项目的优势程度、训练计划的制订与实施情况等常规指标外，还包括后备人才培养的质量和输送情况，运动竞赛的成绩情况等。

（三）体育师资队伍评估

体育师资队伍的评估内容主要包括：体育师资队伍的学历结构、年龄结构、性别结构、职称结构、体育教师的敬业精神和教书育人效果以及工作量完成情况、体育教师的业务培训情况等。

（四）体育科研评估

体育科研评估内容包括体育科研成果的获取情况，体育科研情报的拥有

体
·
育
·
管
·
理
·
学

102

情况等。

（五）体育教学条件评估

体育教学条件的评估内容主要包括：体育场馆器材的配备是否符合《学校体育场馆器材配备目录》的要求、体育经费占教育经费的比例等。

三、学校体育管理的综合评估

2008 年 8 月，教育部下发了《关于印发〈中小学体育工作督导评估指标体系（试行）〉的通知》（教督〔2008〕3 号），通知内容如下：

各省、自治区、直辖市教育厅（教委）、人民政府教育督导室，新疆生产建设兵团教育局、教育督导室：

《中共中央国务院关于加强青少年体育增强青少年体质的意见》（中发〔2007〕7 号）是新时期党中央国务院加强青少年体育工作的纲领性文件，对于全面贯彻教育方针，全面实施素质教育，具有重要意义。

根据中发〔2007〕7 号文件提出的"各级政府和教育部门要加强对学校体育的督导检查，建立对学校体育的专项督导制度"的要求，我部在认真研究并广泛征求意见的基础上，制定了《中小学体育工作督导评估指标体系（试行）》（以下简称《指标体系》）。对中小学体育工作督导评估的重点是教育管理、条件保障、评价机制和学生体质状况四个方面。

各地要有计划、有步骤地开展中小学体育工作督导评估。要根据《指标体系》，结合本地实际，制定中小学体育工作督导评估实施方案。坚持督政与督学相结合，坚持综合性督导和专项督导相结合。督导检查要严格程序，重在自查整改，提高督导评估的实效性。要落实限期整改、结果公报和问责奖惩等制度。督导结果要向社会公布，并作为考核领导干部政绩的重要内容和进行表彰奖励或责任追究的重要依据。国家教育督导团将根据情况，对各地中小学体育工作进行专项督导检查，并通报督导检查结果。

各地要及时研究解决督导检查中出现的新情况、新问题，认真总结经验，改进工作方法，不断提高督导水平。

中华人民共和国教育部

二○○八年八月十二日

附件：中小学体育工作督导评估指标体系（试行）

一级指标	二级指标	三级指标	计算公式	备 注
A1 教育管理	B1 建立联席会议制度	C1 是否建立联席会议制度	是/否	
	B2 纳入地方经济社会发展规划	C2 是否制定下发学校体育卫生工作发展规划	是/否	
	B3 落实一小时体育锻炼时间	C3 体育课开足率	实际开设的体育课时数/国家规定应开设的体育课时数	
		C4 一小时课外活动落实率	实际组织开展的一小时课外活动次数/国家规定应组织开展的一小时课外活动次数	
		C5 大课间活动落实率	大课间活动安排次数/教学天数	
		C6 寄宿制学校建立每天做早操制度	是/否	
		C7 建立高中阶段学生军训制度	是/否	
		C8 是否定期进行巡查	是/否	
	B4 建立定期组织综合性或专项性的学生体育运动会制度	C9 是否建立定期组织综合性或专项性的学生体育运动会制度	是/否	
		C10 运动会召开率	年度召开运动会次数/2	
A2 条件保障	B5 体育、卫生师资配备与培训	C11 体育教师配备率	实际体育教师数/应配体育教师数	参照《国家学校体育卫生条件基本标准》中对体育教师的配备标准
		C12 体育教师接受体育教学岗位培训，并取得培训证书的比例	接受体育教学岗位培训并取得培训证书教师数/体育教师总数	

体·育·管·理·学

104

一级 指标	二级指标	三级指标	计算公式	备 注
A2 条件 保障	B5 体育、卫生师资配备与培训	C13 寄宿制学校及 600 人以上非寄宿制学校卫生专业人员配备率	有专职卫生专业人员寄宿制学校数/寄宿制学校总数	专职卫生专业人员指专职校医
			有专职卫生专业人员非寄宿制学校数/非寄宿制学校总数	同上
		C14 卫生保健人员定期接受专业培训率	定期接受学校卫生专业培训并取得培训证书的卫生保健人员数/卫生保健人员总数	卫生保健人员指校医及专（兼）职保健教师
	B6 体育、卫生设施设备	C15 体育场地达标率	达到《国家学校体育卫生条件基本标准》对体育场地要求的学校数/学校总数	
		C16 体育器材达标率	中西部农村体育器材达到率＝达到《国家学校体育卫生条件基本标准》对体育器材要求的学校数/学校总数 城市及东部体育器材达到率＝达到《中学/小学体育器材与设施配备目录》要求的学校数/学校总数	
		C17 学校教室采光照明达标率	教室采光照明达到《国家学校体育卫生条件基本标准》要求的学校数/学校总数	
		C18 学校教室课桌椅配备达标率	课桌椅配备达到《国家学校体育卫生条件基本标准》要求的学校数/学校总数	
		C19 学校食堂领取卫生许可证领取率	领取卫生许可证的食堂数/现有食堂总数	

第六章＼学校体育管理

一级指标	二级指标	三级指标	计算公式	备 注
A2 条件 保障	B6 体育、卫生设施设备	C20 学校安全饮水达标率	提供安全饮水学校数/学校总数	校园自备水源每年定期进行水质鉴定
		C21 学校厕所达标率	厕所达到《国家学校体育卫生条件基本标准》要求的学校数/学校总数	
	B7 公共体育卫生服务	C22 学生体检率	当年参加体检的小学生数/当年小学生总数	学生体检指政府（经费从公用经费支出）买单的体检
			当年参加体检的初中学生数/当年初中学生总数	
			当年参加体检的高中学生数/当年高中学生总数	
		C23 购买校方责任险的学校比例	购买校方责任险的学校数/学校总数	
		C24 向学校提供公共卫生服务的比例	当年接受公共卫生服务的学校数/学校总数	卫生部门向学校提供饮用水消毒与检测、预防保健等服务
		C25 接受食品卫生监督与服务的学校比例	当年接受食品卫生监督与服务的学校数/学校总数	
		C26 公共体育场馆和运动设施免费或优惠向周边学校和学生开放	免费开放率＝免费开放数/公共体育场馆和运动设施总数	
			优惠开放率＝优惠开放数/公共体育场馆和运动设施总数	
A3 评价 机制	B8 升学体育考试机制建立情况	C27 是否全面实施初中毕业升学体育考试制度	是/否	
		C28 中考体育分占中考总分的比重	体育考试分/中考成绩总分	
	B9 体质健康监测制度	C29 是否建立省级学生体质健康监测与公告制度	是/否	
		C30 学生视力状况监测率	年度进行学生视力监测次数/4	
	B10 新生查验预防接种证制度	C31 新生入学预防接种证查验率	查验预防接种证的新生数/新生总数	新生指小学入学新生

一级指标	二级指标	三级指标	计算公式	备　注
A4 体质健康状况	B11 体质健康水平与发展变化状况	C32 是否实施体质健康标准测试工作	是/否	
		C33 国家学生体质健康标准达标率	当年测试及格学生数/学生总数	
			当年测试良好学生数/学生总数	
			当年测试优秀学生数/学生总数	
		C34 视力不良率	当年视力不良小学学生数/小学学生总数	
			当年视力不良初中学生数/初中学生总数	
			当年视力不良高中学生数/高中学生总数	

发布部门：教育部　发布日期：2008 年 08 月 12 日　实施日期：2008 年 08 月 12 日（中央法规）

四、学校体育管理评估的实施

（一）组织学校体育管理检查评估的基本程序

学校体育管理工作检查评估的实施程序一般可分为准备、自评与验收三个阶段。

1. 准备阶段

准备阶段主要包括组织准备与方案准备两个方面：前者须成立专门的检查与评估工作组和办事机构，并聘请有关专家和人员组成评估组；后者是整个检查评估过程中技术性最强的工作。评估方案通常由评估对象、内容、方法、指标体系、评价等级、步骤（措施）及有关说明（细则）等几部分组成，并将这些内容设计成评估表格与相应文件。

2. 自评阶段

自评阶段的工作内容主要包括宣传动员、收集资料、客观评定、汇总整理四个方面。被评学校应自建一支有代表性、有权威性的评估队伍，根据指标条目收集相关数据、资料和信息并进行查对核实，然后将各类数据认真填入报表，据实向组织评估的主管部门上报。

3. 验收阶段

验收阶段即由评估主管部门组织评估专家组对被评学校进行检查与评估。

检查与评估组的成员一般由主管部门聘请有关行政领导和专家组成。检查评估时，可以采取调阅文件、检查材料、抽样调查、实地考察和座谈访问等多种方式了解情况，按照评估方案，从总体上对被评学校的体育管理工作做出客观评定，并由评估组填写评估表，交主管部门。评定结果应及时向被评学校反馈。被评学校要积极配合检查评估组的工作，认真听取反馈意见，不断改进和提高学校体育管理工作。

（二）强化学校体育管理检查与评估的激励机制

《学校体育工作条例》第二十六条规定："对在学校体育工作中成绩显著的单位和个人，各级教育、体育行政部门或学校应当给予表彰、奖励。"学校体育管理工作的检查与评估，应贯彻以评促建、以评促管、以评促改的原则，及时并实事求是地表彰和奖励先进，批评和处罚后进，起到激励、示范和推动学校体育工作的积极效果。为此，评估主管部门应科学制定学校体育管理检查与评估的有关政策，并坚决予以实施。

（三）学校体育工作检查与评估实施过程的注意事项

学校体育工作的检查评估工作是一项政策性较强、涉及面较广、影响较大的复杂工作，为了保证评估工作顺利进行，在组织实施检查评估的过程中，应当注意以下几个问题：

1. 广泛动员，充分准备，做到思想与组织双落实

学校领导应高度重视检查与评估工作，通过组织各种形式的动员与学习，使学校全体师生员工明确检查与评估的重要意义，正确对待检查评估。同时要建立一支由各类有关人员组成的自评队伍，根据上级主管部门下发的有关文件精神和评估方案，结合本校的具体情况，客观、求实地进行自评和接受检查。

2. 努力提高评估的信度和效度

评估信度与效度，与评估方案的科学性有着直接关系，因此一定要组织有关专家认真、仔细地研究制定评估方案，使之达到科学性、准确性和客观性的要求。同时，在正式评估前一定要组织评估组成员和被评学校有关人员进行专门的培训，认真学习和研究评估方案，严格按照评估方案，准确把握评估尺度，及时修正误差，对评估对象做出实事求是、客观全面的评价。

3. 坚持评估的经常化和制度化

对学校体育管理的检查与评估，要长期坚持并形成制度。只有通过经常性的评估，方能不断完善评估方案，改进评估方法，提高评估质量；方能深入总结学校开展各项体育工作的成功经验并加强学校的自身建设，及时发现工作中的不足，扬长避短，奋发进取。

4. 注意信息反馈

评估的过程就是信息收集、加工、反馈的过程。评估结果是对各类材料和数据的综合反映，可作为学校主管部门和学校领导科学决策的可靠依据。因此，在评估过程中，要注意信息反馈并对反馈的信息进行科学的加工和提炼，以提高整体管理效益。

【案例】衡量学校体育工作的硬杠杠

——教育部相关负责人解读《中小学体育工作督导评估指标体系（试行）》

近日，教育部发布了《中小学体育工作督导评估指标体系（试行）》，这是新中国成立以来第一次针对学校体育工作发布的督导评估体系，也是新中国成立以来第一次专门为一个学科而作的督导评估体系。

教育部下发该《体系》的意义何在？指标体系对督导工作提出了哪些具体要求？对学校体育工作将会产生什么样的影响？为此，记者采访了教育部体育卫生与艺术教育司相关负责人。

问：教育部下发该《体系》的意义何在？

答：2007年5月7日，中共中央、国务院印发了《中共中央国务院关于加强青少年体育增强青少年体质的意见》（中发〔2007〕7号，以下简称中央7号文件），明确了提高青少年体质健康的目标任务。文件提出，各级政府和教育部门要加强对学校体育的督导检查，建立对学校体育的专项督导制度，实行督导结果公告制度；健全学生体质健康监测制度，定期监测并公告学生体质健康状况；加大体育工作和学生体质健康状况在教育督导、评估指标体系中的权重，并作为评价地方和学校工作的重要依据；对成绩突出的地方、部门、学校和个人进行表彰奖励；对青少年体质健康水平持续下降的地区和学校，实行合格性评估和评优评先一票否决。

为了贯彻落实中央7号文件的相关要求，切实加强青少年体育工作，增强青少年体质，我们在深入调研的基础上研制了中小学体育工作督导评估指标体系。该指标体系综合了中央7号文件和学校体育的相关条文，是对中央7号文件的具体细化，对政府、学校和教育工作者及广大学生都提出了全面的要求。该体系既是中央7号文件精神的贯彻落实，也是对各地落实中央7号文件情况的评价，更是办好让人民满意的教育的重要方面，对于推动中央7号文件的深入贯彻落实和促进青少年体质健康水平的增强具有重要的意义和作用。

问：《体系》主要提出了哪些要求？

答：作为首次以教育部名义下发的学校体育督导评估指标体系，它架构了一个学校体育硬件建设和管理的科学体系和标准，同时对学校体育的"软""硬"件提出了基本的要求，而条件较好的地方则可以根据自己的情况提高标准。指标体系强调了针对政府部门进行的督导检查，并分成三级指标。一级指标涵盖教育管理、条件保障、评价机制、体质状况四方面，注重的是机制、管理、效果和过程。主要从政府管理部门的职能分解出四个指标，指标既指向政府部门，又指向学校和学生个体。督查既是针对政府又针对学校，因为落实中央7号文件精神还是要以学校为主体，但如果政府部门没有要求，各地就会出现落实不力的现象。

学校体育工作落实得如何，主要取决于人、财、物三个方面。从二级教育管理指标中我们可以发现：是否建立联席会议制度非常关键。因为加强青少年体育、增强青少年体质的落实不仅仅是教育部门的事情，它需要社会各部门齐抓共管，形成合力，因此，建立联席会议制度成为了教育管理的首要指标。

教育管理的第二大指标是纳入地方经济社会发展规划，这一项指标其实是督促地方政府要把体育工作纳入议事日程，同时指标也反映了地方政府对学校体育工作的重视程度。

教育管理的第三大指标就是落实一小时锻炼时间，如果一小时锻炼时间落实不了，其他活动和制度都只能是空中楼阁。因此，指标第二项主要是围绕落实一小时锻炼时间而设计的，而落实一小时锻炼时间这项指标则是围绕几个制度来检查：体育课是主渠道，一小时是每天必须保证的；每天开展大课间也是必须的。而能否做到这些，必须看当地是否有针对这项工作的检查制度。

教育管理的第四个指标是建立定期组织综合性或专项性的学生体育运动会制度，主要是通过展示、评比、表彰来促进和推动学校体育工作。

第二个一级指标——条件保障更是非常的关键。因为如果没有条件，大家可以将不开展学校体育工作或开展不好的理由都归结于此。但如果条件具备而开展不好，那就是管理的事，因此这一指标也是对第一大指标的延续。条件保障指标中，还对师资配备与培训、体育场地设施达标率提出了具体要求。

第三个一级指标是评价机制。评价机制中要求各地形成经常性的督导机制，形成经常性检查学校体育工作情况的制度，同时，还必须有反馈制度。评价机制中突出了中考体育，希望通过初中考试，带动中小学体育课及课外体育活动的开展，建立和完善监测学生体质健康的制度。

问：《体系》将对学校体育工作产生什么样的影响？

答：《中小学体育工作督导评估指标体系（试行）》的下发是为了更好地促进学校体育的改革、建设和发展，由于评估体系对各级政府、各级学校乃至学生都提出了具体而全面的要求，具有很强的可操作性，对于各级政府提高对学校体育的认识、加大投入、深化管理都将起到积极作用。同时，指标体系的出台，有利于加强社会各界的联系，形成全社会关注学校体育的局面；有利于学校体育管理长效机制的建立及科学决策的引导；有利于推进素质教育，特别是有利于逐步转变全社会的人才观、教育观，进一步端正学校的办学思想。只要我们真正把学校体育工作抓起来，并和课程改革、考试评价制度的改革、督导体制的完善结合起来，就能够突破长期形成的应试教育的壁垒，并不断扩大战果，推动素质教育进入新的阶段。

（引自李小伟《衡量学校体育工作的硬杠杠——教育部相关负责人解读〈中小学体育工作督导评估指标体系（试行）〉》，载《中国教育报》，2008年10月10日）

讨论题：

1. 你认为新下发的《体系》是否能够较全面地对学校体育管理工作进行评估？

2. 从你的角度理解，学校体育工作的效果主要体现在哪些方面？

本章小结

1. 学校体育管理是指遵循学校体育和教育的基本规律，充分利用有限的人、财、物、信息和时间等因素，以最佳的手段和方法，对学校体育工作进行计划、组织、控制、评估等一系列的综合活动。学校体育管理具有教育性、方向性、阶段性、系统性。学校体育管理要坚持整体性原则、计划性原则、导向性原则和可控性原则。

2. 学校体育管理主要包括体育教学工作管理、课外体育活动的管理、课余运动训练与竞赛管理、体育教师的管理、学生体质与健康管理、学校体育经费管理、学校体育场地设施与器材管理以及学校体育科研与信息管理。

3. 学校体育管理评估要坚持方向性、客观性、目的性、科学性和可行性原则，其基本内容包括学校体育组织管理评估、学校体育教学评估、体育师资队伍评估、体育科研评估和体育教学条件评估。

>>> **思考题**

1. 查阅资料，试述我国学校体育管理体制的现状及改革趋势。
2. 联系实际谈谈如何加强学校体育教研部（室、组）的管理。
3. 如何加强学校体育教学工作的管理？
4. 如何抓好学校体育课外体育活动与课余运动训练、竞赛的工作？
5. 学校体育管理评估包括哪些基本内容，其评估如何实施？

第七章　社会体育管理

本章要点

1. 以社会体育的概念与特点为出发点，对社会体育管理的概念与特点进行阐述，说明社会体育管理的目标任务、内容及其基本要求，并论述社会体育管理体制

2. 阐述社区体育管理、职工体育管理、农村体育管理的概念与特点，说明管理的原则与其组织体系，并分析说明这几种体育管理的主要内容和基本方式

3. 论述社会体育管理评估的基本内容与指标体系

第一节　社会体育管理概述

一、社会体育的概念与特点

（一）社会体育的概念

社会体育是指在社会成员余暇时间中广泛开展的，以身体运动作为主要手段，以增进健康、满足娱乐消遣为主要目的的体育活动。与社会体育非常接近的概念是群众体育和大众体育。群众体育有广义和狭义的区分。广义的群众体育是指与竞技体育并存的现代体育的重要组成部分，在国内也称其为大众体育，在英文中大致对应的称谓有 Sport for all 或 Mass sport。狭义的群众体育则是指除在学校和武装力量（军、警部队）中开展的体育之外，在社会一切其他行业或活动领域人们的余暇时间中开展的体育。因此，世界上许多国家在分类上都将学校和武装力量的体育当做与狭义的群众体育甚至竞技体育相对独立的类别，而且在一般情况下人们在管理和科学研究中所说的群众体育都仅指狭义的群众体育，狭义的群众体育又常被称为社会体育。可见，狭义的群众体育等同于社会体育（图7-1）。

```
           ┌─────────────────┐      ┌──────────────────┐
           │  广义群众体育   │──────│  狭义群众体育    │
           │  （大众体育）   │      │  （社会体育）    │
  ┌────┐   └─────────────────┘      └──────────────────┘
  │体育│──┤                         ┌──────────────────┐
  └────┘   │                         │    学校体育      │
           │                         └──────────────────┘
           │  ┌─────────────────┐   ┌──────────────────┐
           └──│    竞技体育     │   │   武装力量体育   │
              └─────────────────┘   └──────────────────┘
```

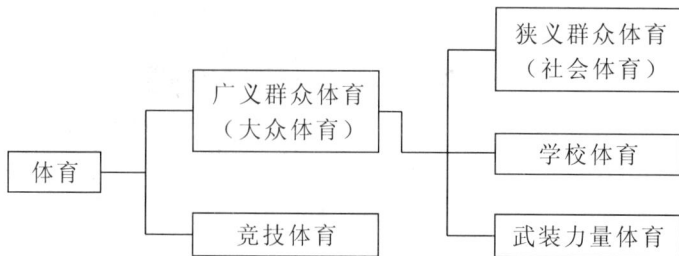

图 7-1　现代体育的基本结构

社会体育的对象为社会人群。按不同的分类方式，社会体育可分为以下类型：

（1）按性别将社会体育分为男性体育与妇女体育。

（2）按年龄可分为从婴儿至老年各年龄层人群的体育。

（3）按身体条件及健康状况可分为正常人体育与残障人体育。

（4）按人们不同的兴趣和目的可分为健身体育、健美体育、娱乐体育、医疗体育、康复体育。

（5）按社会的城乡结构可分为城市体育和农村体育。

（6）按人们的职业状况可分为脑力劳动者与体力劳动者以及不同工种人群的体育。

（7）按人们的文化水平可分为不同文化水平人群的体育。

（8）按管理组织性质分为社会各行业系统体育和社区体育、体育俱乐部与锻炼（活动）点体育。

此外，根据人们的社会地位、经济状况、选择活动内容（运动项目）、从事活动（锻炼）的时间、地点也可将社会体育分为不同的分类结构。

（二）社会体育的特点

1. 业余自愿性

社会体育是人们在余暇时间里自愿、自主参与的一项体育活动。这种体育活动不带有强制性。参与与否自愿、活动内容自主、活动形式自由。人们可以根据自身的兴趣爱好和活动条件选择适当的活动时间、地点、内容和形式，而没有被驱使、被强迫的感觉。

2. 社会性

社会性特点表现为三个方面：其一，从参与角度讲，社会体育参与的人群是由来自不同社会阶层、不同组织实体、不同兴趣爱好的社会群众组成。每个人有着各自对于体育的不同需要，社会体育则可以满足人们这种不同层次的体育需要。不同年龄、性别、职业、爱好、体质与健康状况的人都能在社会体育中找到满足个人体育需求的方式。其二，从组织管理角度讲，社会体育的开展需要与宣传部门、文化部门、教育部门、科技部门、卫生部门等进行密切的合作，需要社会广泛参与。其三，从社会体育的影响来看，社会体育已成为当今社会具有深远影响的社会实践。社会体育的影响力已渗透到社会各层面，它广泛地与政治、经济、文化等事业产生渗透与互动，大到影响国家的政治、经济、文化等多项事业，小到影响个体的身心健康发展。

3. 多样性

多样性特点也主要表现为以下三个方面：第一，社会体育活动形式多样性。在体育活动形式和内容上，既有民族传统的，也有外来现代的；既有简单实用的，又有复杂正规的。第二，体育组织形式多样性。在体育工作方式中，既有政府组织的，也有社会团体、单位组织的；既有严格规范的，也有一般随意的。在体育组织中，既有政府体育行政机构，也有严格意义的体育社会团体；既有组织严密的社会体育指导中心、指导站，也有自发分散的社会体育锻炼小组。第三，参与社会体育的价值取向多样性。社会体育具有多种功能，促进健康、增强体质、满足人们的享受发展需要作为最基本的价值取向已得到社会的普遍认同，除此外，社会体育还具有休闲娱乐、审美、社交等多种价值取向。人们参与社会体育的价值取向正呈现出异彩纷呈的多样性特征。

4. 灵活性

灵活性主要体现为以下方面：群众参与体育活动的项目比较灵活，我国众多体育项目均具有增进健康，颐养身心的功效，参与者可灵活选用；体育活动的环境比较灵活，群众不仅可以选择在公园、工厂、路边、巷尾等大众性的场所进行锻炼，还可以选择相对高档的消费场所如高尔夫场、网球场、保龄球场等进行锻炼。正因为社会体育具有灵活性特点，为此，管理者只有在体育活动形式和内容、工作方式和组织形式上因人、因事、因时、因地制宜，才能推动社会体育不断协调地发展。

二、社会体育管理的概念与特点

（一）社会体育管理的概念

所谓社会体育管理，就是指为推动社会体育的发展，对与开展各种社会体育活动有关的因素和资源（人、财、物、信息、时间等）进行计划、组织、控制、协调、指导等，以期达到社会体育总体目标的综合活动。

（二）社会体育管理的特点

1. 管理目标的多样性

由于社会体育工作的复杂性、层次性、多样性等特征和社会体育功能的多样性，在客观上决定了对社会体育管理的目标也是多样的。不同系统、不同地区、不同环境对社会体育多样性的管理目标也会有不同选择，从而给正确确定社会体育管理的目标带来极大困难。它要求社会体育管理者根据社会体育参与者的不同需求，妥善地拟定相应的管理目标，因势利导地通过社会体育的相应功能，去争取效益。

2. 管理边界的模糊性

首先，从社会组织划分角度讲，社会体育的参与主体从属于不同的社会组织。因此，社会体育工作的开展需要不同组织中的社会成员广泛发生互动。其次，从社会体育活动的组织管理角度而言，社会体育部门需要与其他社会组织进行广泛的联系与沟通。因此，社会体育在实践中经常与社会的文化、教育、娱乐、旅游等组织形成互渗互动。社会体育管理与社会其他组织这种广泛的结合点，使它表现出巨大的包容性和适应性，往往与社会其他系统的有关管理交叉在一起，难以划清它的组织边界。这种管理特点为更紧密地依托社会发展社会体育创造了非常有利的条件，但由于社会体育管理系统的独立性不明显，也易于在具体的组织管理工作中，与其他系统产生矛盾和冲突，进而加大了管理的难度，尤其是对协调职能的要求。

3. 管理系统的复杂性

由于社会体育是一项涉及全社会的事业，在社会体育管理系统中，既有专门、正式的政府体育部门，也有形形色色、非正式的社会体育组织；既有各行业单位的体育机构，也有分散在社会各界的社会体育指导员。同时，参与者的分布地域、职业性质、社会地位、活动目的等差异较大，进一步增大了社会体育管理的复杂性。要求社会体育在管理机制上，既要与外部环境保持高度的耦合，又要保持自身相对的独立性和稳定性。此外，社会体育所处资源系统也极其错综复杂。社会体育这种复杂性，对管理水平和管理艺术提出了很高要求。

4. 管理主体的多元化

随着我国体育改革的深化与发展，社会体育投资的多元化、社会办体育的自主化和体育行政职能的规范化，正在打破我国长期以来政府集投资者、主办者与管理者于一身的旧格局。这是由于社会体育的对象广泛、内容多样，其管理资源大多来源于社会，受到多种社会因素的影响。因此，社会体育管理必须从实际出发，采取灵活的组织形式，以多元化管理为主。各级政府体育部门应发挥宏观调控职能，积极引导各级社会体育组织管理社会体育的积极性，不断提高社会体育工作绩效。

5. 管理体制的社会性

社会体育的对象广泛、内容多样，其管理资源大多来源于社会，受到多种社会因素的影响。因此，社会体育管理必须从实际出发，采取灵活的组织形式，以分散管理为主。它的管理体制必须是在政府体育部门的宏观管理下，以社会体育组织为主体，广泛依托社会积极开展工作。这在社会主义市场经济新体制下显得更为重要。

三、社会体育管理的目标任务与内容

（一）社会体育管理的目标任务

我国社会体育存续的目的在于通过增强人的健康水平，减少疾病发生率，提高工作效率，以及通过刺激人们的体育消费、安置就业人口、增加经济效益等方式促进社会经济的发展。因此，各种社会体育组织的既定目标应该是提高社会成员的体质和健康水平，满足人们的娱乐、消遣等需要。社会体育管理的目标则是促使社会体育组织更好地实现其既定目标。为实现这一管理目标还需要一系列的管理工作子目标，如发展体育人口、开展国民体质监测、进行社会体育宣传、培训社会体育干部、筹措社会体育经费等。

任务是目标的具体化。我国社会体育管理的基本任务是：

1. 不断增加体育参与的人群

改善与提高人们的健康水平是我国社会体育的根本目标，而将这一目标落实到社会体育管理工作中则需要广泛开展形式多样、健康文明的社会体育活动，动员更多的人参与社会体育活动。所谓使更多的人参与：一是要使正在参与的人坚持下去；二是要使中断参与的人重新参与；三是要使尚未参与的人尽快参与。

2. 建设和改善人们健身活动的环境和条件

为了使更多的人参与体育健身活动，不仅需要营造一定的舆论氛围，还需要提供一定的物质保障条件。要通过各种宣传活动，引导激励人们崇尚体育健身、参与体育健身的理念，使全民健身成为社会的普遍共识；要为人们参与健身活动创造更好的条件，不断建设和完善体育设施、体育组织、指导者队伍和法规制度等，以支持、吸引、动员更多的人参与全民健身活动。这不仅是各级政府的责任，也是有条件的社会组织和个人的共同责任。

3. 刺激人们的健康投资，发展体育产业

健康是人们生存、享受与发展的基础和资本，向体质与健康投资，进行体能与健康储备，如同知识储备与能力储备一样重要。进行体质与健康消费，就如人们进行教育消费一样，应当成为人们日常消费的一部分。社会体育工作应当在开展群众性体育活动中引导人们进行体质投资和体育消费，并不断致力于繁荣发展社会体育产业，使人们的不同体育需求能较好地得以满足。

4. 传播优秀体育文化

我国体育在其历史发展进程中创造了灿烂的体育文化。当今的社会体育

工作，一方面继承着我国优秀的民族、民间传统体育；另一方面学习和借鉴着外国的体育知识和技术，同时也在实践中创造着具有我国特色的体育知识和技术，在新的基础上延续着中华体育文明。发展具有中华民族特色的体育知识与技术是我国社会体育工作的重要任务。社会体育工作要不断地为人民群众创造和提供科学文明、丰富多彩的体育知识和技术，不断完善和发展体育文化，为中华文明和人类文明做出贡献。

5. 推进社会体育管理体制改革

面对我国社会主义事业改革与发展两大主题，为了实现国家现代化建设的总体目标，社会体育事业的管理体制必须进行改革，以适应社会主义市场经济体制的建立和完善，适应社会转型和文化多元化的变革。要改革计划经济体制下形成的由政府体育行政部门一家管、主要靠行政手段管、主要靠政府投资办、政府管的过多、管的过死和办的过多、办的过滥的模式，形成政府宏观管、社会具体办、国家与社会共同兴办的模式，政府为广大人民群众提供基本公共体育产品和服务，社会为满足人们多样化体育需求提供条件的发展模式。同时要充分发挥中央与地方两个方面的积极性，发展各地独具优势和特色的社会体育事业。

（二）社会体育管理的基本内容

1. 社会体育组织

首先，社会体育工作的开展必须依赖于各级各类社会体育组织，因而，社会体育管理的重要工作之一是扶助建立各种社会性体育组织；其次，社会体育组织建立后还要组织开展各种活动。所以，社会体育组织管理具有双重含义，一是建立好组织；二是组织好活动。

2. 体育人口

体育人口是衡量一个国家或地区社会体育发展规模和水平的最基本指标，因此，吸引更多的人参加体育锻炼，扩大体育人口的数量和规模，是社会体育管理的一项长期工作。

3. 社会体育经费

社会体育经费是开展社会体育的财力资源，社会体育经费的管理主要包括对经费的筹措、分配与使用。开展社会体育需要一定的资金，社会体育管理组织要广开财源，争取政府部门和社会各界对社会体育的经费投入和财力支持。还要利用有限的资金，多办事、办实事。

4. 社会体育场地设施

场地设施是社会体育管理的物质基础，搞好场地设施的管理对保证社会体育活动的顺利开展起着至关重要的作用。社会体育有关的场地设施主要包括运动俱乐部场地设施、企业内部健身场地设施、公共体育场地设施和学校体育场地设施。社会体育活动的场地设施数量是衡量一个国家社会体育发展水平的重要指标之一。社会体育管理既要努力提高场地设施的数量和质量，又要想方设法提高现有场地设施的利用率，以适应广大群众日益增长的体育锻炼需求。

5. 社会体育干部和社会体育指导员

社会体育干部和社会体育指导员是发展社会体育的重要力量。社会体育管理部门应把培养和培训社会体育管理干部和社会体育指导员作为一项重要工作，逐步建立一支有较高专业素质的社会体育管理队伍。

6. 国民体质发展水平

国民体质发展水平是衡量一个国家体育运动开展成效的重要指标。各国政府都十分重视国民身体状况的总体水平。对社会体育进行科学管理，积极开展社会体育活动，可以增强国民体质，提高国民生活质量。

四、社会体育管理的基本要求

（一）以指导性计划为主

社会体育涉及面很大，不同地区、行业和单位，其地理环境、经济物质条件、科学文化水平等都不一样。社会体育参加者对体育的需求程度、价值取向等，因年龄、职业、受教育程度和性别的不同亦有很大差别。加之人们余暇时间的长短、多少不一，余暇生活的方式迥异。因此社会体育的计划、社会体育活动的内容、方式等都不宜强求一致，不宜用简单的行政命令下达计划指标及要求，而应以指导性计划为主。

（二）以宣传教育为主

人们进行社会体育活动主要是利用业余时间，其活动动机也主要是满足自我需求，因此，必须通过有效的宣传教育，帮助人们树立正确的体育价值观，加深对体育的认识和理解，启发他们的锻炼自觉性，才能产生参加体育活动的内在需要和主动行为，身心愉快地参加社会体育活动。

（三）依法管理

社会体育活动参加者职业各异、需求不同、年龄跨度极大，对这样一个复杂的锻炼人群进行有效的组织管理，仅靠一些组织机构的行政措施，缺乏管理权威性和普遍约束力。规范、协调、指导社会全体成员参与体育活动的行为和相互关系，必须依靠法律手段。一方面，要建立、健全整个社会体育工作的有关法规，保障社会体育健康、快速地发展；另一方面，在社会体育组织内部也要建章立制，以维护组织活动的良好秩序和组织成员的合法权益。

（四）扶助支持为主

社会体育是一项利国利民的公益事业，各级政府及社会各界一方面要通过法规、政策制度等来规范和引导它的发展，同时还要在人力、物力、财力等方面对社会体育给予积极的扶持，为社会成员参加体育锻炼，从事健身活动提供物质、资金、场地等多方面的支持，确保人民真正享有参加体育活动的权利，这也是体育发达国家的共同经验。

五、社会体育管理体制

社会体育管理体制是指社会体育管理的机构设置、权限划分、管理制度等方面的体系和制度的总称，它是实现社会体育总目标的组织保证。社会体育管理体制具体地表现为负责社会体育的领导机构和组织、它们之间的隶属关系和职责范围以及由它们所制定和实施的各种有关规章制度和措施等，社会体育管理体制还表现为这些组织和机构的运行方式、管理方法和控制手段等。

（一）世界各国社会体育管理体制

1. 政府管理型

政府管理型体制的特点是由政府设立专门的机构管理群众体育。政府的权力高度集中，并采用行政的方式进行从宏观到微观等各个层次的全面管理。政府管理型体制主要存在于社会主义国家，如苏联、东欧各国及古巴、朝鲜等，中国在体育管理体制改革之前也采用政府管理型体制。苏联群众体育的管理由政府直接领导，在苏联部长会议中设全苏体育运动委员会，主管竞技体育和社会体育，负责制定与执行重大方针政策及发展规划，制定竞赛规程与规则等。下设各级体育运动委员会，其职权是负责社会群众体育和竞技体育政策的执行、负责运动设施建设、人才培养、宣传、出版及组织举办各级运动会等。政府管理型体制有利于强化领导、集中调配、统筹兼顾，缺点是易于抑制社会对体育的参与和支持，因而最终限制社会体育的发展。

2. 社会管理型

社会管理型体制的特点是社会体育主要由各种社会体育组织进行管理，政府一般不设立专门的社会体育管理机构，政府对社会体育事务很少介入和干预。即使在介入和干预时，也常常是采用经济、法律等手段间接地进行。在多数采用社会管理型体制的国家中，管理权力分散于各种社会体育组织之中，因而可称为分权型体制。例如美国的社会体育管理体制就是比较典型的分权型体制。

3. 结合型

结合型体制是由政府和社会体育组织共同管理社会体育的体制。政府设有专门的社会体育管理机构，或指派几个有关的部门负责管理社会体育。政府对社会体育实行宏观管理，即制定方针政策，发挥协调、监督的职能。社会体育组织在政府的宏观管理下，负责社会体育的业务管理，如制定项目发展规划、各种规章制度，组织活动和比赛等。世界大多数国家采用这种管理体制，如德国。结合型体制有利于发挥政府的主导作用和鼓励社会对于体育的支持和参与。但在权限划分和利益分配方面则存在着一定的困难。

4. 世界各国社会体育管理体制的发展趋势

由于对社会体育管理体制的分类没有精确的定量标准，因此，实际上并不存在绝对的政府管理型体制和绝对的社会管理型体制。在实行政府管理型体制的国家中，民间自发体育组织和活动也是存在的，在实行社会管理型的国家中，政府也或多或少地以不同方式参与并介入大众体育的管理。在政府享有主要的权力和利益时，总是倾向于强调社会体育的政治和福利性质，社会体育管理体制即具有集权化的趋势；而当社会享有主要的权力和利益时，则倾向于强调社会体育的商业和消费性质，社会体育管理体制即具有分权化的趋势。结合型是一个大体处于中间状态的类型，它们之中有的偏重于政府管理型，有的偏重于社会管理型，因此它们之间也存在着很大的差异。

目前世界各个国家在社会体育管理体制形态上存在着一种由两极向中间集中的趋势，一些过去采用政府管理型体制的国家，如前东欧集团、中国等，开始鼓励社会组织与政府共同管理体育。而一些过去采用社会管理型体制的国家如加拿大、韩国等，政府逐渐介入体育事务，并设立了体育管理机构，从而使其管理体制成为结合型体制。

（二）改革前我国的社会体育管理体制

改革前中国社会体育管理体制是"在党中央国务院直接领导下的政府领导机构和社会体育组织相结合的"的管理体制，是属于结合型的管理体制。然而在它的沿革过程中，一度发展成为相当典型的政府管理型体制。政府承担着举办、管理、发展社会体育事业的职能，所以社会体育发展的管理权力属于政府，这使得社会体育带有极强的行政和政治色彩，成了一种强制性的活动。这极大地抑制了社会体育多样性的发展和社会参与群众体育的积极性，造成群众体育社团极度的萎缩，阻塞了社会支持体育的渠道，极大地削弱了社会对体育的管理功能，影响了社会体育的自我完善和发展。这种管理体制的特点主要表现在以下方面：

1. 政府行使几乎全部管理职能

1949年，中华全国体育总会成立，当时它的任务是"协助政府组织领导并推进国民体育运动，为增进人民身体健康及为国防与生产服务"。在法律地位上，它是一个社会体育组织，但是体育总会可以行使部分政府行政权力，它所需的全部经费及事业费统由国家预算内开支，因而它实际上是一个半官方的体育组织。1952年成立的国家体委是国务院的下属部级政府机构。1956年，《中华人民共和国体育运动委员会章程》公布，它的总任务是负责统一领导和监督全国的体育事业，发展体育运动，以增强人民体质，培养人民勇敢、坚毅和集体主义精神，并向劳动人民进行共产主义教育和劳动卫国教育。同年，中华全国体育总会对章程进行了修改，其中关于总任务的条款改为"领导中华人民共和国的业余体育运动"，具体工作任务从八条减为三条，其中关于制订全国体育运动计划，制定体育制度与对策，负责国际体育事务等职能已不再存在，而只剩下宣传推广新的体育工作和组织竞赛。事实上，中华全国体育总会及后来成立的中国奥委会也并非继续行使它们的有限职权。中华全国体育总会和中国奥委会以及它们下属的各种运动协会实际上仅在名义上存在，体委所设的各主管业务的司、处取代了这些协会，并用它们的名义行使着体育业务管理职能。

2. 国家承担绝大部分经济义务

在这一时期，国家支付社会体育事业的绝大部分费用。国家不仅直接拨发经费，而且通过各种全民所有制企事业单位间接地支持着所有职工的体育活动。国家用这笔费用作为投资，通过社会体育增强人民体质。

3. 行政手段是主要管理手段

由于政府对社会体育事业发展承担着绝大部分义务，也掌握着几乎全部权利，因而在这一时期所有的社会体育行为大都是政府行为和政府行为的延伸。用行政命令管理社会体育即使不是唯一的，也是最重要的手段。

（三）我国现行社会体育管理体制

我国现行社会体育管理体制是处于由政府管理型体制向政府与社会结合型管理体制改革过程中的一个过渡类型。从层次上看，它包括宏观、中观和微观三个层次，其宏观和中观管理系统由社会体育政府管理系统和社会体育社会管理系统共同组成，它的微观管理系统由体育活动点、辅导站和俱乐部构成。

1. 政府管理系统

社会体育的政府管理系统由政府专门管理系统和政府非专门管理系统组成。

政府专门管理系统是由政府体育行政管理系统中各级社会体育管理机构组成，它是社会体育管理的主系统。国家体育总局群体司是社会体育的最高职能部门，它具有研究拟定社会体育工作的政策法规和发展规划；推行全民健身计划，监督国家体育锻炼标准实施，开展国民体质监测；指导和推动学校体育、农村体育、城市体育及其他社会体育的发展的职能。地方各级体育行政部门受上级体育行政部门在业务上的指导，同时受该级人民政府在人事、财务等方面的行政领导。政府部门社会体育管理系统的基层机构是县级体委，近年来，在政府机构改革中，一些县（市）体委已与教育、文化或卫生部门合并，但仍设专人负责体育工作。各级体育行政机构中都设置了主管社会体育的专门机构，并配备了一定的专、兼职社会体育干部。各级社会体育行政机构组织开展了大量各种项目的群众体育活动。

在政府其他部门中，有些部门还设有体育管理部门，如卫生部、民政部等，负责本系统的体育工作。

2. 社会管理系统

社会体育的社会管理系统由体育社会组织与其他社会组织组成。

我国现有社会体育组织主要有各单项运动协会、行业体育协会和各种人群体育协会三类。单项运动协会是为促进某一项目的发展而成立的社会团体。在我国，作为中华全国体育总会的团体会员，单项运动协会具有宣传和推动本项目群众性体育运动开展，促进体育社会化，举办各种比赛和体育活动的职责。目前，我国的绝大多数单项运动协会是国家体育行政部门所属的事业单位，它们在各自项目的业务管理上兼有部分行政职能，是半官方的体育组织。各行业体育协会是各行业体育工作的主管部门，也是中华全国体育总会的团体会员，我国的行业体育协会大多属于各行业直属事业单位。各行业体育工作由其主管部门负责，是社会体育改革和体育社会化的一项重要政策性措施。行业体协不仅具有较完善的组织系统和经验丰富的体育干部队伍，而且还具有雄厚的经济实力，较好的体育场地设施条件。通过行业体协组织领导本行业的体育工作，易于管理、协调，便于开展活动。因此是推动社会体育工作不可忽略的力量。各种人群体育协会是为了满足不同人口群体开展社会体育活动的需要而成立的体育社会组织，如老年人体育协会、农民体育协会等，它们在组织不同人群体育活动中也发挥着特有的作用。某些社会组织虽然不是专门的体育组织，但它们下设的体育部门如工会、共青团、妇联等都设有体育机构，负责组织职工、青年和妇女的体育活动。

3. 基层社会体育组织

基层社会体育组织可以分为公益性组织和经营性组织两类。公益性社会体育基层组织主要是指群众体育活动点，它是由具有共同体育兴趣或体育目的的人们自愿组织起来的松散的区域性体育组织。随着我国经济和社会的快速发展，"花钱买健康"的体育消费观念正在被越来越多的人所接受，体育消费成了新的热点，体育市场迅速扩大，各种经营性体育组织不断涌现，成为体育社会化、产业化的一种有效的实现形式，为广大人民群众参与体育活动提供了方便。

目前，我国基层社会体育的组织形式主要有以下几种：

（1）以街道办事处牵头建立的社会体育组织。主要包括街道体育协会、街道体育运动委员会、街道文体协调委员会。

（2）以大企业为"龙头"的社会体育组织。这种社会体育活动主要依靠地区内一些实力较强大的企业大力支持和各单位积极参与。

（3）"一条街"式的社会体育组织。多出现在城市的商业区，特点是参加的单位多而规模小。

（4）文化宫、文化馆、俱乐部。这三个机构都设立管理社会体育的组织并配有兼职或专职的干部，有一定的场地设施，可为开展社会体育活动提供场所。

（5）辅导站、辅导中心。这是在基层体育单位建立的体育技术辅导机构。

（6）文体站、文体中心、青年之家。

（7）锻炼小组。这是由一些志趣相投的锻炼者自发而成的组织。

（8）拳社、棋社、武馆。

（四）我国社会体育管理体制的发展趋势

目前我国社会体育管理体制正在向政府与社会结合型体制过渡，中国社会体育组织的力量虽然得到了一定的加强，但政府社会体育行政部门在社会体育管理中仍发挥着重要的作用。这种状况在现阶段中国体育社会团体发育尚不完善，自身运行机制尚未形成的情况下，具有一定的合理性。但从长远来看，大力发展体育社会团体，划清政企、政民界限，充分发挥体育社会组织在开展社会体育活动中的作用，形成社会化的社会体育组织网络，是中国社会体育改革和体育发展的历史必然要求。

【案例】适应小康社会的体育需求

什么叫社会体育？这的确是一个局外人难以从字面上理解的概念。

1994年8月8日，当时的国家体委出于体制改革的考虑，为加强群众体育工作的组织和管理，成立了一个全新的机构——社会体育指导中心。这是一个没有任何标准运作模式可以借鉴的新事物，一切都只能自己摸索。中心成立之初，其任务与原国家体委成立的其他运动项目管理中心大致相同，是十几个单项运动协会的常设办事机构。

如今，相继成立社体中心的省区市达到了24个。这些机构的名称叫社体管理中心或指导中心和活动中心，有的独立办公，有的与当地体育总会用一套人马，挂两块牌子，为的是便于招呼在体育总会门下的单项运动协会，而

体·育·管·理·学

124

且可以得到下拨经费。也有的几乎成了地方体育局群体处的附属。各地社体中心从几人到几十人不等，相差悬殊。尽管职责都是组织开展大众体育活动，但与总局社体中心的工作并不都对口，有的地方社体中心协助本地组队参加非奥运会项目的全国体育大会，有的张罗参加全国体育健身展示大会。于是，当这些社体中心负责人日前在广东南海会商发展大计的时候，免不了有人东拉，有人西扯，介绍的经验也不都具有普遍意义，倒是呼吁尽快理顺关系成了发言中的主要话题。

显然，体育管理体制的改革还不到位，圈子里的人们仍然习惯用奥运和非奥运、竞技和群体来区分体育项目的性质和参与体育活动的人群。在与时俱进的大旗下，社体中心能够专注地研讨如何动员和鼓励更多的人以自己喜爱的方式健身锻炼，并组织普及程度高、参与人数多、方式科学规范的项目进行培训和竞赛活动，实属难得。

总局社体中心管理的项目主要有体育舞蹈、健美、轮滑、拔河、龙舟、舞龙舞狮、大力士、信鸽、风筝、飞镖、门球、毽球、木球、健身秧歌等，都不是奥运会设项，大多也没有专业运动队。这些项目的形成和流传要么带着地域和社会特征，要么具有历史或时代印记。譬如，在南方水域周边生活的人群酷爱龙舟运动。广东省经济十强镇之一的南海市南庄镇，14万人拥有12座足球场、4座体育馆和135个灯光篮球场，每年投入700万元专项经费，体育活动搞得红红火火。可是，真正为老百姓喜闻乐见的是龙舟和醒狮。全镇有100多支龙舟队，镇上举行龙舟比赛时，几公里的河堤站满了看热闹的人群。

国家体育总局社体中心主任王筱麟认为，南海市龙舟队在外面拿了一次冠军，当地的男女老少都踊跃参与龙舟活动。这说明发展社会体育项目要有精品和龙头，高质量比赛的示范作用不可低估。各地和各项目协会要比一比，看谁能创造出货真价实的精品。湖南体育局社体中心主任王承江提出，社会体育活动应当首先立足于本地，吸引周边地区群众参加，通过交流和展示逐步推广。河南体育局社体中心主任张振中指出，现在，体育界都喜欢往圈子里面跑，而老百姓在圈子外面，搞社会体育必须往社会上跑。来自西部的青海体育局社体中心主任龙志远则说，经济欠发达省份开展社会体育，不一定非要参加全国比赛，把自己家里的活动搞得热热闹闹，同样是尽到了责任。众说纷纭，其实正反映出我国社会体育的现状和前景。逐渐富裕起来的人们需要体育，欠发达地区看到别人那里体育运动活跃的景象，自信"将来我们这里也会是这样"。

（引自汪大昭《适应小康社会的体育需求》，载《人民日报》，2002年12月6日）

讨论题：

1. 结合本文案例，思考你应该如何进一步理解社会体育，并尝试回答以下问题：社会体育参与的主体是谁？社会体育的发展目的是什么？社会体育发展的动力在哪里？什么才是真正的社会体育？

2. 你认为政府部门在社会体育发展中应起什么作用？社体中心的工作职责是什么？

第二节　社区体育管理

一、社区体育管理的概念与特点

（一）社区体育的概念

社区是进行一定的社会活动、具有某种互动关系和共同文化维系力的人类群体及其活动区域。社区体育则是指以社区居民为主要对象，社区开展的以社区自然环境和体育设施为物质基础，就地就近开展的以满足社区成员健身、娱乐等体育需求为主要目的的体育活动。

社区体育的目标主要包含两方面内容：一是增强社区居民的体质，提高居民的身体健康水平和生活质量，改善社区居民的生活方式，丰富生活及活动内容；二是通过社区体育活动产生互动，增进居民间的社区感情，提高社区的凝聚力。社区内的体育资源主要包括各级各类管理者及指导者、经费、场地设施、社区成员、社区体育组织等，社区体育管理要使有限的社区体育资源实现尽可能大的利用效益。社区体育管理要求社区体育管理组织和管理者通过对社区体育活动的计划、组织与控制等职能，使社区体育活动高效、和谐有序地运行。

（二）社区体育的特点

1. 区域性

由于社区体育是以社区为区域范围且就地就近开展的区域性体育活动，因而区域性是社区体育的根本特征。

2. 多样性

社区体育项目既有作为中华民族优秀文化遗产的多民族、民间的体育项目和健身养生方法，也有现代健美健身手段；既有正规的项目，又有非正规的项目；既有复杂的，也有简单的。大多数居民所选择的健身方式为太极拳、太极剑、木兰扇、导引养生功、健身球、秧歌、健美操、跳绳、踢毽子、游泳、快走、慢跑等。这些项目不受场地器材和人员多少的限制，老少皆宜。

3. 娱乐性

社区体育作为一种大众文化，集娱乐、健身、竞技、审美、刺激等功能于一身，其内容和形式多样化、趣味化，参加锻炼所选的内容以养生性、健身性、娱乐性为主。人们参加体育活动的目的或为强身健体，或为美形、美姿、美态、美化动作，或仅仅是为了娱乐，追求心情舒畅、精神愉悦。

4. 自主性

由于民族、性别、职业、年龄、文化程度、生活习惯、兴趣、爱好、体质、健康、个人需求、业余时间以及所处的地位、社会环境等差异，社区体育运动主要表现为针对个人体质、健康、需求、心情、兴趣、爱好和特长等具体情况，选择合适的内容与形式，在允许的时间与环境下自主进行锻炼。

5. 随意性

社区体育的对象极其复杂，活动形式多样，灵活分散在社区的每一个角落，难于集中统一。凡是有人群的地方，无论是在体育场馆、公园、绿地，还是在高山、草原、江河湖海，无论是在厂矿、机关，还是在街道、乡村，只要人们具有强烈的健身意识，就可以随意选择与之相适应的内容和形式进行锻炼。

二、社区体育管理的原则

（一）区域性原则

区域性是社区体育工作的显著特点之一。社区体育的参加者、组织者、体育资源等都在特定的区域内，它们既是构成社区存在的物质基础，又是人们活动和社区发展的制约条件。因此，进行社区体育管理时，一定要立足特定的区域，根据特定区域内居民的体育需求、场地设施、经费等情况确定体育目标，制订体育计划，开展体育活动。

（二）合作性原则

现阶段我国社区体育具有明显的过渡型特点，即具有单位体育与社区体育的双重特点，我们称之为区域性单位体育与居民体育的联合体。这种联合体无论是参与的主体、场地设施的共用、体育经费和体育骨干的来源，还是体育活动的组织等在短时间内都分不开，因此，合作性原则在社区体育管理中十分重要。社区体育的组织领导机构、街道社区体协与辖区各单位工会、体育协会之间需要互动并互相合作，这样，既能满足单位职工体育需求，减轻企事业单位负担，又能弥补社区体育资源不足的窘境。

（三）自主性原则

由于社区体育活动的主体是社区居民，因此，要充分发挥居民自主管理的积极性。另外，社区内的各种体育协会、活动小组等作为非行政性组织，具有自主性、松散性特点。这就要求在社区体育的管理中需要充分调动居民体育骨干的积极性，培养他们的组织能力和自治能力，依靠他们的力量自主地开展社区体育活动。而作为政府的行政力量则要在各方面对社区体育的自主性活动予以大力支持。

（四）因地制宜原则

目前，我国社区体育的场地设施条件普遍较差，各社区间的差异也很大。因此，在社区体育管理中坚持因地制宜原则就显得十分重要。如在社区体育场地设施的利用方面，因地制宜的做法主要有以下几种：充分利用辖区单位（机关学校企事业单位、部队等）已有的场地设施，充分利用辖区的公园、广场，充分利用辖区的江、河、湖岸及水域，将辖区的一切可利用的空地开辟成体育活动场地等。

（五）兼顾性原则

社区居民具有不同年龄、不同性别、不同健康状况、不同体育需求、不同体育基础、不同职业、不同工作时间、不同经济状况等多种情况，为了尽可能满足全体居民的体育需求，在社区体育管理中要力求做到兼顾大多数的需要。例如，寒暑假可以重点组织青少年的体育活动，日常活动中可以组织中、老年人的体育活动，周末可以组织在职人员的体育活动，节假日则可以组织各类人群参加综合性体育活动等。

（六）激励性原则

社区体育是人们自觉、自愿参加的活动，居民的体育兴趣及参与体育的积极性十分重要。因此，在社区体育管理中，要善于营造氛围激发人们的体育动机。如通过开展娱乐性、趣味性、竞争性较强的体育活动和体育竞赛，提高居民的体育兴趣；通过表彰、奖励体育优胜集体和个人、体育活动积极分子、树立体育典型等方式，可以激励和调动人们更加广泛、积极地参加体育活动。

三、社区体育管理的组织管理体系

（一）政府部门的宏观管理

社区体育管理的政府部门包括省（市、区）人民政府、体育部门、教育部门、民政部门、文化部门、城市规划部门等。各部门主要管理职责如下：

各级人民政府及其派出机构——街道办事处是社区体育的领导和管理部门。其主要职责则是：将社区体育工作纳入城市社会发展的总体规划，作为社区建设和社会主义精神文明建设的一项重要内容。有计划地发展社区体育，为居民参加体育健身活动创造良好的社会环境和物质条件。

国家体育总局群体司城市体育处及各省、市、区体育局群体处（科）是社区体育工作业务主管部门，其主要职责是按照国家的体育方针、政策支持和指导社区体育工作，制订社区体育的发展规划和工作计划以及各项管理制度。

民政部门的主要职责是根据城市管理中心街道办事处的管理、协调、指导、服务等职能作用，将开展社区体育作为街道办事处的一项工作职责，将社区体育作为社区建设的组成部分，统筹规划和评估，在政策上给予扶持。

城市规划部门的主要职责是按照国家对城市公共体育设施用地定额指标的规定，将居民住宅区的公共体育设施建设纳入城市总体规划和详细规划中，合理布局，统一安排。

文化部门的主要职责是在建设和发展社区文化的工作中，重视社区体育的开展。大力宣传体育健身对增强体质、丰富文化生活、提高生活质量等方面的意义和作用。教育部门的主要职责是鼓励和支持学校体育设施对社区居民开放，发挥学校体育教师、体育设施在开展社区体育活动中的积极作用。

(二) 街道社区体协的微观管理

街道社区体协（也称街道文体协会）是目前主要的社区体育组织形式，该组织形式在 20 世纪 80 年代中期出现。街道社区体协以街道辖区为区域范围，以基层政府派出机构——街道办事处为依托，由辖区各单位和下属各居（家）委会参与共同组成，采用理事会制度，机构附设在街道文教科、文化站或社区服务中心。它是一种街道辖区内的体育联合体。街道社区体协下设人群、项目体育协会、晨晚练活动站和居（家）委会体育小组等。街道社区体协的管理结构如图 7-2 所示。

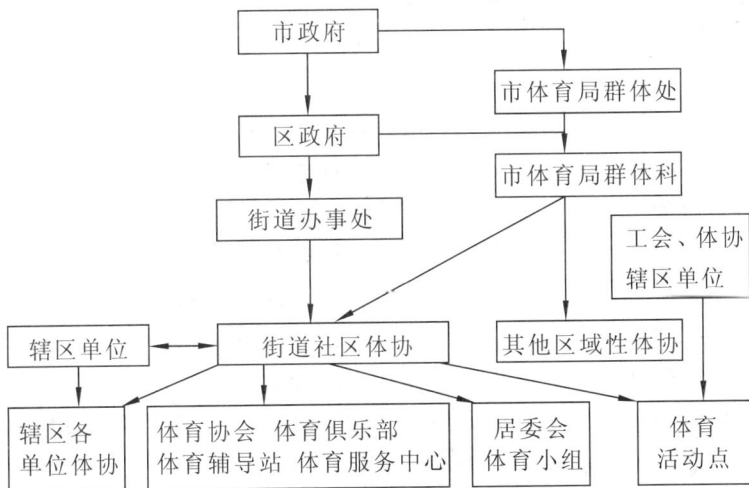

图 7-2　社区体育组织管理体系

由图 7-2 可见，我国城市社区体育以街道社区体协为主，其他区域性体协为辅，组织结构基层化特点十分明显。街道社区体协以街道办事处为依托，以辖区单位和居（家）委会为参加单位，共同组成了街道社区体协。街道社区体协属于上位管理型组织，体育协会、体育俱乐部、晨晚练活动站、体育辅导站、体育服务中心、辖区单位体协、居委会体育小组等组织是下位活动性组织。晨晚练活动点部分由街道社区体协管理，部分由市（区）工会、体协和辖区单位管理。辖区单位体协在接受本单位直接领导的同时，还接受街道社区体协的间接领导，这是现阶段社区体育与单位职工体育密不可分的具体表现。

四、社区体育管理的主要内容

（一）制订社区体育工作计划

社区体育的组织管理体系确立后，要根据社区的实际情况，制订社区体育的工作计划。制订社区体育的工作计划要进行广泛而深入的调查，全面了解社区体育的现状、需求、资源及影响社区体育发展的宏观环境因素，并对这些因素的未来发展进行预测，从而明确社区体育的发展目标以及为实现这些目标而采取的对策和措施。社区体育工作计划要与社区服务总体规划、市区体育发展规划相一致，要切合实际，注重可行性和科学性。

（二）建立完善的社区体育组织

开展社区体育，需要建立一套较为完善的组织体系。在组织机构上，应建立市区人民政府有关部门、街道体育组织、居委会体育组织和体育活动点四个层次的社区体育组织管理机构，由区政府牵头，以街道为主体，社区居委会为依托，体育活动站为基地，形成社区体育组织管理体系。

（三）开发社区体育资源

社区体育资源主要包括人力、财力和物力。社区体育管理机构应重点培养一批经过专门教育和培训，有一定组织能力和业务水平，热心为群众服务的社会体育指导员和社区体育骨干队伍。资金是开展社区体育的物质保证，除了政府的支持外，社区体育组织还应采取各种形式拓展社区体育资金的筹集途径，如辖区单位集资、赞助、缴纳会费或比赛报名费等，广泛动员社区各方面力量，解决社区体育的资金问题。体育场地设施是开展社区体育的重要条件，社区体育组织应与市、区体育部门和有关单位进行协调，充分利用辖区内的体育场馆设施，以保证群众体育锻炼和大型体育活动的开展。社区体育组织应有计划地建设社区的各种体育场地设施，如建立各种体育活动中心、辅导站等，同时要使用和管理好社区体育场地设施，使其发挥最大效能。

（四）组织社区体育活动

社区体育活动主要包括体育活动站组织的锻炼活动和经常性的竞赛两个部分。社区体育竞赛的组织与其他竞赛相比并无很大的区别，因此，社区体育活动的组织工作主要是加强体育活动站的管理。目前我国的社区体育活动站大部分属于自发产生的非正式组织，规模较小，便于参与，是组织和吸引社区居民参加体育活动的有效形式。但是由于自身性质、特点，体育活动站也存在一些问题并需要进一步加强管理，将其纳入到正式的社区体育组织体系中，以取得上级组织的指导帮助和支持。还要做好体育活动站中骨干分子的培训与管理，促使体育活动站健康发展。

（五）建立、健全社区体育管理的规章制度

社区体育管理的规范化要求按照一定的规划、方式、程序来进行管理，在社区体育组织体系中，各级管理机构要按照制定的规划实施管理，避免在实际运作过程中出现随意性行为。为此，社区体育协会、社区居委会等体育组织要制定对活动性组织进行管理的规则。市、区政府等行政组织管理部门不但要制定各种体育管理基层组织的规章制度，还要开展经常性的检查督促工作。

五、社区体育管理的基本方式

（一）处理好社区体育组织与行政机构的关系

目前我国社区体育组织以独立的民间性和半官半民性组织类型为主体，这类组织普遍存在着活动经费、场地、指导力量不足等方面的困难。因此，社区体育组织必须重视与当地政府行政机构的关系，依靠行政机构的支持及优惠政策，解决开展活动中遇到的自身难以解决的问题。可采用靠政府行政机构支持，聘请政府部门领导干部担任职务，与政府行政机构建立经常、稳定性联系等方式，形成与行政机构的良好关系。

（二）充分发挥驻区企、事业单位的作用

每一社区都有驻区的企、事业单位，它们在资金、设施和人力方面较社区更为雄厚，这是开展社区体育活动可借助的有利条件。社区体育组织应主动与驻区企、事业单位联系，做好宣传，得到它们的认同、理解和支持；吸纳企、事业职工参加社区体育活动；在活动中为企业进行广告宣传。

（三）增强居委会一级社区体育组织建设

居委会这一层次辖区范围较小，人口数量相对较少，与社区居民联系最直接，所以是最适合于开展社区体育活动的一级组织。而目前我国社区体育组织以街道为基本层次的情况较为普遍，使得社区体育组织管理"力矩"较长，力度不够。改变这种局面，需将社区体育组织适当"下沉"，加强居委会一级社区体育组织的建设，充分利用居委会熟悉情况、联系直接、易于组织的优势，组织开展群众性体育活动。

（四）通过多种途径筹集社区体育活动经费

组织开展社区体育的主要困难之一是活动经费不足，解决这一难题的思路是扩宽经费来源渠道。首先要增强自身造血功能，通过合法经营活动、有偿体育服务等手段获得活动经费；还可通过互利性活动，获得社区有关企、事业单位的赞助。此外，还可动员鼓励社区成员赞助，支持社区体育活动，同时积极争取政府行政部门给予一定的经费支持。

（五）以多种形式开展社区体育活动

社区体育组织可通过晨、晚锻炼点、辅导站来吸引居民参加体育活动。以楼群、家庭为单位组织社区体育竞赛；组成多种多样的运动队，参加社会上各种形式的比赛和表演活动。社区体育活动的内容和项目的选择要突出趣味性、健身性、休闲性和社交性。

（六）构建社区体育服务体系

从专业化服务角度，构建包括社区体育设施服务、组织服务、指导服务和信息服务、专门化服务在内的服务系统。并且将社区体育服务分为两个层次，即基本体育权益保障服务、社区体育照顾服务（对弱势群体开展的特别服务）。

（七）建立社区体育工作的奖励机制和约束机制

社区体育工作的义务性很强，为了调动社区体育工作者的积极性，必须建立相应的奖励制度。同时要将社区体育工作列入街道居委会的发展规划及其工作职责，通过建立社区体育管理的约束机制，保证和促进管理者为社区体育发展进行有效服务。

【案例】社区体育：金山的金字招牌

今日，金山的社区体育，已成为群众体育发展的新领地，山阳镇、朱泾镇等乡镇先后荣获了"全国体育明星乡镇"荣誉称号；2000 年金山区体委被国家体育总局授予"全民健身活动优秀组织奖"。撤县建区七年来，何以会在社区体育中找到突破口？这是随着社会的发展，社区的功能不断拓展的需要。

作为著名的上海化工区，城区中原有"企业人""石化人"逐步转化为"社区人"，人们健身意识日益增强，对健身的需求越来越强烈。体育健身活动已渗透到每个社会细胞——家庭。社区居民之间需要以体育为媒介的互联、互动和交往，社区体育便成了极好的载体。

第一步，构架起"社区体育"组织管理网络。六年的努力已形成了"条、块、片"的管理层次,"条"由区体育局牵头,会同规划、公安、城建等部门,对全区进行规划和宏观管理,再由乡镇、街道对本社区体育活动组织实施。"块"是以乡镇、街道为组织核心,吸纳14个镇、街道的机关、企业、部队、学校、居委会、村委会等共同建立管理网络。"片"即活跃在体育场馆、公园、绿地和各居民小区的健身站点,现已达到了300多个,参加健身站活动的居民达到8万人以上。如今,这里的社区体育正向农民、村镇延伸,健身苑点分批建到了农民家门口,为乡村社区体育的开展创造了良好环境。

第二步,做好"社区体育"骨干社会体育指导员的培训。区体育部门有计划地对专兼职体育管理干部及社会体育指导员进行培训,从1997年起,先后培训和审批了各等级的社会体育指导员459名,建立了9个国民体质监测站,培训了合格监测人员19名,以提高管理、技能传授等水平。

第三步,完善"社区体育"的法规体系。依据法规、制度,加强对社区体育的组织管理。这是一个社会系统工程,建立完善的社区法规体系,是开展社区体育的保障。金山区先后制定了《全民健身之家评比办法》《优秀全民健身苑、点评比办法》《优秀社会体育指导员评比办法》。每年在全区评选出10个优秀健身苑、点,30个健身之家,20个优秀社会体育指导员。与此同时,花大力气建设"社区体育"的基础设施,充分利用体育场、馆为居民健身服务。利用公园、绿地、广场等,开展健身活动。把学校、机关、厂矿和社会各类健身场所,纳入社区体育设施管理范畴,做到体育资源共享。发挥社区乡镇街道积极性,在辖区内开辟体育健身场所,修建社区文体中心,提供高标准的硬件设施。还与社区服务有机地结合,发挥社区中各自优势,促进了体育社会化发展的进程。

(引自《社区体育:金山的金字招牌》,搜狐体育 http://sports.sohu.com)

讨论题:

1. 结合本节的内容,试述金山区社区体育发展较好的原因。

2. 如果你是金山区社区体育管理的负责人,你将从其他的哪些方面来进一步巩固和发展社区体育?

第三节 职工体育管理

一、职工体育的特点与活动形式

(一)职工体育的一般特点

职工体育是社会体育的重要组成部分。从参加对象上看,主要是厂矿企业、事业机关等单位的职工;在时间特征上,表现为职工利用工余间歇和双休日、节假日开展体育锻炼；在空间特征上，表现为一般都是利用单位自有的场地设施条件或就地就近就便、因地制宜地进行体育活动；在项目特征上，表现为趣味性、娱乐性较强，健身作用和社会普及面较大、为职工喜闻乐见的体育项目；在作用特征上，比较突出地表现在能增进职工身体健康，降低因病缺勤率，提高工作积极性，增强本单位职工凝聚力，同时也能够在一定程度上提高单位知名度；在管理机构上，一般都有常设的管理机构（工会体协）负责组织管理。

（二）职工体育的活动形式

1. 个人锻炼

个人锻炼是指根据个人的特点而采用的一种锻炼形式，其优点是方法灵活，锻炼者往往根据个人的兴趣爱好、职业特点、工作时间、健康状况等灵活安排。从活动的内容、锻炼的时间、运动量安排等方面，都更能符合个人的实际需要。

2. 自发结合的锻炼小组

由于在锻炼内容、场所、时间和兴趣上比较接近而自发结合组成的锻炼方式就属于锻炼小组的形式，锻炼小组成员往往在固定时间自觉到约定运动场所进行锻炼。这种形式有很强的自发自愿性，是职工体育重要锻炼形式之一。

3. 有组织有领导的锻炼集体

主要是指单位体育组织、工会、城市社区体育组织开展的活动和运动队、辅导站、文化馆、俱乐部等组织的活动，这是职工进行体育活动的基本形式。它可以提高锻炼的科学性、计划性，使锻炼持之以恒，逐步提高。

二、我国职工体育的主要变化特征

（一）职工参与体育的主体意识不断增强

过去，职工的工作、生活、教育、就医，以及子女入托上学、就业安置等都是企业来负责安排。职工依附于企业，形成较强的单位意识。随着企业经营机制的转换、单位后勤工作的社会化，企业职工一切依附单位的观念意识受到严重的冲击，由此带来职工自身的主体意识增强和独立性的加强。

职工参与体育的主体意识、参与意识日益增强，精神需求日益增长，他们迫切需要通过体育活动来获得精神上、心理上的享受，通过体育活动来表现自我。

（二）职工体育管理手段的多元化

我国职工体育原有的体育组织多依托企业行政系统的力量进行组织和控制，职工体育的管理手段多体现出指令性特征，即体育活动多依托企业行政系统的力量进行组织和控制，如企业运动会、广播操、达标活动等。社会主义市场经济条件下，单位办体育的效用逐渐降低，使得过去仅靠单位提供的体育福利开始转由其他方式（如社区体育公益事业）来提供。另外，由于企业完善经营管理机制，如实行优化组合、定编、定岗、定员，使单位利用工作时间开展体育活动的可能性大大降低，职工体育向 8 小时以外转移，企业依靠行政手段组织体育活动的效用也大为减弱。这使得原有的管理手段受到了挑战，过去那种在计划经济基础上形成的行政管理手段显然已不再奏效。新形势下，营造良好锻炼氛围、改善锻炼环境等多种手段成为职工体育管理的重要举措。

（三）职工体育活动的内容与形式的多样化

原有职工体育模式的主要活动内容多从体质出发，以常规的集体性的广播操、竞技项目比赛和运动会为主。近几年来，职工对这些内容的兴趣下降，体育活动沿着健身、调心、益群等多种维度展开，并与其他文化形式结合，出现多样化的趋势，呈现出功、拳、操、舞、趣味项目等各种类别争奇斗艳的局面。活动内容的多样化，打破了职工体育行之已久的活动常规。在活动形式上，不再拘泥于单位的组织形式，职工自发以及参加各种社会组织举办活动的形式日益增多。

（四）职工体育组织体系的网络化

当前我国职工体育的开展逐渐打破由各企事业、行业独家经营和"条条块块"封闭分割的格局，开始朝横向方向发展，陆续出现了与其他企业、事业单位联合，或与社区体育交叉的新的网络化组织体系的趋势，并出现了较为稳定的职工体育组织形式，如以职工体育俱乐部为基础的社会体育组织、厂矿企业建立的基层职工体育组织等。

（五）职工体育经费来源的多元化

随着职工体育活动的广泛开展，体育经费来源正在向着多渠道拓展，并逐步形成单位行政拨款与财团集资、群众个人出资、社会募捐并存的多元化集资趋势。

三、职工体育管理的原则

（一）实际性原则

实际性原则要求"因人、因时、因地制宜"地开展职工体育工作，即在形式、内容和方法上要灵活机动，不拘泥于传统做法，不囿于条条框框。项目正规或非正规均可，场地不一定非要求合乎规格不可，规则也可随参加者水平高低作适当修改。因人制宜，是指根据不同年龄、职业及其习惯、爱好，开展与其相适应的活动；因时制宜，是指在体育活动的时间上的灵活性。早饭前、晚饭后和节假日的时间都可充分安排利用；因地制宜，是指除利用正规场地外，利用一切可能利用的空地和就近的自然地理条件来开展活动。

（二）业余自愿性原则

我国职工体育的原有的运行方式基本上是按劳取酬，体育组织多依托企业行政系统的力量进行组织和控制。现在由于企业完善经营管理机制，使企业依靠行政手段组织体育活动的效用大为减弱。因此，职工体育活动应坚持在业余开展，而不与生产争时间、争人员。要提高职工对体育运动的认识，启发其对体育的兴趣和自觉的行动，应力戒强迫命令和硬性组织，否则易引起逆反心理和抵触情绪。

（三）小型化原则

由于职工体育活动的业余化和活动内容的多样化，以前那种集中的、较大型的活动，越来越难以组织。由此出现的职工体育小型、分散、经常化的趋势，令许多职工群众自发的活动形式大量涌现。职工日常的体育活动规模不宜过大，小型则在人力、物力、时间上都简单省事得多，且应遵循就近就便的原则。形式和内容上力求多样化，主要是为了适应群众的不同兴趣和爱好，以便更广泛地调动职工群众参加体育活动的积极性。

（四）基层性原则

近年来，企、事业的管理体制改革以后，多实行经营承包制，这就使企、事业中的基层单位扩大了自主权。诸如开展体育活动所需要的时间、资金、人员组织调动、场地的修扩安排，基层单位都有权决定，这就大大方便了职工体育活动的开展。职工体育活动重点放在基层的优越性，最主要的是可以解决与生产的矛盾问题，这可使职工体育真正做到服从生产，服务于生产，也有利于更多的职工参与体育活动。这是由于基层领导层次少，领导与群众关系更直接、密切，信息容易沟通，工作简便。侧重基层可使企业上层的工会、体协摆脱掉不少烦琐的行政事务工作，有时间多做宏观调控和深入基层调查研究，以及在业务上对基层的帮助、指导工作。

（五）社会化原则

体育社会化是指打破以往体育由体委集中办的体制，变为国家办、社会办、集体办、个人办共存，以社会办为主的体制。职工体育既要发挥国家、群众团体的作用，又要根据社会的发展、群众的需要，发动职工自觉、自愿地参加体育活动。职工体育社会化，就是要调动各方面的积极性，发挥国家、集体、社会、个人的作用，形成社会关心体育、广大职工积极投身体育锻炼的局面。

四、职工体育的组织管理体系

（一）职工体育的政府管理部门

政府对职工体育的管理主要通过各部委体育主管部门和体育行政管理部门进行管理。职工体育属于社会体育的组成部分，要想取得顺利发展，必须紧紧依靠各级体委的领导。职工体育的开展计划，必须纳入体委社会工作整体计划之中，以使体委从宏观上进行调控。职工体育的组织实施，也必须取得体委的领导和具体指导，才能得到蓬勃发展。国家体育总局是国家政府的职能部门。总局作为国务院的体育行政主管部门，统一领导、协调、监督全国体育事业。国家体育总局群体司及各地体育局群体部门负责对单位体育的方针、政策、制度、规划的制定，运用宏观调控手段，在面向全民的基础上，加强对单位体育工作的指导、配合、协调，充分发挥各级工会对单位体育的组织领导作用，体现单位体育管理以工会为主。

（二）职工体育的社会管理部门

社会对职工体育的管理体系包括中华全国体育总会所属的行业体协和中华全国总工会及地方工会、共青团、妇联等群众组织。全国总工会管理职工体育工作的机构，1955 年 10 月以前，是全国总工会下设的宣传部。1955 年10 月建立了全国总工会体育部。1982 年 7 月，体育部与宣传部、教育部合并，改称为全国总工会宣教部，宣教部下设体育处。1992 年 9 月，为适应职工体育发展的需要，并使组织机构名称与工作内容相一致，改称全国总工会宣传教育文化体育部，下设体育处。各省、自治区、直辖市总工会管理职工体育机构，个别为体育部，绝大多数为宣传部。行业体协由各类单位按系统组成，自成体系，行业体协具有雄厚的经济实力，较完善的组织机构，较好的体育设施、经验丰富的体育干部队伍及较为完整的教育体系，通过行业体协组织领导本行业的体育工作，易于管理、协调，便于开展活动。因此，它是推动整个单位体育工作不可忽视的力量。

工会、体协系统管理职工体育的主要职责包括：研究、执行党和政府关于群众体育的各项政策和组织措施；制订所辖范围的职工体育工作计划，包括宣传发动、经费开支、干部配备、场地设施等，并定期检查落实；积极推行《中国成年人体质测试标准》《全国职工健身七项锻炼标准》和广播体操；组织运动代表队，培训裁判员、教练员；对优秀体育工作者、运动员、教练员、体育积极分子的先进事迹进行表彰和奖励。

（三）职工体育的基层体育组织

目前各厂矿、企业、事业、机关等基层单位普遍建立了从属工会领导的基层职工体育协会，具体负责本单位的职工体育工作。也有少数单位是在基层工会委员会中建立职工体育工作委员会或体育部，也有的建立文化体育工作委员会或文体部。基层群众体育组织一般是在体协领导下或指导下建立起来的，通常有基层体育协会、老年人体育协会、伤残人体育协会及各单项体育协会等。基层体协是群众自愿组成的业余群众体育团体，是中华全国体育总会的基层组织，具体负责本单位的职工体育工作。有少数单位是在基层工会委员会中建立职工体育工作委员会或体育部，也有的建立文化体育工作委员会或文体部。基层体协根据工作需要，设专人或一定机构分工负责日常工作，工会有一名主席或副主席分管体育工作。在车间、科、室设体协分会或体育委员，负责开展本部门的体育工作。随着我国市场经济体制改革的逐步深入，职工体育组织近些年出现了许多新的创造和发展，一些省区建立了职工体育协会、联合会和基金会，一些城市建立了片区联合的地区体协、街道体协，有的厂矿建立宿舍区的幢区体协，还出现了各种体育宣传部，这些组织的特点是：横向联系，结合经济，促进提高，推动普及。其中街道体育协会和体育宣传部使职工体育活动与城市居民的社会的群众性体育活动在组织上联系起来，与整个城市的精神文明建设联系起来，既有利于使厂矿机关职工的体育得到更广泛的支持，又有利于推动整个城市群众体育活动的开展。

五、职工体育管理的基本方式

（一）争取单位领导对职工体育的重视和支持

企、事业单位领导对职工体育的认识水平和态度，直接影响本单位职工体育的开展。只有领导充分认识和理解职工体育的功能、作用，认识到开展体育活动与单位主业之间的相互联系，才能对职工体育给予各方面的支持。许多职工体育先进单位的共同经验之一，就是领导重视体育，并能率先垂范，亲自参加体育活动。为此，职工体育管理部门应当经常主动地向领导宣传、汇报和请示体育工作，积极争取领导对职工体育工作的重视与支持。

（二）制订本单位职工体育工作计划

要使职工体育工作持续发展、形成传统，必须认真制订职工体育工作计划，并纳入企、事业单位整体发展规划之中。职工体育工作计划应包含组织机构，建立与完善有关规章制度，体育经费、场地设施的投入与建设，体育活动和竞赛组织，经常参加体育活动职工人数的增长等内容及其保障措施。

职工的体育行为受职工体育意识、体育价值观的影响，要使广大职工自觉积极地参加体育活动，应从他们的体育意识上下工夫。可采用板报、广播、电视、报纸、讲演、体育竞赛等方式大力宣传体育的作用，宣传体育锻炼积极分子的典型事迹，宣传科学锻炼的知识和方法等。通过宣传，营造出浓厚的体育氛围，鼓励、激励职工积极参与体育活动。

（三）建设体育场地设施

体育场地设施是搞好体育工作的必备的基本条件和物质基础，也是构建全民健身服务体系的基本保障。职工体育活动发动起来之后，首先就要求有活动场所和运动器材，各级主管部门要依法管理体育场地设施，保证全民设施建设和管理有法可依，有章可循。加大现有体育场地设施的开放力度，将自己所掌握的场地器材适当开放，为群众提供方便，提高运动场所和运动器材的使用率。

（四）发挥体育骨干作用

企、事业单位工会要注意发现、选拔、培养体育骨干，使之在职工体育活动中发挥支撑、带头、示范和组织作用，启发更多的职工参与体育活动。要不断培训辅导员，布置锻炼网点。布置锻炼网点，是深入开展职工体育活动的有效方法，也是培养辅导员的有力措施。一般可根据教练员力量、辅导员情况、当地和基层单位群众的爱好和传统、场地设备条件等来确定运动项目的锻炼点。

（五）组织丰富多彩的体育活动和竞赛

这是事业单位职工体育管理工作的主要内容和基本方式。开展职工体育活动要突出特色性、趣味性和健身性，可结合节假日开展体育活动。在节假日开展体育活动，具有不影响生产、丰富业余文化生活、便于扩大宣传和发动群众等优点。它是运用健康的体育活动去占领群众业余文化阵地，进行社会主义教育和推动精神文明建设的有力措施，也是新中国成立以来普遍采用的组织形式。

（六）建立职工体育评比检查制度

对下级各部门的群众体育工作进行评比检查，奖优罚劣，促进发展，是促进职工体育发展的一个有效措施。职工体育管理部门应当定期对下级各部门体育活动的开展情况进行检查和评比。对于成绩突出的车间、班组、科室给予物质或精神奖励，对于不响应、不参加体育活动的部门给予相应的处罚。

六、职工体育管理工作应处理好的几个关系

我国职工体育工作的方针是"以经济建设为中心，为社会主义物质文明和精神文明建设服务，为职工群众服务，面向基层、面向生产、面向广大职工"，它精练概括了职工体育工作的基本要求。职工体育管理工作在遵循"一个中心、两个服务、三个面向"的指导方针的同时，还要注意处理好以下三个关系：

（一）主业与职工体育的关系

市场经济条件下，企业的中心工作是抓生产、创效益，事业、机关单位

也都有各自的本职专业工作。强调职工体育重要，但不能喧宾夺主，冲击主业。在坚持职工体育长抓不懈的同时，还要根据生产任务或工作任务的轻重缓急，适当调整和安排体育活动。本职工作与体育活动从本质上不是对立的，但从时间分配上若协调不好就会出现矛盾，所以开展职工体育工作时一定要处理好两者的关系。

（二）经济效益与职工体育的关系

搞职工体育活动是要花钱的，一些单位的领导认为花钱搞体育不值得，还有的单位因经济效益不好，认为没有活动经费就搞不了体育。事实上，无论经济效益如何，职工体育都应坚持开展。因为职工体育虽不能直接创造经济效益，但可以激发职工的积极性、创造性，提高职工的健康水平，间接地提高劳动生产率。这对于无论是经济效益较好的单位，还是经济效益不好的单位，都显得尤为重要。

（三）工时制度与职工体育的关系

我国现在实行每周 5 天、每天 8 小时的工时制，这种时间因素是开展职工体育活动所必须考虑的。只有处理好工时制度与职工体育的关系，才能兼顾和协调好生产与体育的关系，利用双休日、节假日，适宜地安排小型、多样的体育活动，如广播操、工间操、乒乓球、羽毛球等。

【案例】享受体育是职工的权益，职工体育"当家人"谈

近年来，在职工体育的组织上，各个企业工会、体育协会不可谓不下工夫，但体育依旧是少数人的运动。一些地方职工体育呈现出"马鞍形"状态，中青年人的健康状况明显低于青少年和老年人。职工体育如何更好地发展下去？

职工体育何时不再难

职工体育"难"，难在哪呢？

缺时间。天津职工体协办公室主任张文起在接受记者采访时说，工人一般工作时间长，很累，因此组织活动就很难。另外各个企业状况不同，职工健身方面问题复杂。企业经济效益不好时，忙于生产，健身几乎不可能。特别是改制后的许多企业，舍不得在职工健身上投入，既不建设场馆，也不组织比赛，职工参与运动大都是自发的，有的人就是图一时新鲜和热闹，收不到实际效果。

意识差。中国建筑工程总公司副总经理刘锦章说，健身意识差是阻碍职工体育发展的一个重要方面。很多人年轻力壮，自认为身体很好，不用健身，只有生病的人才去健身，有些职工工作压力大，整天疲于工作，几乎没有时间和精力去健身。

缺技术。很多职工对如何正确使用健身器材一无所知，有些人以为健身就是跑跑步、打打拳、跳跳舞。工厂组织的运动会，基本上成为体育爱好者的舞台，绝大多数职工成为场外观众，有的甚至根本不关注场上的比赛，干脆以打扑克为乐。

农民工：被忽视的人群

农民工体育也是职工体育不可分割的一部分。很多企业的一线工人都是由农民工组成。这些被冠以"农民"的企业职工，为生计在城市的夹缝中求得生存和发展，但精神和文化体育生活却被远远地挡在城市之外。

每当有热闹的群众健身场面，很多农民工只是充当看客，却很少有人加入进去。目前，我国进城务工的农民已逾9000万，他们多为青壮年。因为生活单调，他们需要包括体育运动在内的娱乐活动；因为身体劳累，他们需要科学的健身指导。作为一个人数众多的群体，他们不应是全民健身中"被遗忘的角落"。

应该有个锻炼时间表

"每天锻炼一小时，健康生活一辈子"，职工的身体健康是企业凝聚团队意识、搞好生产的重要保障。目前企业在职工参与体育锻炼方面形式还比较单一，有的利用工前操、工间操小型多样的锻炼或竞赛活动，有的只是举办一些小型运动会等培养职工群体的健身意识。

为了保障职工的健身时间，很多企业还和职工生活紧密相连，保障职工在工余时间享受到体育锻炼。中国煤炭体协副主席陈建国说，为了调动职工的积极性，他们加大社区体育工作力度，依靠社区、街道成立各种形式的体育协会，加大场地设施建设，大力培养社会体育指导员。

因"企"制宜，让职工参与锻炼，一些外资和独资企业也有高招。天津摩托罗拉公司对每个员工的居住地进行登记，根据职工爱好，就近寻找合适的场馆，给员工发放健身卡。在湖南长沙经济技术开发区，因为大多数员工都居住在园区内，健身就成了大家业余生活的一部分。

体育锻炼也是职工的一项根本权益，因此，职工体育锻炼应该有一个时间表。

（引自《享受体育是职工的权益，职工体育"当家人"谈》，中华全国体育总会官方网站，http：//www.sport.org.cn）

讨论题：

1. 职工体育"难"，结合本节课的内容，你认为通过怎样的方法来解决这个"难"？

2. 你认为职工体育与职工本职工作之间是否存在着矛盾？应该怎样正确处理二者之间的关系？

3. 你认为如何加强"农民工"的体育管理？

第四节　农村体育管理

一、农村体育的概念

"农村体育"是一个以地域特点划分的概念，一般是指县及县以下广大农村所开展的体育活动。农村体育所涉及的内容包含有社会体育、学校体育，还有少部分竞技体育的成分。这里所阐述的农村体育主要是指其中属于社会体育的那部分。随着农村经济的发展，农民物质生活水平的不断提高，农民的精神需求也在不断增加，体育在农民生活中占据越来越重要的地位，对农村两个文明的建设起到推动作用。

二、农村体育的特点和活动形式

（一）农村体育的特点

农村体育是我国体育事业的一个重要组成部分，是农村文化建设的一个重要方面。按照我国习惯，县以下的体育工作，通称为农村体育工作。农村体育开展的如何不仅关系到广大农民群众的身心健康发展问题，而且也将直接关系到我国农村经济、文化建设和优秀体育后备人才培养的衔接问题。由于农民在生产方式、生活环境和生活习惯等方面与城市居民存在较大的差别，因此，我国农村体育表现出如下特点：

1. 锻炼时间带有明显的随意性和季节性

一般而言，农村体育的组织性相对较弱，且农民体育的开展易受生产活动、体育意识及观念、健身条件等的限制，因而农村体育的随意性较强。农村体育由于受生产活动的影响较大，因而具有明显的季节特点。在农忙季节的体育活动较少，或者至多是结合劳动和休息时候进行。只有在农闲季节或隆重节日，体育活动才具有广泛的社会性，也促使自发性体育活动延续和发展起来。

2. 活动形式的灵活多样性和内容的丰富性

在活动和组织形式上具有极大的灵活性。既可以个人为单位，亦可以群体为单位；既可由社会集团组织，亦可由参与者自由组织。就其身体锻炼的形式而言，更是丰富多彩，因人而异，因时因地制宜，没有统一的模式。同时，受经济及生活条件的制约，农民在选择体育锻炼时，大多选择经济实用且对锻炼者、场地条件等无特殊要求的项目，如拳、功、操等项目。

中国的农民体育具有悠久的历史。在一些地方和少数民族地区中，很早就有了武术、摔跤、马术、龙舟等民间体育活动。我国农民体育活动的内容十分丰富，所以在参加体育锻炼的过程中，广大农民可以根据自己的具体情况随意选择自己所喜欢的活动内容。农村开展的体育活动内容多带有浓厚的乡土气息，有明显的文化继承的特点，如五月端午南方农村中开展的龙舟竞渡，北方农村正月闹社火、舞龙、舞狮、踩高跷、扭秧歌等文化内涵深厚。

3. 体育活动较强的民俗性

在中华民族的历史长河中，经过洗刷、筛选、提炼，许多优秀体育项目一直流传到今天，具有鲜明的传统性，如新年的龙灯狮舞、端阳的龙舟竞渡、重阳的登山活动。有许多项目，被深深地打上地方烙印，南北东西各不相同，南方的农村喜赛龙舟，北方农村喜赛马。至于农村少数民族绚丽多彩的体育项目则更为突出，世界上像我国有几百种少数民族体育项目的国家十分少见，如叼羊、抢花炮、荡千秋、珍珠球、木球、射箭、摔跤等项目。

4. 体育开展的基础条件相对落后和活动场地的天然性

由于我国农村经济基础比较薄弱、发展不平衡，不少地区的体育场地、器材仍非常匮乏，农民参加体育活动既无人组织，又无处可去，致使文化体育等健康文明的生活方式没有进入到农民的生活中去。另外，我国广大农村的体育观念相对而言比较落后，把劳动与体育等同，认为劳动能代替体育的观念依然占据大部分农民的头脑。要使大多数农民能自觉地、科学地、有组织地开展健身活动，是摆在每一位体育工作者面前的一项十分艰巨的任务。

农村体育活动可利用田间地头、自家门口随处就地进行。天然的活动场地相对于城市大有优势，但标准的、固定的、人工建造的体育场地设施就比城市要少得多。

5. 参加对象的分散性和活动时间的不稳定性

农民居住大多以村落为单位，各村落和每家住户间一般相对较为分散，不像城市社区居民的居住那样稠密、集中。农民的暇余时间受劳动性质、劳作方式特殊性的影响而无一定的规律。农忙时几乎无闲暇而言，而农闲时整天都可以支配。所以参加体育活动的时间也很难固定不变。

（二）农村体育的活动形式

1. 个人和家庭体育

个人和家庭体育是近年来国内外都得到提倡的一种活动形式。这种活动形式不仅能够有效地利用每一个农村家庭的余暇时间，而且更能促进家庭成员之间的互相了解，保持家庭的和睦与康乐。

2. 村级锻炼小组的体育活动

这类活动一般多见于我国富裕乡镇的村落，它多是按照一定的计划安排活动，并能得到体育专业人员的指导，锻炼效果较好。另外一方面，村级锻炼小组活动的进行，还可以有组织地丰富农民的余暇文化生活，并能有效地促进社会的稳定。

3. 乡镇体育指导站的活动

随着我国农村体育的深入开展，在农村经济发达地区的体育先进乡镇中，参加体育锻炼的人数逐年增多，参加的活动内容和项目越来越丰富，并建立了一批体育活动与健身场地，有的还建立了与乡镇文化中心相并列的体育中心。在现有的乡镇体育指导站中，大致有以下三种管理模式：一种是在乡镇政府的直接领导下，从组织上、管理上、经济上完全脱离了乡、镇文化站的独立的事业机构和经济实体；另一种是在管理上、经济上已完全独立，有专职的干部和管理人员，但在组织上，乡镇政府仍委托文化站统一领导，通常由文化站长兼任体育指导站站长，配一名副站长专管；第三种形式是在乡、镇文化站内有专职体育干部和管理人员，行使体育指导站的一切职能，在文化站的统一领导管理下工作。

三、农村体育管理的目标与任务

当前，我国农村体育管理工作的主要目标是，普及群众性的体育活动，不断提高广大农民的身体素质和科学健身知识，为丰富农民的业余文化生活和推进农村两个文明建设发挥作用。我国农村体育管理的主要任务包括：提高对农村体育工作的认识，把发展体育事业纳入小康村镇建设的发展规划；加快建设适合农村特点、植根于农民群众之中的各种群众体育组织，形成农村健身组织体系；有规划、有目标地建设和改善体育场地设施，为农民提供体育健身的物质条件；培训以社会体育指导员为主体的农村体育骨干队伍，发挥他们在组织群众开展科学健身中的重要作用；积极推进农村体育的社会化进程，倡导社会团体和个人修建体育场所，设立健身辅导站等。

四、农村体育的组织管理体系

我国对农村体育的管理部门分为政府管理部门和社会管理部门。在管理形式上基本采取五级垂直管理模式：省体育局、市体育局、县文体局、乡（镇）文化站、社会体育团体（民间体育组织）。

（一）政府管理部门

我国《宪法》第89条第七款规定：国务院行使"领导和管理教育、科学、文化、卫生、体育和计划生育工作"的职权。中央和地方各级体委中都相应地设立下属的司、处、科，领导和管理体育健身活动。从行政系统来看，县一级政府体育主管部门，在农村体育管理中起到了重要的作用。我国县级体委组织职能主要有：县体委具有政府管理职能，并辖有业余体校、体育指导中心、体育场、馆等事业单位和实体。县体委依法对全县体育事业、体育产业发展进行监督、管理等。但在 20 世纪 90 年代中期进行的政府机构改革中，部分县级体委被撤销合并，这在一定程度上削弱了农村体育的组织管理力量。在我国县级体育机构改革中，出现了保留、合并和变更为事业单位等多种形式，有的仍称为县体委，有的改称为文体委（局）、教体委（局）、体育局、文化体育卫生局、社会发展局、文教体委、文教体卫委、文教体卫广播委等，名称有 40 多种。在原国家体委对全国 1095 个县级体育工作基本情况的调查中，其中，有 796 个县保留了县体委，占调查总数的 72.7%。

（二）社会管理部门

农村体育的社会管理部门主要包括管理农村体育工作的各级工会、共青团、妇联、体协等。成立于 1986 年的中国农民体育协会是农村体育的社会管理部门。中国农民体育协会建立以来，遵照"面向广大农村，广泛开展群众性体育活动，普及与提高相结合，以普及增强农民体质，促进农村两个文明建设发展"的方针，积极而稳妥地开展了各项工作，取得了明显的效果。农民体育民间组织指的是人民群众自发成立起来为了实现某种共同的体育目标的一类农民体育组织。主要包括基层体育指导站、体育健身点等。这类组织的基本职责是：根据规程筹募活动经费、发展会员、增加农村体育人口；为会员提供活动场地、器材和技术指导等；组织某些相关活动的比赛或集会等；积极发展与其他相关活动协会之间的联系等。

五、农村体育管理的基本方式

（一）争取有关领导的重视

各级体育主管部门应当明确农村体育在体育事业中的基础地位，各级人民政府体育、农业部门应当根据各自职责，贯彻国家有关体育和农村工作的法规及方针政策，做好农村体育的管理和组织工作。各县级体育领导机构都要从政治的高度、战略的高度认识农村体育工作的重要性。乡镇政府应把体育事业纳入乡镇经济和发展总体规划，经常研究体育工作，成立体育工作领导小组、农民体育协会以及老年人体协等，由乡镇主要负责同志参与领导；建立体育站（或体育办）等机构，配备体育专干，关心、支持、督促他们的工作。

（二）广泛调动各种社会力量开展农村体育

动员和发挥各行业、各系统和基层政权，工会、共青团、妇联和其他社会团体，各企业事业单位以及个人单独创办或与体育部门采用合资、合作等多种方式联合兴办各种形式的基层农村体育组织。以多种形式办体育努力促进城乡体育社会化，大力倡导社会团体和个人修建体育场所，自办小型竞赛和业余训练，设立健身辅导站，等等。

（三）健全农村体育组织

开展农村体育活动，必须首先建立、健全农村体育组织网络。要充分发挥农民体育协会、农民体育俱乐部、体育辅导站等基层体育组织的作用。有条件的县可以建立社会体育指导中心，乡镇、居委会可以建立体育指导站。县、乡镇、村和居民小区适时建立和发展体育健身点。社会体育指导中心、体育指导站、体育健身点应根据当地条件安排场地设施，制订工作计划，结合其他文化体育工作配备专兼职工作人员，安排一定的活动经费。县级体育主管部门和乡镇、居委会应当加强对社会体育指导中心、体育指导站和体育健身点的管理，为其开展工作创造条件。特别是要以乡镇文化站为中心，发挥其阵地作用，以农村体育积极分子（复员退伍军人；高、初中毕业回乡青年）为骨干力量，推动农村体育发展。

（四）创造和提供群众健身的必要的物质条件

为了促进农村体育的发展，必须首先为广大农民群众提供和创造必要的物质条件。各级人民政府和体育部门应逐步加大对体育的投入，并采取有效措施解决好现有体育场地向社会开放的问题。有条件的县（市、区）可逐步兴建"两场（400米田径场和带看台的灯光球场）、一池（标准游泳池）、一房（篮排球训练房）"；条件比较好的县（市、区），还可兴建小型体育馆和其他场地设施，争取做到能承办省级甚至全国级的单项比赛；乡、镇应建一场（篮排球场或田径场）、一室（小训练房或40平方米以上的乒乓球室），学校、厂矿、企事业单位和行政村，也应有简易的体育场地。

（五）发展骨干力量

农村体育的骨干力量主要来自于两个方面，一是农村学校的学校体育；二是乡镇企业的职工体育。发展农村学校体育工作，首先要抓好乡镇规模较大的中、小学学校体育工作，同时也要关心条件较差的村级小学学校体育工作的开展。要建立县级学校体育教研中心（或委员会），定期进行教学研究和体育教师的进修培训等活动。要认真执行中小学体育工作的规定，努力提高教学质量，有计划地推行《国家体育锻炼标准》和《学生体育合格标准》。建立学校运动队，积极开展业余训练；组织好体育竞赛，提高学生的运动技术水平。建立学生身体形态和体能档案。全面增强学生各项身体素质，乡镇小学要帮助村级小学开展体育活动，在竞赛、场地建设、技术等方面给予指导。

县直机关和厂矿、企事业单位，应将体育列入精神文明建设的重要内容。要有必要的体育活动场所。建立和健全行业和基层体育协会。各行业和百人以上的基层单位，应有体育工作计划和总结，应建立业余运动队，广泛开展工间操和业余体育活动。把节假日和周末的体育竞赛逐步形成制度。要建立各种各样的健身辅导站，重视和加强职工体育队伍建设。

（六）组织开展社会体育活动

在组织农民参加体育活动时，要侧重于趣味性、健身性、休闲性、社交性。同时还要注意选择地方特色浓郁、民间传统突出的项目，以适应农民的需求特点。要正确引导并大力提倡乡镇体育以特色项目为龙头带动其他项目发展的路子。只有抓住特色项目，依靠乡镇广大农民在特色项目上的兴趣爱好，才能在乡镇掀起体育活动的热潮，并借此提高农民的体育意识，使体育发展为经济建设服务，使乡镇走向全国，走向世界。

（七）加强农村体育工作的检查评估

"争创体育先进县"活动是 1985 年经国务院批准，在广大农村开展的每两年一次的评选活动，农村体育管理部门要组织"全国体育先进县"的评选。农村参加评选活动，可以使体育工作者有明确的努力方向和奋斗目标，进一步调动和激发他们做农村体育工作的积极性。同时，还要对基层农村体育的开展情况进行检查和评估，发现存在的问题，并做到及时解决，促使农村体育的发展。

【案例】农村体育，仅舍得花钱还不够

随着农村经济的发展与农民生活的日益提高，农民在体育方面也越来越舍得花钱。再加上今年是国家体育总局确定的"农村体育年"。许多富裕农村的体育投入形成了一个前所未有的高潮。就拿我们山西省原平市来说，几个富裕农村都相继拿出几万或十几万元，投资建起了健身场地、运动场所。那崭新的体育器械，平坦的健身场地，比起城市的体育设施来，毫不逊色。但据山西省原平市消费者协会调查，这些花大价钱建起来的体育设施，在使用上却并不都是那样科学、合理。具体表现在以下几个方面：

首先是不让使用。为了爱护这些体育设施，一些农村做了严格的规定，就是小孩不让用，老人不让用，外村人不让用，甚至规定了体育设施的开放使用时间，造成想通过体育设施锻炼的农民不能随时去锻炼，在一定意义上降低了体育设施的使用价值。

其次是不会使用。健身器材安装在体育场地以后，尽管也吸引了不少农民，但是真正会通过体育器械来锻炼身体的，并没有几人，多数农民只是一种"玩玩"心理，通过体育器械玩耍罢了。所以，很难达到科学锻炼身体的目的。

最后是不敢使用。从调查的情况来看，体育器械安装后，有相当一部分村民不敢去使用，生怕在锻炼的过程中摔伤、碰伤，得不偿失。还有不少乡村干部，总以为在"农村体育年"中投资建成了体育场地，并且花钱购置安装了体育器械，就办成了一件大事。至于安装以后，如何管理、如何使用，考虑得并不多，以至于一些农村的体育设施成了"摆设"。

花钱建体育场地，安装体育设施，目的是为了让农民锻炼身体，提高农民的健康水平。因此，对于农村中所建设安装的体育设施，首先要加强管理，共同爱护，并制定管理规则，张榜公布，让大家都来爱护。其次要科学使用，除了把每件体育器械的运动功能与运动方法告诉农民外，必要时，还可以从城里请教练来辅导，让农民会科学地进行锻炼。最后是可以组织交流、比赛，培养自己的"土教练"，通过比赛吸引更多的农民前来参与。

总之，购买、安装体育设施是手段，而让农民锻炼身体，提高农民整体健康水平才是目的。一定要充分用好、用活现有的体育设施，让农民从中真正得到实惠。

（引自曹申义，刘林青《农村体育仅舍得花钱还不够》，http：//sports.sina.com.cn）

讨论题：

1. 您认为上述案例反映出农村体育管理中的哪些实际问题？

2. 除了材料中的解决办法，你还能想到哪些方法以充分用好、用活现有的体育设施？

第五节　社会体育管理评估

一、社会体育管理评估的基本内容

社会体育管理评估的目的旨在通过探索建立起一个能够反映社会体育发展程度的指标体系，以使管理部门能比较全面、准确地了解社会体育的发展状态和变化趋势，客观、全面地评价社会体育的管理工作绩效，以利于体育行政部门对社会体育工作实施目标管理，以利于调动广大群众参与的积极性，从而进一步推动社会体育的发展。

社会体育是一项具有典型投入产出性质的事业，因而社会体育的管理工作可从社会体育的投入与产出角度分别进行评估，还可从不同局部对社会体育管理工作进行评估。如从社会体育投入角度进行评估，一般要包括社会体育的组织管理的"投入"保证，具体包括社会体育的组织管理机构的设置、组织规章制度的设置、人员分工的状况、社会体育的发展规划、领导者的重视程度等基本内容。同时还要包括开展社会体育工作的基本资源的投入保证，具体包括体育经费、场地设施、社会体育指导员、体育宣传、体育科研、体育政策法规等。社会体育的产出是进行评估的一个重要内容，一般要包括体育人口的数量、经常参加体育锻炼的人数、国民体质发展水平、体育意识及消费状况等。

二、社会体育管理评估的指标体系

根据国家有关社会体育的政策法规及条例，借鉴文献资料中有关社会体育工作的评估办法，肖林鹏博士建立了一套社会体育管理工作综合评估的指标体系供参考（表7-1）。该评估指标体系共有两个层次，第一层次包括3个指标；第二层次包括18个指标。需要指出的是，由于我国社会体育涉及的领域及层面较广，不同领域、层面的社会体育工作往往各具其特殊性及复杂性。因此，表7-1指标体系的指标内容及权重的确立是综合各项因素而定的，仅供参考。在实际应用中，有些二级指标还应根据不同领域社会体育管理的具体特点设计更为具体的评估指标体系（三级指标）。

表 7-1　社会体育管理综合评估指标体系示例

序号	一级指标	权重	二级指标	权重	得分	小计分	合计分
一	社会体育组织管理	0.30	社会体育组织机构设置	0.2			
			社会体育规章制度	0.2			
			社会体育发展规划	0.2			
			领导重视程度	0.2			
			人员分工	0.2			
二	社会体育资源	0.40	体育经费	0.15			
			体育场地设施	0.2			
			社会体育指导员	0.15			
			社会体育活动	0.1			
			社会体育组织	0.15			
			体育宣传	0.05			
			体育政策法规	0.05			
			社会体育科学研究	0.15			

序号	一级指标	权重	二级指标	权重	得分	小计分	合计分
三	国民体质与健康	0.30	体育人口	0.2			
			经常参加体育锻炼的人数	0.2			
			国民体质发展水平	0.3			
			体育意识	0.2			
			体育消费	0.1			

（引自肖林鹏主编《现代体育管理》，北京：北京体育大学出版社，2005 年）

【案例】社体工作，两个效益都要抓

就如何把握新时期社会体育工作的正确导向、加强对社会体育活动的管理以及如何处理好社会效益与经济关系等问题，来自全国各省市的社体中心主任展开了热烈地分组讨论。大家一致认为社会体育工作一定要围绕本次全国群体会议的精神，首先加强前置理论的研究，才能更加有力地配合全国群众体育工作的开展。

回顾近年来全国社会体育工作，大家认为从 1994 年国家体育总局社会体育指导中心组建以来，全国各省市各级社体中心的成立，是适应社会主义市场经济发展、深化体育管理体制改革的重要举措。在管办分离的进程中，各级社体中心开始承担起一些原由体育局行使的职能，正在积极探索依托社会、面向市场的发展之路，在拓展传统体育项目、丰富群众体育活动、加强群众体育协会组织建设以及培训社会体育骨干队伍等方面发挥了不可替代的作用。其中北京、上海、河南、陕西等地在社会体育贴近群众、走向市场方面都进行了有益的探索。

在交流讨论中，各地社体中心主任在介绍各自开展社体工作的有益经验和体会的同时，也谈到了自身工作所存在的疑问和困惑。其中，重庆市社体中心主任艾工权指出，目前在群体和社体工作之间存在着职责不明、任务不清的问题，现有社会体育指导员等级制度还需进一步完善、各地方社体中心与国家体育总局社体中心还需加强配合、理顺运行机制等问题；河南省社体中心主任张振中则认为体育从业人员的资格认证制度及项目经营的行业标准亟须出台，必须尽快建立起社会体育方面的法规体系，才能更好地保证事业发展的正确导向，保证社会效益与经济效益并举。对此，国家体育总局社体中心有关负责人表示，针对目前社体工作存在的问题、尤其是会议中与会议代表强调迫切需要解决的问题，包括以什么方式来加强对社会体育工作的管理和指导、以什么标准来衡量社会体育工作的好与坏，首先要加强理论建设，推进法制完善，才能在管理体制和运行机制上形成全国一体、省市联动，因此，加强这两个方面工作的建设也是当前的重点。

（引自别卫青，马艺华《社体工作，两个效益都要抓》，载《中国体育报》，2003 年 12 月 12 日）

讨论题：

1. 你认为社体工作中社会效益与经济效益的关系是怎样的？社体工作的经济效益是如何体现的？

2. 经济效益与社会效益是否可以作为衡量社体工作的尺度？为什么？

本 章 小 结

1. 社会体育管理是指为推动社会体育的发展，对与开展各种社会体育活动有关的因素和资源（人、财、物、信息、时间等）进行计划、组织、控制、协调、指导等，以期达到社会体育总体目标的综合活动。社会体育管理要求以指导性计划为主、以宣传教育为主、依法管理为主、辅助支持为主。

2. 社区体育管理要遵循区域性、合作性、自主性和因地制宜等原则，社区体育管理的主要内容包括制订社区体育工作计划、建立完善的社区体育组织、开发社区体育资源、组织社区体育活动和建立健全社区体育管理的规章制度。

3. 职工体育管理要遵循实际性、业余自愿性、小型化、基层性和社会化等原则，职工体育管理工作要处理好职工体育与主业的关系、职工体育与经济效益的关系、职工体育与工时制度的关系。

4. 农村体育管理的基本方式主要有争取有关领导的重视、广泛调动各种社会力量开展农村体育、健全农村体育组织、创造和提供群众健身的必要的物质条件、发展骨干力量、组织开展社会体育活动、加强农村体育工作的检查评估等。

5. 社会体育管理评估的内容，一般要包括体育人口的数量、经常参加体育锻炼的人数、国民体质发展水平、体育意识及消费状况等。

>>> 思考题

1. 社会体育管理工作的基本特点与要求是什么？
2. 社会体育管理的基本内容有哪些？
3. 社区体育管理的基本方式有哪些？
4. 如何搞好职工体育管理工作？
5. 如何搞好农村体育管理工作？

第八章　竞技体育管理

本章要点

1. 阐述运动训练管理的概念和运动训练管理体制，分别论述运动队管理、运动训练科研管理和运动训练经费管理的内容和方法，阐述运动训练管理评估体系

2. 论述运动竞赛管理体制、运动竞赛计划，阐述运动竞赛的过程管理、效益以及运动竞赛管理的评估指标体系

第一节　运动训练管理

一、运动训练管理的概念

运动训练是指运动员为了夺取专项运动最高成绩所做准备的全过程。这个过程除包括运动员的专项身体、技术、心理、恢复训练和道德意志品质的培养之外，还包括运动员文化科学知识的学习、生活作息制度，以及营养、卫生医务监督等。运动训练管理旨在遵循运动训练的客观规律，紧密围绕运动训练的过程，不断改进运动训练的组织方法和工作方法，为提高运动训练水平服务。

运动训练的本质是通过对运动员在生物学、社会学、心理学等方面进行改造，以适应高水平竞技需要的过程。所以，运动训练的目标就在于通过对运动员在生物学、社会学、心理学等方面的有效改造，促使其竞技能力不断提高，从而适应现代竞技体育高水平竞争的需要。所谓运动训练管理就是运动训练系统的管理者通过一定方式调控资源，实现运动训练目标的活动。根据现代管理的基本原理，结合运动训练管理的特点，一个完整的运动训练管理系统主要由管理者、管理对象和信息三大要素组成。

（一）运动训练的管理者

运动训练的管理者主要包括各级行政干部以及教练员，运动员有时也会成为自身的管理者。在运动训练过程中，教练员担负着培养运动员的重要任

务，他们是培养人才的人才，努力建设一支具有高水平的教练员队伍，是加强运动训练管理的一个重要环节。随着现代运动训练逐渐向科学化发展的加深、加强，对运动员的文化教育、科学指导、医务监督以及物质技术保障的要求逐渐提高，这就客观上要求运动训练的内容向深度和广度扩展，就必须依靠有关科研人员、领队、文化教员、医师及其他人员的密切配合。运动员对自身的管理也成为训练中的关键因素，由此形成现代运动训练的管理队伍。

（二）运动训练的管理对象

从广义而言运动训练的管理对象包括运动训练管理系统中所包含的人员、经费、场地设施、仪器器材以及训练体制、机制等，决策对运动项目的管理也是一个不可忽视的重要内容。如果从运动训练管理最直接、最基本的作用目标来看，运动员是最主要的管理对象，因为运动训练及其管理的一切效果最终都要通过运动员反映出来。

（三）信息

信息是运动训练管理系统中沟通内外环境的联系。它既是管理对象的内容之一，又是不可缺少的管理手段。从哲学角度看，事物（系统）间的一切联系和相互作用都可概括为信息。运动训练管理系统的目标和发展受外信息作用的影响，而运动训练管理的机制运行要取决于内信息的畅通。

二、运动训练管理体制

（一）运动训练管理体制的基本类型

运动训练管理体制是运动训练管理的机构设置、权限划分及管理制度等的总称。运动训练体制的建立以及是否健全与科学化程度如何对运动训练的效果有着直接的影响。世界各国根据各自的国情建立了具有不同特点的运动训练管理体制，按不同的分类标准，我们可以将其划分为以下几种类型：

1. 按层次结构划分

按层次结构划分，运动训练管理体制一般包含彼此密切联系的若干层次。如苏联运动训练管理体制就包括三个层次：少年儿童体育学校、奥林匹克后备力量专项体校和运动寄宿学校。体育运动学校为初级形式；高级运动技术学校和奥林匹克专项训练中心为中级形式；国家代表队为高级形式。美国运动训练管理体制也可划分为中学生代表队、大学生代表队和国家集训队三个层次。此外，日本、德国的训练管理体制则划分为四级。

2. 按训练性质划分

（1）以专业训练为主的训练管理体制。实行这种训练体制的国家，其训练经费、训练场地、设施建设等均以国家拨款为主，教练员由国家统一安排，训练与科研一般结合较好，能有效、较快地培养出高水平运动员，运动后备人才输送率也较高。但这种体制需要国家比较多的投资，运动员的文化学习也不大好安排，从而不利于运动员的全面发展和优秀运动员退役后的工作安置。

（2）以业余训练为主的训练管理体制。实行这种体制的国家，其训练经费、训练场地设施等，主要来源于社会资助。教练员一般由运动俱乐部或体育学校聘请，并提供相应经费，运动员则自付学费。在这种体制中，运动员的文化教育基本上能够得到保障，因而有利于运动员的全面成长，国家也无须更多的投资。但是，其科研与训练的结合较为困难，加之各方面竞争较激烈，难以完全满足高水平竞技体育训练的发展需要。如美国和西欧等市场经济较发达国家的运动训练。

（3）以职业训练为主的训练管理体制。这种体制是市场经济和社会分工不断完善的产物，其实质就是遵循市场经济和体育运动发展规律来经营体育，从而使体育运动所创造的价值得以充分实现。这种体制目前主要限于一些具有较广泛群众基础、观赏性较强、经济效益较显著的体育项目，如足球、篮球等。

（4）综合型的训练管理体制。综合型管理体制既不把运动训练管理权限过分集中在政府，也不完全放任于社会、体育组织，而是把管理体制建立在政府机构与社会组织相结合的基础上。其主要体现是政府机构主要进行宏观控制、规划目标、制定方针政策、发挥协调和监督的职能。而社会体育组织在政府的统一控制下，重点对训练过程进行管理。它相对集中了前面所述几种体制的优点，从发展趋势看，综合型体制相对具有更多的优点，更有利于运动技术水平的提高，它代表着世界运动训练管理体制改革发展的基本方向。

（二）我国运动训练管理体制

1. 我国运动训练管理体制的基本结构

我国现行的运动训练管理体制是依据"思想一盘棋、组织一条龙、训练一贯制"的指导思想所建立的三级训练体制（图 8-1）。这种三级训练体制，在纵向与横向上已经基本上形成了一定的立体网络。

在纵向层次上，它可划分为三级：

（1）高级训练形式。指国家集训队和各省、直辖市、自治区、解放军与各行业的优秀运动队。它们作为我国竞技体育的一线队伍，担负着培养优秀运动员、攀登世界体育运动技术水平高峰的任务。

（2）中级训练形式。指省（自治区、直辖市）体育运动学校、体育院校附属竞技体校和各类青少年业余体校等。它们是我国竞技体育的二线队伍，其主要任务是培养和输送优秀运动员后备力量，同时也为社会培养中等体育

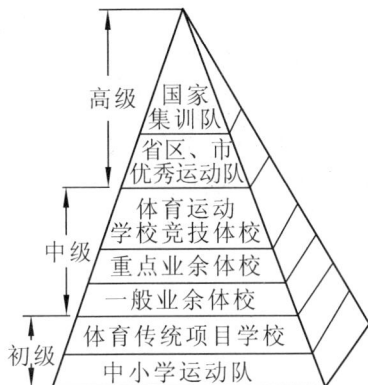

图 8-1　我国现行运动训练管理体制模型

（引自孙汉超，秦椿林主编《体育管理学》，1999 年）

专业人才。

（3）初级训练形式。指遍布全国城乡的体育传统项目学校和中小学运动队。它们的主要任务是对在体育方面有培养前途的中小学生进行系统的课余训练，打好基础，并将有发展前途的优秀运动员后备人才推荐给业余体校或上一级训练单位。

在横向层次上，它又可划分为以下部分：

（1）专业训练体系。它包括国家集训队、省级（包括解放军、各行业）优秀运动队两个方面。随着竞技体育的社会化，省级运动队已逐步在向行业体协和大型企业扩展，部分有条件的高校也在试办这类运动队（如国家体育总局直属体育院校、附属竞技体校中所设优秀运动队等），以拓宽我国培养高水平运动员的途径。

（2）业余训练体系。它包括我国三级训练网中的中级和初级两种训练形式，这是我国运动训练管理体制中极为重要的基础环节。在具体组织实施时又可以根据需要将业余训练体系再进一步细化，将其划分为若干层次。

（3）职业训练体系。主要是指一些实行职业化运作的俱乐部等实体的训练形式。随着 20 世纪 90 年代以来我国部分运动项目的职业化改革，我国已有部分项目逐渐走上了职业化发展的道路，随之职业化运动训练体系逐步建立。

2. 现行运动训练管理体制的特征

我国现行的三级训练网是一个基础大、顶上尖、层层衔接，呈"塔形"的训练管理体制。它主要具有如下特征：

（1）便于体现国家意志。在现有的条件下，将有限的人力、物力和财力集中起来，保证重点投入，为部分肩负重大使命的运动员或重点运动项目提供更好的训练条件。

（2）由于该体制层次分明，逐级升级，对运动员有很强的激励作用，能激发运动员的进取心理，致力于不断提高自己的运动成绩。

（3）可以与中小学保持有机的联系，取得学校的支持，以利于挑选更多的后备运动人才，同时也能促进中小学体育的发展。

（4）现行运动训练管理体制是一种过渡型的体制类型。从其发展趋势看，以国家行政力量为主导建立起来的三级训练网将发生分化，多元化的运动训练管理体制将逐步建立。

三、运动队管理

运动队由不同的人员组合而成，主要包括领队、教练员、运动员，以及队医、科研人员和后勤保障人员等。其中，运动队最基本的人员就是教练员与运动员，其他成员依运动队的规模及所具备的条件而设。

（一）运动队管理的主要任务

1. 设立运动队的训练目标

用科学的预测和决策，制定不同发展时期的目标和计划，并且为实现这些目标和计划奠定良好的认识基础。

2. 组织制订并实施训练计划

运动成绩目标确定后，需要由教练员、运动员及科研人员等有关人员提出达到这一目标的训练计划，而科学地组织实施计划、保证训练计划顺利实施是运动队管理的重要工作。实施训练计划过程中，将会遇到许多非训练的问题，均需要通过科学的管理逐一解决。

3. 完善内部管理机制

不断完善队伍内部的管理机制，合理地组织、分配和使用人力、财力、物力，充分地发挥它们的作用，协调全队的各项工作，并为完成这些工作提供和创造必要的条件。

4. 调动各方面的积极因素

全面系统地运用管理机制的各种方法、技术和手段，合理有效地发挥每位工作人员的作用，调动一切积极因素，保证各项工作能高效率顺利进行。激发运动队所有人员的积极性是运动队管理的关键工作，必须在管理过程中强调管理对象的自觉性，激发他们自我实现的精神。

5. 促使新的科技成果运用于训练实践

积极运用各项科技新成果，使之与运动训练有机地结合起来，为运动员竞技水平的提高提供有力的科技支持。

6. 处理好运动队与外部环境的关系

运动队的建设与发展与运动队外部环境有极大的关系，外部影响往往在运动队内部产生相应的反响，处理不当则将严重影响运动队的正常工作，尤其是在市场经济体制下，这种影响更为强烈。因此，运动队管理工作中必须认真处理好与外部环境之间的联系。

（二）教练员的管理

教练员是运动训练的直接组织者和设计者，同时也是运动员的教育者和指导者。因此，建设一支高水平的教练员队伍，是加强运动训练管理的一个重要环节。我国竞技体育教练员职务名称为三级教练、二级教练、一级教练、高级教练、国家级教练。三级、二级教练为初级职务，一级教练为中级职务，高级、国家级教练为高级职务。

1. 教练员在运动队管理中的地位和作用

（1）教练员是运动队管理工作的重要决策者。运动队管理工作的主要任务就是搞好训练，而教练员是训练过程的主要设计者，是训练活动的主要组织者，也是训练管理工作的重要决策者。教练员对训练工作的发展方向、某一时间阶段内的工作内容和完成总任务的具体对象都应提出方案，并与领队等运动队中的其他成员密切配合，通力合作，带领运动队完成好训练任务。

（2）教练员是运动队管理链中的信息沟通者。教练员在运动队中对训练工作最具发言权，因此，他应该时刻掌握本项目运动训练发展的最新动态和与本运动队有关的其他运动队的信息，并及时向领队和其他管理人员通报信息。教练员平时与运动员接触时间最长，最了解运动员的身体、生活和思想情况，因此，教练员应及时、全面地向领队等管理人员提供运动员的情况，有助于他们更好地组织全队的管理工作。

（3）教练员是运动队人际关系的协调者。运动队要完成训练工作任务，取得优异的成绩，关键在于调动运动员的积极性。由于种种原因，运动员之间会产生许多矛盾。在执行运动队制定的许多规章制度时，队内的各种成员之间也可能产生一些矛盾和摩擦。教练员应该从维护正常训练工作秩序出发，协助领队做好其他人员，特别是运动员的工作，化解矛盾，协调关系。教练员与运动员之间产生矛盾也是运动队中常见的现象。教练员必须及时主动地调整双方关系，客观地对待自己，尊重运动员的个性，服从真理，绝不应把个人的面子和"威信"放在不适当的地位上去处理与运动员之间的分歧和矛盾。

2. 教练员的职责

我国《体育教练员职务等级标准》第四条规定：体育教练员的基本职责

是完成训练教学任务，提高运动技术水平；全面关心运动员的成长，做好运动队的管理工作；参加规定的进修、学习。同时高等级教练员须承担对低等级教练员的业务指导、培训和辅导基层训练工作。

3. 教练员的素质

作为一种专门人才和特殊的社会职业，教练员必须具备与其所承担的训练指导任务相适应的思想素质和业务素质。其基本条件如下：

（1）牢固的政治思想基础。强烈的事业心和高度的责任感，是人才成长必备的条件之一。教练员人才的成长过程，精神力量始终起着根本的支撑作用。它集中表现为一个教练员高度热爱自己的工作，有坚定的信念和强烈的敬业精神，充分意识到自己所承担的任务是光荣而艰巨的。这样，他就能大胆实践，勇于改革，不断进取，在事业中终有造就。

（2）合理的知识结构。教练员的基本任务是指导运动训练，而运动训练主要是一种对运动员进行生物改造和生物适应的过程。因此，运动训练学和体育生物学科知识是教练员知识结构的核心和主体。另一方面，运动训练的对象是人，而人兼有生物属性和社会属性两方面的特点，因此，马克思主义哲学、教育学、体育社会学等社会学科知识在教练员的知识结构中也占有十分重要的地位（表8-1）。

表 8-1　教练员合理知识结构

应一般了解	应了解	应掌握	必须了解
1. 竞技运动史	1. 运动生理学	1. 运动生物力学	1. 专项训练理论
2. 创伤学	2. 体育概论	2. 运动医学	2. 运动训练学
3. 行为科学	3. 体育统计学	3. 运动解剖学	3. 运动心理学
4. "三论"基础知识	4. 体育社会学	4. 马克思主义哲学	4. 运动营养学
	5. 运动竞赛学	5. 教育学	5. 体育管理学

概括地说，教练员的知识结构是以运动训练的基本理论知识为核心和主体，以哲学与思维科学知识和工具学科知识为基础和两翼的。

（3）完善的能力结构。人的多种能力只有有机地联系在一起，才能更好地发挥作用。教练员的能力结构同样也具有鲜明的职业特点，它主要包括以下几方面的能力：

认知能力：正确感知信息的能力、观察能力和逻辑思维能力等；

计划能力：预见性、想像力、合理安排教学训练内容的能力等；

交际能力：在人际交往中善于控制自己的情绪与感情的能力、取得他人信任的能力、交际的主动性和协调人际关系的能力等；

组织能力：提出任务并保证完成任务的能力、协调各方面关系并调动各方面积极因素的能力等；

教学能力：语言表达能力，控制运动员注意的能力，技术示范、纠正错误和保护帮助的能力等。

（4）良好的心理品质。主要表现在教练员具有顽强的意志和拼搏精神；关心和爱护运动员，能与运动员产生广泛的心理相容；善于了解运动员的心态，掌握并运用相应的激励艺术，充分调动运动员的积极性；善于控制自己的情绪等良好的心理品质。

4. 教练员的选配

选配教练员要从任职条件、文化程度、科研能力、外语水平、工作业绩五个方面进行衡量，对于不同专业技术职务的教练员，根据其任职条件有不同的要求。在选配教练员时，还应有以下要求：

（1）按照不同层次教练员与运动员之间的限额比例选配教练员。根据国家有关规定，国家队教练员与运动员之间的配备比例应以 1 ：（3～5）（人）；省、区、市优秀运动队应为 1 ：（4～6）（人）；竞技体校、体育运动学校应为 1 ：（6～10）（人）；重点业余体校、体育中学应为 1 ：（8～12）（人）；普通业余体校不低于 1 ：12（人）。

（2）按照不同层次教练员的高、中、初级专业技术职务之间的结构比例选配教练员。根据有关规定，省、区、市优秀运动队国家级教练员不超过高级职务人数的 10%，高级职务教练员不超过教练员职务总数的 20%，中级职务教练员不超过教练员职务总数的 50%；各类体育运动学校的高级专业技术职务教练员不超过教练员职务总数的 15%，中级职务教练员不超过教练员职务总数的 50%。

（3）注意优化各项目教练员的整体结构。随着竞技体育的发展，运动训练正不断地从教练员的个体指导形式向集体攻关形式转化，因此在选配教练员时，应十分注重其智能结构的整体优化，使不同风格的教练员有机结合在一起，形成"远缘杂交"优势，产生更大的综合活力与效能。

（4）坚持任职条件，克服单纯以个人以往的运动成绩作为唯一选拔依据的倾向，实行教练员持（岗位培训合格）证上岗制度。

5. 教练员的使用

在选定教练员之后，管理工作的关键就在于如何妥善地使用教练员，使之发挥最大的效能，完成运动队的训练目标。

（1）充分信任教练员，推行"主教练负责制"。主教练负责制是加强运动训练业务管理，充分发挥教练员主导作用的一种新型管理制度。其实施办法是，由上级主管部门聘用运动队的主教练，明确其任期及目标责任，赋予相应的权力，并规定必要的奖惩措施，缴纳一定的风险金。然后由主教练提名，成立以主教练为核心，由若干教练员组成的教练员小组。在主教练的主持下，由教练员小组负责运动训练的各项组织和实施工作。实施主教练负责制的运动队，仍可设领队，但领队的主要职责是配合主教练做好运动员的思想政治工作和有关生活管理工作，而对训练业务工作一般不予干预。有的运动队为了既调动主教练的积极性，又发挥领队的作用，试行"领队领导下的主教练负责制"，具体效果有待进一步观察。

（2）扬长避短，人尽其才。人各有长短，用人之道，在于用其长，避其短，人尽其才。为此，教练员的任用也必须遵循这样三个基本要求：其一，不要求全责备；其二，要做到扬长避短；其三，要建设一支优势互补、结构合理的教练员队伍。

（3）破除论资排辈，切实做到量才用人。年龄大、资历深的教练是我们的宝贵财富，他们阅历长，经验丰富，观察分析问题比较深刻。而年轻教练，接受新生事物一般较快，思想比较开放，精力也比较充沛。因此，新、老教练各有所长，视运动队的具体要求，均可在训练管理中发挥各自作用。应调动他们的积极性，特别是对脱颖而出的年轻教练，要大胆培养，大胆使用。

（4）重视开发教练员的潜能。对教练员的使用，不仅仅要看其带队比赛的成绩，平时也应采取全面考核、严格审查、定期进修提高等措施，发挥其潜在优势，破除教练员"终身制"。管理部门要对现有教练员的年龄结构、知识结构、业务水平、工作能力等做到心中有数，并在此基础上进行科学分析，制定加强教练员队伍建设的长远规划，做到"着眼未来，积极培养，人尽其才，物尽其用"。

（5）关心教练员，帮助他们排忧解难。一种职业社会地位的高低与其政治、经济地位有着密切的联系，因此，有计划地提高教练员的政治、经济地位，是长期稳定教练员队伍的重大战略措施之一。教练员长期训练、比赛在外，领导要尽可能为他们排忧解难，解除他们来自生活、家庭、经济等各方面的后顾之忧，为教练员创造一个良好的社会环境，使他们能集中精力从事运动队的训练、管理工作，为国家培养更多更好的优秀运动人才。

6. 教练员的培训

为保证有高质量的教练员队伍，就需要不断更新教练员知识，开阔教练员视野，提高教练员的综合能力。要坚持教练员岗位培训工作，使之成为一项制度并与上岗资格挂钩，另外还要通过考核来加强对教练员的管理。对教练员的岗位培训要以提高教练员思想、业务水平与管理能力为目的，从我国教练员队伍的实际出发，着眼世界竞技体育技术的发展，面向运动训练与竞赛，按不同运动项目的高级、中级、初级教练员职称标准的需求确定培训内容。加强考核是检验教练员工作任务完成情况和促进教练员素质提高的重要措施，同时也有助于管理者及时了解教练员各方面情况的发展变化，进而正确地选配和培训教练员。在教练员的考核与晋升工作中，除应遵循人才管理一般性原则之外，还应特别注意贯彻《体育教练员职务等级标准》《教练员管理工作暂行办法》等制度，拟定教练员的考核内容与标准。进行岗位培训和考核的同时，要引进竞争机制和风险机制，鼓励创新人才的产生，使教练员意识到自己的工作职责，从而使我国教练员队伍的整体素质水平得以提高。

（三）运动员管理

运动训练管理的最终目标要通过运动员来实现，因此，运动员是从事运动训练的主体，也是运动训练管理最主要的管理对象。随着现代竞技体育的迅猛发展，运动员的竞技能力已发展为涉及生物学、心理学、社会学三维领域内诸多因素构成的复杂体系结构，这使得运动员的管理成为一项十分复杂的系统工程。

1. 运动员的思想教育管理

运动员的思想教育是运动队管理中一项经常性的工作，思想教育的内涵就是用先进的世界观和方法论，解决运动员的政治立场、思想、观念、人生价值、奋斗目标等认识问题，使运动员提高驾驭自我的能力，以调动人的主观能动性，向运动极限冲击。做好运动员的思想教育工作，需要注意以下三点：

（1）帮助运动员树立正确的人生观和世界观。由于运动员的动机、行为不是物质刺激的简单反应，也不是精神刺激引起的简单反应，运动员对外界事物的反应都是通过大脑的分析、综合、归纳、选择后，做出他们个人行为的决策。因此，研究运动员的行为，不是只研究他们对事物的反应，而是先研究运动员内因的形成与发展，既要研究运动员思想的形成和发展，也要研究他们的人生观与世界观的形成与发展。因此，从运动员人生观、世界观高度分析运动员的各种行为，并实施有效地管理，是对运动员管理的一项基本原则。

（2）用说服教育的方法解决思想问题。在运动员管理的过程中矛盾是普遍存在的。有实际问题，也有思想问题，而思想问题大都是由思想观点方面产生的偏差造成的，解决这样的问题，只有用说服教育方法去解决。

（3）运用有效的激励手段，充分发挥运动员的积极性和创造性。在管理中必须注意对运动员进行精神激励，激发他们的精神需求。对运动员可以采用宏观激励和微观激励相结合的方式。宏观激励就是将远景目标、集体的共同目的与共同利益告诉运动员，用以开发运动员内在潜力的激励方法。微观激励则是利用目标、责任、奖惩、榜样等方式激励运动员。

2. 运动员的文化学习管理

运动员的文化学习是运动队管理的一项重要内容，加强运动员的文化学习，不仅仅是促进运动员全面发展的一个重要方面，也是训练科学化的客观要求，同时也是运动员智力训练的一项重要内容。

（1）健全文化学习管理机构。运动队要有一名行政领导分管文化教育工作，下设文化教育专门机构，具体负责组织安排，各项目队也要有专人分管这项工作。

（2）建立一整套完整的管理制度，如考勤制度、学籍管理制度、奖惩制度。

（3）采取灵活的方式，科学地安排和落实文化学习时间。要与训练运动和比赛的实际情况结合起来，做到机动灵活、见缝插针。

除上述科学的组织安排外，要确保运动员的文化学习质量，使之形成完整的教学系统，还必须明确规定各项教学的基本要求。

（1）学制确定。对各类体育学校原则上按普通中小学的统一要求确定学制，划分年级。对优秀运动队，应采取灵活多样的学制安排，一般而言，本科可安排五年，大专科安排三年半，中学可安排七年（初中四年，高中三年），日常上课每周不少于三个半天。竞赛期间可灵活调整学习时间。

（2）课程设置。一般来说，各类体育学校除音乐、体育课可以不设外，原则上要执行全日制中、小学教学计划，优秀运动队则可根据国家教委与国家体育总局的统一要求，考虑课程设置。

（3）教材选定。中小学文化程度的运动员按国家统一规定的教材教学；大学文化程度的运动员文化课教材要注意适应学生文化基础的要求，做到难易适度，内容精练。

（4）课表设置。课表设置应充分考虑到各门课程对学生具体要求的特点，以及训练时间和体力消耗等情况。

（5）考试安排。考试要求必须符合国家教委统一规定，但在具体安排上应允许灵活机动，尤其是不应与集训和竞赛相冲突，也不一定安排在期末进行考试。

3. 运动员的生活管理

运动员生活管理与训练水平的提高有直接关系，它的管理范围很广，需要各方面管理人员密切配合，共同完成。

（1）建立、健全严格的生活制度。对运动员的作息时间、就餐就寝、内务卫生、休假审批、业余生活乃至吸烟喝酒都要做出具体明确的规定，此外，还需订立文明公约、卫生公约等辅助措施。为了保证这些制度实施，还应进行监督检查。

（2）运动员训练后的恢复与营养安排。恢复是运动训练的有机组成部分，由于它大多是在训练以外的时间进行，所以就成为生活管理中一项十分重要的内容。严格遵守生活制度是疲劳快速恢复的重要前提，在此基础上还需采取一些专门的措施与手段才能促进运动员的恢复，如建立药物浴、桑拿浴、按摩室等。

（3）运动员生活管理也应充分考虑到营养安排。由于不同项目、不同年龄、不同性别、不同等级的运动员对营养有不同的要求，营养师应根据每个运动员的情况制定相应的食谱，同时要分别给每个运动员签发营养卡片，要求运动员详细填写进食量、饮水量，以便随时检查运动员的营养摄入情况，并根据运动员营养需要调整食谱。

4. 运动员的参赛管理

运动竞赛是检验训练水平的最主要形式，由于现代竞技体育日益紧张、激烈，在很大程度上是在人体多种能力的极限水平上进行的，因而运动员生理、心理较之日常有很大的变化和反应，这就使运动员参加比赛时的管理也需要相应地在各方面进行一些有别于日常训练的特殊安排，以适应运动竞赛的特殊条件和要求。

（1）对运动员参赛时的思想教育，要特别考虑到运动员的心理负担，采用多鼓励、表扬，少批评或不批评的方式，特别是在临场指导方面，教练员更应倍加注意自己的一举一动，防止运动员受到教练员的情绪感染。

（2）参加比赛时的业务管理，主要分为临场和场下两方面。临场的业务管理效果取决于教练员的指导水平，而场下的业务管理主要指对比赛的准备，它包括科学地安排赛前训练，合理地调节运动负荷，适时地组织准备会，周密地安排竞赛方案，合理的生活管理等。

（3）参赛时的生活管理。此时的日常生活管理要比训练时更严格，特别要注意加强纪律要求，通过严格的生活管理，帮助运动员保持良好的竞技状态，全力以赴争取比赛的胜利，创造优异的运动成绩。在这方面还需安排一些心理训练，帮助运动员稳定情绪，以便在比赛中正常地发挥出应有水平，此外在伙食、医务监督、业余活动、恢复、洗浴等方面要注意科学安排，以适应比赛的需要。

5. 优秀运动员的退役管理

做好优秀运动员退役的安置工作，对于解除现役优秀运动员的后顾之忧、稳定运动队伍、提高技术水平有着非常重要的作用。对优秀运动员退役的管理要抓好两个方面：

首先，要对优秀运动员在就业方面给予优待。

（1）各级领导尤其是人事部门要予以充分的重视和支持。在计划经济向市场经济过渡时期，对退役运动员的就业安置需要政府采取一些特殊的政策措施。

（2）探寻优秀运动员就业的新途径，拓宽就业渠道。如行业与运动队联合，运动员作为行业里的一分子，这样退役后就成为行业里的员工。

（3）加强二次就业前的职业培训工作，使优秀运动员能在激烈的人才市场竞争中有一技之长，以适应社会对各类人才的需求。

（4）扩大优秀运动员到各类院校学习的范围。不仅退役优秀运动员可以通过免试上大学，在役优秀运动员也可根据协议到院校学习，退役后通过毕业分配渠道就业。

其次，要对优秀运动员在升学方面给予优待。目前，我国针对著名及优秀运动员的升学问题有这样的规定：年龄在 30 周岁以下的优秀运动员中，奥运会、世界杯、世界锦标赛单项前三名获得者或集体项目前三名的主力队员以及世界纪录创造者，由国家体育总局会同国家教委和有关高校，免予参加全国高等学校招生统一考试，由高等学校进行必要的文化考核予以录取。因此，各级管理部门应充分贯彻国家有关规定，解决运动员的后顾之忧。

四、运动训练科研管理

（一）运动训练科研管理机构

1. 职能机构

运动训练的职能机构包括国家体育总局科教司，省、区、市体育局科教处，优秀运动队、体育运动学校的科研处（科）。这些机构自上而下地形成我国运动训练科研管理的组织网络。其主要职责为拟定政策，提出发展方向，制定规则、计划，确定重点课题，掌握分配科研经费，协调、检查科研计划的执行，组织科技人员培训，组织相应层次学术活动的交流等。例如，国家体育总局科教司的主要职责是：

（1）研究拟定体育科技、教育和反兴奋剂工作的方针政策、规章制度和发展规划。

（2）研究、提出体育科技、教育改革方案并组织实施。

（3）指导全国和直属单位的体育科技工作；组织体育领域重大科学研究和技术攻关；组织重大体育科技成果的审查、鉴定和推广应用。

（4）管理总局直属体育院校。

（5）组织和指导全国教练员岗位培训和优秀运动队文化教育工作。

（6）组织开展反兴奋剂工作。

（7）承办总局交办的其他事项。

2. 研究机构

研究机构包括国家体育总局体育科学研究所，省、区、市体育科学研究所，优秀运动队、体育运动学校的研究室（组）。国家体育总局体育科学研究所是国家体育总局直属的多学科综合性体育研究机构，它主要研究提高运动技术水平和体育科学中的基础理论，同时研究群体中某些方面的有关问题；省、区、市体育科研机构隶属于省、区、市体委领导，负责本地区体育科学研究工作。运动训练科学研究是地方体育科研机构研究的主要内容，地方体育科研机构带有地方特色，突出本地区重点运动项目的纵、横向研究；优秀运动队、体育运动学校，一般在职能机构（科研处或科）内，视任务大小及人才来源情况配备数名或更多一些专职科研人员，对本单位提高运动技术水平中迫切需要解决的问题进行研究。

3. 体育学院

体育学院是运动训练科研的一支重要力量，其管理工作由科研处负责，组织各系、研究室、教研室广大教师落实，有的体育学院还建立了科研所（中心）、单科研究所（中心）等。

4. 学术组织

各级各类学术组织是学术方面的评议机构，一般由学术水平较高的专业骨干组成，称之为学术委员会。如国家体育总局体育科学学会主要职责是：负责学会科研发展方向、科研规划审议，学术交流活动的组织、科学普及，科研课题的选题论证、成果鉴定以及科技人员学术水平的评议等工作。

（二）运动训练科研管理的基本要求

运动训练科研管理的内容十分丰富，它包括规划与计划的管理、课题管理、成果管理和科研条件（人员、仪器设备、经费、情报等）管理。在科研管理中需要注意以下方面的内容：

1. 强化组织与领导

要形成运动训练科研"一体化"的结构体系。各级体委应由副主任主管训练与科研，亦可建立联席办公制度。运动队应建立总（主）教练负责下的训练、科研"一体化"，即组织一些综合教研组派往国家队，并形成制度化，作为指令性任务，教练员和科研人员必须严格执行。

2. 加快综合训练科研基地的建设

我国目前体科所多达 30 余个，训练基地近 20 个，但多数科研能力水平较低。特别是省、区、市体育科研机构，要突出本地区重点运动项目的纵、横研究，办出地方特色。

3. 科学确定重点学科、重点项目、重点课题

在我国现阶段人力、物力、财力极为有限的前提下，要尽快提高运动技术水平，关键是要科学地确定运动训练科研工作中的重点学科、重点项目与重点课题，使有限的投入得到最大的产出效益。为此，探讨选择重点的原则和评价的理论，制定各类评价标准和评价方法以确定重点是科研管理工作的前提。

4. 创造有利于科研的学术氛围

除了从经费、设备、人才、信息等各类条件方面予以保证外，要允许科学研究中不同学派的存在。创造充分的学术民主气氛，坚定不移地执行"百花齐放，百家争鸣"的方针政策，是繁荣发展科研工作的保证。

5. 加强运动训练科研信息管理

信息管理就是对信息的收集、加工和利用的综合活动过程。信息管理是科研管理工作的基础和条件，其基本过程包括信息的收集、汇总、加工、处理、分析、储存、传输。体现在我国体育信息系统的任务是：建立有效的文献支持系统；建立完善的检索系统；加强全国体育信息的职能管理；加强国内外体育信息工作的交流与合作。

五、运动训练经费管理

（一）运动训练经费的来源

1. 政府的财政拨款

我国目前有相当一部分的运动项目训练经费主要来自此渠道。国家对体育事业财政拨款有两种形式：一是直接拨款，即根据我国财政分级管理原则，中央财政预算拨款用于中央管理的体育事业，地方财政预算拨款用于地方管理的体育事业。中央为扶持"老、少、边、穷"后进地区的经费补贴等均属此类拨款；二是间接拨款，如国务院各部委预算中给予体育活动的拨款，包括国家教育部用于学校体育的拨款等，均属此类拨款。运动训练的耗资是相当大的，在我国目前经济尚不发达的情况下，依靠政府拨款发展体育事业是十分有限的，而在这有限的经费中用于运动训练的部分则显得更为不足。因此，竞技体育要想赶超世界先进水平，必须借鉴国外已成熟的经验，谋求自我发展之路。

2. 经营创收

主要是利用运动训练实体的场地、器材和优秀运动队的自身优势进行经营创收。主要包括场地器材出租、门票、纪念品、体育咨询、兴办实体等途径。随着我国体育市场发育的日渐成熟，运动训练实体的经营创收空间会不断增大，如出售电视转播权、发行体育彩票、股票上市等。

3. 社会集资

主要包括社会集资、企业赞助等形式。随着我国经济体制改革的逐步深入，企业活力的不断增强，企业赞助优秀运动队蕴藏着巨大的潜力，优秀运动队领导应充分利用这些有利条件，主动争取企业的赞助。要积极支持和鼓励社会各种力量办队，扩大体育的社会化程度，以弥补政府独家办队经费的不足。

（二）运动训练经费的使用

运动训练是一个复杂的系统工程，需动用大量的人力、财力、物力。就我国目前国情看，训练经费不足一直是一个实际问题。如何合理分配、使用有限的资金，是运动训练经费管理的一个重要课题。为此，应注意：要健全和完善财务管理制度；要坚持计划，按规定用款；要确保重点，不断提高经费的使用效益；要严格管理，厉行节约、精打细算。

六、运动训练管理评估

（一）运动训练管理评估的基本内容

由于运动训练管理工作是一项复杂的系统工程，因而可以把运动训练管理的评估分为不同层次及要素的单项评估，也可以作为一项整体进行综合评估。例如根据运动训练管理的对象，可以把整个训练管理系统划分为若干个层次，即以遍布全国城乡的中小学校运动队为基层，青少年业余体校和省、市体育运动学校为中层，省级集训队、俱乐部和国家集训队为高层。由于各个层次的目的、任务不同，在整个运动训练管理系统中所处的地位和作用也就不同，对于不同层次所确定的评价内容、指标体系也有所不同。因此，运动训练管理系统中各层次的评价具体内容有所区别，但训练条件、训练过程及训练效益等内容却是几乎所有训练系统评估中均应包括的重要内容。

1. 训练资源

资源是任何活动开展的基本保证，没有一定的资源就不能建立起良好的训练系统，就不能保证运动训练系统的正常运转。训练资源主要包括：人力、财力、物力、技术、信息及科研等，具体包括领导者的素质及能力水平、教练员（教师）的素质及能力水平、运动队（员）梯队、训练场地设施、器材、经费、信息资料、科研等具体内容。

2. 训练过程

训练过程是整个训练系统的中心环节。只有扎实的训练、科学的管理，才能使训练条件产生良好的效益。它主要包括以下几个方面：运动员选材、运动员生活管理与思想教育、运动员文化学习、运动训练计划、训练时数、训练课质量等。

3. 训练效益

训练效益主要包括运动竞赛成绩及名次，队员的思想作风、学习成绩，人才输送情况等。对于国家队、省市级俱乐部的优秀运动队办队的效益，主要是通过它在国内外大型比赛中获得的成绩来反映。而对于各级各类的体育运动学校、中小学运动队等中、初级训练管理层次来说，其训练成果的评价主要是通过向上一级训练层次输送的人才数量、质量及训练的成才率来加以反映。

（二）运动训练管理评估的指标体系

按照运动训练管理所包括的内容以及评价对象不同，评价指标体系方案也应有所区别的要求，肖林鹏博士制定了一套运动训练管理评估指标体系（表8-2）。在实际应用中，可根据实际情况对指标权重进行调整以及对某些二级指标进行细分。

表8-2 运动训练管理评估指标体系示例

序号	一级指标	权重	二级指标	权重	得分	小计分	合计分
1	运动训练组织管理	0.20	组织机构设置	0.3			
			规章制度	0.3			
			训练目标及发展规划	0.2			
			管理人员责、权划分	0.2			
2	运动训练资源	0.30	教练员素质及结构	0.2			
			运动队（员）梯队	0.2			
			训练经费	0.2			
			训练场地设施、器材	0.1			
			信息资料	0.1			
			科研人员	0.1			
			医务监督人员	0.05			
			后勤人员	0.05			
3	运动训练过程	0.30	运动员选材	0.2			
			运动员文化学习	0.15			
			运动员生活管理	0.15			
			运动员思想工作	0.15			
			运动训练计划	0.15			
			训练课质量	0.2			

序号	一级指标	权重	二级指标	权重	得分	小计分	合计分
4	运动训练效益	0.20	竞赛成绩及名次	0.3			
			输送人才情况	0.3			
			精神文明获奖	0.2			
			运动员学习成绩	0.2			

（引自肖林鹏主编《现代体育管理》，北京体育大学出版社，2005 年）

第二节　运动竞赛管理

运动竞赛是以体育运动项目（或某些身体活动）为内容，在裁判员主持下，依据统一规则进行的运动员或运动队之间的竞技能力的较量。运动竞赛具有政治、经济、文化等多种层次目标。在特定时期，运动竞赛可以显示一个国家、地区、民族的社会影响，提升其自豪感、凝聚力，增强国际交往、发展友谊等。有时甚至也可成为达到政治目的的工具。运动竞赛的经济目标主要在于促进社会经济发展、对国民经济增长起到直接或间接的促进作用。运动竞赛的文化目标主要体现为通过高水平的竞赛表演，丰富人们的社会文化生活，满足人们的高级审美等需求。此外，任何竞赛的举办都面临人、财、物、时间投入的有限性和本身又必须创造一定社会与经济效益之间的矛盾。因此，竞赛的举办者必须以极高的效率，合理地使用有限的人力、物力和财力，以实现其效益目标。现代竞赛面临的这些基本事实，显然正是对其从宏观到微观进行科学管理的依据。

一、运动竞赛管理体制

（一）运动竞赛管理的组织机构

运动竞赛管理体制是指运动竞赛的管理机构设置、权限划分及管理制度等的总和。一个国家的运动竞赛管理体制从宏观上决定了一个国家管理运动竞赛的方式、组织形式和运行机制以及各种管理关系，管理体制的运行情况将直接影响竞技体育多元目标的实现，并对竞技体育的资源配置起导向作用，同时受到国家体育管理体制的影响和制约。

我国运动竞赛管理机构的设置，有其不同的层次和明确的分工，自上而下分为国家体育总局综合司竞训部门，各省、直辖市、自治区体育局综合处、竞训部门和基层业余训练系统的竞训部门三个层次。

1. 国家体育总局综合司竞训部门

国家体育总局综合司竞训部门以及带有实体性的各运动项目管理中心是我国竞赛管理体制中最高层次的管理机构。其主要职责为：

（1）把握竞赛导向，统一全国竞赛管理中的指导思想。

（2）拟定国家的体育竞赛制度和全国竞赛活动的规划。

（3）编写全国竞赛活动的规程，主办并组织全国性比赛，对承办全国性竞赛任务的下属部门进行业务指导。

（4）组织、指导国内区域性竞赛活动，提高我国单项运动技术水平。

（5）为参加国际性竞赛活动，组织好全国优秀人才的选拔和集训工作。

（6）为促进国际体育交往，组织好在国内举办的国际性单项运动竞赛或双边性的竞赛活动。

（7）管理审批全国以上各种运动成绩和记录。

（8）管理审批国家级裁判员等级，负责推荐国际级裁判员并对其进行业务培训和考核。

国家体育总局综合司主要负责国际与国内综合性运动会的事务管理。

2. 省、直辖市、自治区体育竞训部门

省、直辖市、自治区体育局的综合训练处、竞赛处等竞赛机构是我国运动竞赛体制上下衔接的重要中间环节，其主要职责是：

（1）依据本地实际，制定本省、直辖市或自治区的竞赛制度和竞赛计划。

（2）拟定本地区的竞赛规程，组织本地区的竞赛活动，检查训练质量并通过比赛为国家发现和选拔体育后备人才。

（3）组织承办国家体育总局下达的竞赛任务。

（4）对承办省市级竞赛活动的下属基层体委进行业务指导。

（5）审批并管理省市级各项运动成绩和记录。

（6）管理、审批一级裁判员技术等级，负责国家级以上裁判员的推荐工作。

3. 地市、县级体育竞训部门

地市、县级体育局所设的竞赛训练科室，是发现和培养本地区青少年业余体育后备人才的基层部门。其职责是：

（1）制定本地区竞赛活动计划和规程。

（2）组织本地区中小学生的体育比赛。

（3）管理和审批本地区各项运动成绩和记录。

（4）管理、审批二级、三级裁判员技术等级，负责推荐一级裁判员。

（5）推荐选拔青少年后备人才。

此外，中华全国体育总会在各省、直辖市、自治区体育总会都设有竞赛部等，各层次社会体育组织中都设有竞赛机构。

（二）运动竞赛制度

运动竞赛制度是指为有效地协调各类竞赛活动，提高运动竞赛管理的规范化和制度化而制定的有关组织竞赛的法规和准则。竞赛制度的制定对推动竞赛事业的发展起到了积极的协调、导向、规范作用。我国现行的竞赛制度主要包括以下方面：

1. 全国综合性运动会制度

全国综合性运动会是调动地方、行业、部队等各方面的积极性发展体育事业的有力杠杆，是发展重点项目、落实奥运会战略的保障措施。全国性综合运动会只设全国运动会（简称全运会）和全国城市运动会（简称城运会）。它由国家体育总局主办，省、自治区、直辖市承办。全运会每4年举行1次，其设置的项目以奥运会项目为主，兼顾非奥运会项目特别是国内优秀项目，以省、自治区、直辖市、解放军和全国一级行业体育协会组成代表团参赛。城市运动会是竞技体育培养、锻炼优秀后备人才的综合性运动会，每4年举行1次。其项目设置以我国开展的重点项目为基本项目。它以省会（自治区）城市、计划单列市、沿海开放城市、经济特区城市、特别行政区为基本参加单位。

2. 全国行业系统运动会制度

全国行业系统运动会是调动各行业办体育的积极性以推动各行业系统的群众性体育活动的开展、发现优秀运动人才为目的的综合运动会。这种性质的运动会包括全国工人运动会、全国农民运动会、全国少数民族传统体育运动会、全国残疾人体育运动会、全国大学生体育运动会、全国中学生体育运动会。

3. 全国体育运动单项竞赛制度

全国体育运动单项竞赛是锻炼队伍，检验训练成果，促进出成绩、出人才最有效的手段。

（1）单项竞赛的种类。根据我国的具体情况和管理的需要，国家体育总局把单项竞赛分为正式比赛、辅助竞赛两大类。正式比赛主要包括锦标赛、冠军赛、联赛（球类）以及经国家体育总局批准的单项最高水平的比赛。辅助性比赛主要包括达标赛、分区赛、邀请赛、调赛、协作区赛、杯赛、通信赛、集训赛。

（2）单项竞赛项目分类及竞赛次数和规模。全国开展的运动项目分为四类，并按类别和主次顺序安排竞赛次数和规模。第一类，奥运会比赛项目中的重点项目。这类项目每年安排2次全国最高水平的比赛、1次青年比赛、1

次少年集训赛。第二类，奥运会一般项目。这类项目每年安排1~2次全国最高水平的比赛，安排1次青年比赛。第三类，为非奥运会比赛项目。这类项目每年安排1~2次全国最高水平比赛，还可以安排1次青年比赛。第四类，其他项目。这类项目提倡社会办比赛，形式可以多种多样。

（3）单项竞赛时间及地点。单项竞赛以每年4~11月为全国夏季运动项目竞赛期。全国各单项竞赛原则上应安排在竞赛期内进行。已经根据项目的特点和国际竞赛需要安排了夏训时间的，原则上不安排全国比赛。冬季可根据项目特点安排竞赛。业余体校的全国单项竞赛以不误上课为原则安排竞赛。竞赛地点和承办单位实行计划与招标相结合的办法予以确定。

（4）参赛单位和参赛办法。全国夏季运动项目的竞赛以省、自治区、直辖市、特别行政区、计划单列市、解放军、全国一级行业体育协会为基本参加单位；冬季项目的竞赛以地、市、州（盟）、解放军、全国各级行业体协为基本参加单位。

4. 全国综合性运动会申办办法（试行）

制定并实施全国综合性运动会申办办法的目的是为了适应我国政治、经济、文化的发展，特别是国际、国内体育竞赛的发展需要。同时还可以充分调动各方面的积极性，提高竞赛的质量和效益，推进竞赛的社会化。目前试行的全国综合性运动会申办办法中对竞赛所属权、申办单位的范围、申办的基本条件、申办单位的权利和义务、申办程序和要求、申办表决方式等内容都做了详细的说明。

5. 运动员参加全国比赛代表资格注册管理办法（试行）

这项管理制度是为了进一步适应体育竞赛改革的要求，促进人才合理流动，加强运动员代表资格的管理而制定的。管理办法确定了负责审查运动员资格和进行注册的管理机构、注册的基本单位、注册的依据和注册的时间等主要内容。

此外还有全国综合性运动会试行工作条例、全国体育竞赛赛区工作条例、体育运动全国纪录审批制度和运动竞赛奖励制度等。

二、运动竞赛计划

运动竞赛计划是指在竞赛目标的导向下，预先对竞赛内容所做的筹划与安排。运动竞赛计划是科学有效地开展竞赛活动的理论依据，运动竞赛计划制定的科学与否将会直接影响运动竞赛管理的效果。

（一）运动竞赛计划的种类与内容

运动竞赛计划按照不同的标准可以分为多种类型，常用的划分方法有：按照计划的范围可分为全国运动竞赛计划、地方运动竞赛计划和基层运动竞赛计划；按照计划的期限可分为长期、中期和短期运动竞赛计划；按照竞赛的主体和竞赛业务可分为竞技体育计划、群众体育竞赛计划、学校体育竞赛计划。一项完善的运动竞赛计划大致由以下几个内容构成：运动竞赛的目标和任务；运动竞赛的种类与规模；运动竞赛工作的步骤、程序与工作要求；运动竞赛的日程安排。日程安排主要包括竞赛名称、参加对象、竞赛日期、竞赛承办单位和竞赛地点、备注等各项内容；竞赛工作负责人、主办单位、承办单位、协办单位及部门。

（二）运动竞赛计划的制订

1. 运动竞赛计划制订的程序

我国运动竞赛计划采取自上而下的制订程序，最高层全国体育运动竞赛计划由国家体育总局有关业务部门和各单项运动协会根据中国体育运动发展方针、既定的体育运动竞赛制度和国际比赛活动的规律、国内体育发展的实际而定，经全国体育工作会议讨论确定后颁布实行。

2. 运动竞赛计划制订的步骤

（1）明确运动竞赛的目标。一般来说，我国运动竞赛的目标主要有迎接上一级比赛、促进运动技术水平的提高、检查训练效果、活跃群众文化生活、推动基层群众体育活动开展等。制定运动竞赛的目标时，要对运动竞赛系统面临的外部环境及内部条件进行全面地调整分析，以确保目标的客观性。

（2）制定运动竞赛方案。运动竞赛目标确立后，应拟定各项竞赛多个具体方案以供选择，使竞赛目标落到实处。竞赛方案的具体内容主要包括确定比赛形式，即组织竞赛的任务、竞赛的范围、参赛者的年龄和竞赛项目的数量等因素；确定比赛时间，即上一级竞赛活动的日程、比赛的常规时间、比赛地点的气候状况、竞赛持续时间及节假日等因素，此外，随着运动竞赛职业化、商业运作的发展，在安排社会影响较大的竞赛活动时应考虑到电视、新闻媒体的需要以吸引更多的企业、商家进行商业宣传，充分利用和挖掘社会资金办竞赛，提高竞赛的经济效益；确定比赛地点和承办单位，即各类比赛的举办地点应具备场地设施与交通、接待条件以及当地的经济、文化和欣赏水平等。综合性运动会通常采用组织申办的方式确定承办单位和比赛地点。

（3）优选运动竞赛方案。对竞赛方案进行优选是提高竞赛计划科学性的必要程序，优选竞赛方案要采取系统的综合分析方法，将各种实际因素系统考虑，最后决定出最佳方案。

（4）确定方案、编制计划。备选方案拟定以后，决策者必须仔细分析各个方案的优劣长短，通过各种比例关系的协调统一，提高竞赛计划的整体性。对竞赛计划进行综合考虑和汇总后报请有关决策机关审定批准，再作为正式计划文件下达各部门、各地区和基层单位贯彻实施。

三、运动竞赛的过程管理

（一）赛前工作的组织与管理

赛前管理工作主要包括讨论确定组织方案、制定竞赛规程、组建组织机构、拟定具体工作计划和行为准则、编制秩序册等。赛前管理工作在竞赛组委会（或领导小组）正式建立前，由竞赛筹备委员会（或筹备小组）负责。组委会正式建立后，则由组委会负责。

1. 研究确定组织方案

在竞赛计划的统一部署安排下，一项竞赛活动要有步骤地展开，必须首先进行总体设计构思并提出组织方案。竞赛组织方案大体包括以下内容：

（1）比赛名称和目的、任务。根据比赛的内容、性质、赛制、时间和规模等因素确定比赛名称；根据比赛性质、项目特点和本地区、本部门的具体要求等，确定比赛的目的和任务。

（2）比赛的主办与承办单位。

（3）比赛时间与地点。

（4）比赛规模。包括规定参赛者范围、比赛等级、比赛场馆器材设备的档次要求与数量等。

（5）比赛的组织机构。包括竞赛组织管理各职能机构设置和工作岗位安排以及人员配置的数量等。

（6）经费预算。包括竞赛经费来源与筹资计划、经费使用原则与使用范围、收支计划与增收节支措施等。

（7）工作步骤。确定竞赛整体工作的阶段划分和各阶段的工作重点与具体步骤。

2. 制定竞赛规程

竞赛规程是组织实施某一项（届）运动竞赛的主要政策与规定，对该项竞赛活动的组织管理具有高度的权威性和指导性，是竞赛组织者和参加者都必须遵循的法规。竞赛规程由主管竞赛的部门制定。单项竞赛活动需制定单项竞赛规程，综合性运动会则需同时制定竞赛规程总则（即总规程）和单项竞赛规程。

（1）竞赛规程的主要内容。包括竞赛名称、竞赛时间和地点、竞赛项目及组别、参加单位、运动员资格、参加办法、竞赛办法（采用的竞赛规则和所采取的赛制、团体总分的设置办法、决定名次和计分的办法等）、仲裁委员会的组成以及有关经费的规定。

（2）制发竞赛规程的注意事项。制发竞赛规程是一项非常严肃、细致和慎重的工作，应考虑到以下几个方面的内容。

①竞赛规程的制定要以竞赛的目的、任务和竞赛计划为依据。

②竞赛规程要与国家颁布的有关方针、政策、法规相适应，并与体育竞赛制度、计划和国际组织的有关规定及国内竞赛的有关规定协调配套。

③竞赛规程的制定要符合客观实际。既要符合国家、地区的情况和体育项目的实际，又要反映国际、国内体育运动发展的水平和趋势，以及运动员对竞赛的需求状况等。

④竞赛规程应充分体现公平竞争精神。

⑤竞赛规程应提前制发。竞赛规程下发的时间应视情况而定，一般应提前半年到一年。

⑥比赛的规模越大，层次级别越高，其执法时间提前量应越大，以便参赛单位和运动员有充分准备。

⑦单项规程要与总规程吻合。综合性大型运动会各单项竞赛规程的制定要以总规程为依据，口径一致，不允许有矛盾现象。

⑧应具有稳定性。竞赛规程一经审定颁发必须严格执行，不能朝令夕改，变化无常，并尽可能少发补充通知或修改规定。

3. 建立竞赛组织机构

建立竞赛组织机构是运动竞赛组织管理工作的关键环节。各种竞赛的组织机构一般采用委员会制。运动竞赛的组织委员会，是全面领导整个竞赛组织工作的最高机构，其机构编制、人数等没有具体限额，应视比赛性质和规模而定。大型运动会组委会一般由政府一级行政领导担任组委会主任，主办单位的有关领导为副主任，并吸收包括有关体育部门的各职能机构领导，协作单位职能机构的领导，各单位竞赛委员会主任，与本次比赛有关的新闻、服务、公安等单位负责人，以及部分有代表性的参赛单位负责人为委员，使运动会能在各方面的积极支持下顺利进行。竞赛组织委员会一般设主任一名，副主任和委员若干名。地方或基层小规模比赛的组织领导小组，其成员人数应当酌减。

竞赛组织委员会直属职能部门应根据组织竞赛需要完成的各项任务来设置，并与竞赛规模相适应。一般包括办公室、竞赛、宣传（新闻）、保卫、行政、后勤等主要工作机构。另可根据竞赛需要，设外事接待、大型活动、工程、科研、集资等部门。组织机构成立后，应根据精简高效的原则，视实际需要分批借调工作人员，以节约人力、财力。

4. 拟订工作计划和建立规章制度

组织委员会成立后，应根据竞赛规程、组织方案和责任分工，拟定各职能部门的具体工作计划和有关行为规范，如竞赛工作计划、宣传工作计划、大型活动计划、安全保卫工作计划和财务计划，以及工作人员守则、作息制度等，经组委会讨论审定后执行。目前，在运动竞赛的组织管理过程中，除常规制定计划的方法外，较多采用编制计划网络图、工作流程图及各类图表的方法来制定运动竞赛总体规划和各职能部门计划。

5. 编制竞赛秩序册

竞赛秩序册是运动竞赛组织和具体竞赛秩序的文字依据，它由运动会的竞赛部门负责编制，报组委会审定并颁发。综合性大型运动会需要在各单项竞赛秩序册的编制基础上及时汇编总秩序册。各种类型运动竞赛的秩序册都必须提前下发。

竞赛秩序册一般应包括比赛名称、时间、地点，主办与承办单位，竞赛组织机构图，运动竞赛规程和补充规定，大会各部、处、室人员名单，各项目竞赛委员会、仲裁委员会成员和裁判员名单，各代表团名单，运动竞赛总日程表和各项目竞赛日程，分组名单，竞赛场地示意图，最高记录表等内容。此外，基层运动竞赛根据需要，也可将运动员、教练员、裁判员守则及各种评优条例等内容附在竞赛秩序册后。

（二）赛中工作的组织与管理

1. 开幕式的组织

开幕式的程序一般应包括：宣布开幕式开始，裁判员、运动员入场，奏乐（国歌、会歌）升旗，领导人致开幕词，运动员代表讲话（或宣誓），裁判员、运动员退场，开幕式表演开始，宣布开幕式结束。

2. 赛事活动的管理

比赛正式开始后，运动会的主要指挥管理人员要深入赛场第一线，对赛事活动实行全面、具体地组织领导。要以果断、及时、准确为原则，严格掌握比赛进程，加强各职能部门之间的互相协调配合，防止比赛出现脱节、漏洞和误差。遇到困难或问题及时召集现场办公会、仲裁委员会或组委会会议，特别注意研究和及时解决比赛中出现的弃权、争议、罢赛、弄虚作假、赛风等方面的问题和各种突发事件，确保赛事活动顺利进行。

3. 人员管理

竞赛期间的人员管理，主要包括对裁判员、运动队（员）及观众的教育和管理工作。

（1）裁判员的管理。运动竞赛能否顺利进行，与裁判员队伍的水平高低密切相关。要抓好裁判员的职业道德教育，把"公正、准确、严肃、认真"八字方针贯彻到裁判员工作的始终，杜绝"私下交易"、本位主义等不良裁判作风；要在赛前组织裁判员认真学习竞赛规程、规则和裁判法，统一认识，统一尺度，周密研究可能出现的问题和处理办法；重要岗位的裁判员要反复训练，并组织必要的考核；要开好赛前裁判员准备会，合理分工，重要场次比赛要提前认真研究，慎重安排水平较高的裁判员担任临场工作，对抗性强的项目和评分项目，尽量安排与参赛队无关的裁判员，确保万无一失，公正准确；要及时认真地组织每一场比赛的赛后裁判总结与讲评，做到裁判工作天天有小结，阶段有总结，全程有评比，不断提高裁判工作质量。

（2）参赛运动队（员）的管理。较正规的运动竞赛应事先拟订运动队（员）的管理教育计划，采取分级管理办法，即大会抓各队，提出统一要求和具体规定，并做好各队之间的协调工作，定期召开联席会议，听取意见，处理问题，改进工作；领队、教练员抓队员，负责全队运动员的管理。通过严格、切实有效的管理，使各队自觉做到公正竞赛、团结拼搏、文明礼貌、互相尊重，保持良好的竞技状态，创造优异成绩，不断提高运动竞赛的综合效益。

（3）观众的管理。观众是体育比赛的重要参与者，特别是当比赛处于紧张激烈的竞争之时，若对观众的组织管理不当，很可能影响比赛的顺利进行，甚至破坏社会的安定。因此，加强对观众的组织管理既是保证比赛顺利进行的必要措施，又是充分发挥竞赛积极功能的客观要求。为此，竞赛组织者应该从人们的社会心理承受能力和赛场特殊氛围出发，寻求防患于未然的系统的预防治理方法。

4. 后勤管理

竞赛期间的后勤管理工作包括认真检查比赛场地、设备和器材的布置与使用管理情况，落实运动员、裁判员的住宿、用餐、沐浴、交通和安全保卫工作，监督运动竞赛的各项预算执行情况，以及医务方面的伤病防治和临场应急准备等各项具体工作。

5. 闭幕式的组织

在各项竞赛活动结束后，根据事先确定的闭幕式组织方案，闭幕式的各项组织工作必须提前准备完毕。闭幕式的基本程序是：宣布运动竞赛闭幕式开始，裁判员、运动员入场（也可不入场），宣布比赛成绩和获奖者名单，发奖，致闭幕词，宣布大会闭幕，闭幕式表演开始，宣布闭幕式全部结束等。闭幕式的组织工作和指挥系统由开幕式指挥系统负责，大型综合性运动会一般由大型活动部牵头。

（三）赛后工作的组织与管理

（1）办理各队离赛的各种手续，确保及时离去。

（2）借调的有关人员返回原单位。

（3）用于比赛的场地、器材、服装、用具等物资设备的及时归还、转让、出售和处理工作。

（4）竞赛财务决算。

（5）汇编、寄发比赛成绩册和其他技术资料。比赛成绩册的编制，应根据各项竞赛规程中有关录取名次和计分方法的规定。成绩册的主要内容依次为：破纪录情况，各单项名次情况，获其他奖励名单及各项目比赛成绩表。

（6）填报等级运动员和破纪录成绩。

（7）移交、整理有关文档资料。

（8）向新闻单位发布运动竞赛的有关情况。

（9）竞赛工作总结，上报当地党政机关和上级体育部门。属于承办全国竞赛的赛区，还需填报赛区情况统计表。

（10）评比表彰工作。对参与大会工作的单位和个人、支持与协助大会的单位和个人，以及竞赛的各级组织者、指挥者和工作人员进行表彰，表示感谢。

四、运动竞赛的效益

运动竞赛管理的效益是指通过对运动竞赛的组织与管理而产生的效果及利益，运动竞赛管理产生的效益主要体现为社会效益和经济效益。这是竞赛目标和功能实现程度的标志，是体育竞赛的活力所在，也是竞赛赖以发展的重点因素。

（一）运动竞赛的社会效益

运动竞赛的社会效益一般反映在以下几方面：丰富社会文化生活，培养人们高尚、健康的审美情趣，发扬社会良好风气；促进城市建设，改善城市的环境、交通、通信设施等条件；提供大量就业机会；促进对外交流，营造良好的国际环境，提升国家声誉、形象和信誉度；弘扬爱国主义，增强民族凝聚力。

（二）运动竞赛的经济效益

对运动竞赛的经济效益评价可以用举办竞赛的投入与举办竞赛的收入的比值来表示。举办竞赛的投入越小，取得的经济效益就越高。举办大型运动会的投资，一般有三个方面：一是直接竞赛投资，包括场地、器材的损耗、住宿费、伙食补贴、裁判员费用、交通、奖励、保卫、办公、广告性宣传费用等；二是竞赛场地设施基建投资；三是竞赛所需的市政建设，如交通、通信投资。在收入方面一般有电视转播费、门票收入、商业赞助等。

体育竞赛社会效益和经济效益的高低，与体育竞赛的项目、级别水平有着密切的关系。不同项目、不同对象、不同级别和水平的竞赛，对它追求的各种效益都有不同的要求。因此，对各种体育竞赛应该追求的效益不可机械地加以划分。

（三）提高运动竞赛效益的途径

运动竞赛的效益如何不完全取决于竞赛本身，在很大程度上还与运动竞赛制度、计划有着密切关系。实践证明，同一项目，同样规模、级别的比赛，往往在竞赛效益上会有很大差异，这说明运动竞赛是可以通过主观努力来提高效益的，而提高效益的主要途径就是提高竞赛管理水平，具体可以从以下方面考虑：

1．提高运动竞赛制度、计划和规程的科学性

运动竞赛制度、计划和规程是指导竞赛活动开展的重要法规，在运动竞赛组织管理工作中必须严格遵循。竞赛制度、计划和规程是否科学，直接关系到奥运会项目、重点项目与一般项目的关系以及各项目发展比例，关系到运动队伍的配置和训练安排等，进而影响到竞赛的社会效益和经济效益。因此，提高运动竞赛制度、计划和规程的科学性，是从根本上增进竞赛效益的重要途径。

2．提高运动竞赛的社会化程度，努力拓宽集资渠道

由于运动竞赛能对社会产生广泛的影响，使之成为扩大企业和产品影响、进行商品广告宣传的重要载体，因而借助于运动竞赛，有利于使企业和它的产品为社会广泛了解并接受，从而使企业得到实际利益。再加上全社会对体育的关心和支持，使通过社会渠道筹集竞赛资金成为可能。

提高运动竞赛的经济效益，必须首先提高竞赛的社会化程度，通过企业赞助、广告等形式拓宽集资渠道。运动竞赛的赞助，要体现双方受益的原则，即不仅通过各种形式的赞助使举办竞赛者受益，而且要使赞助单位和企业受益。因此就必须做好宣传，取得新闻媒介的重视。只有重视运动竞赛的双向受益性，在竞赛中全面兼顾各有关方面的利益，才能使社会乐于赞助竞赛，不断拓宽运动竞赛的集资渠道。

3．做好赛区管理工作，提高竞赛质量

赛区管理水平如何，直接关系到竞赛的效益。因此，必须重视提高赛区的管理水平；必须遵循运动竞赛规律，严格执行《全国体育竞赛赛区工作条例》的规定，按照竞赛规程的具体要求组织好竞赛；严格按规程、规则的要求，做好竞赛编排工作；提供符合规则要求、性能良好的场地、器材，以利于运动员发挥水平；配备符合竞赛要求的等级裁判员，严格执行规则，贯彻公平竞赛、公正执法的原则，切实抓好赛风；为参赛运动队提供良好的食宿

条件，安排好交通，为运动员创造优异成绩提供一个良好的外部条件。

4. 组织好观众

运动竞赛的观众对赛场气氛、运动员的竞技状态有很大的影响，也直接关系到竞赛的社会效益和经济效益。因此，竞赛管理者必须重视对观众的组织，切实加强竞赛的宣传教育，审慎地选定比赛场馆，选择合适的比赛时间，确定适宜的门票价格，采取各种措施提高观众兴趣，吸引观众。

5. 节约竞赛经费的开支

节约经费开支是提高运动竞赛经济效益的一个重要方面，一般应注意合理地规定参赛人数，大会办事机构要精简高效，合理地配备裁判员和其他人员，严格执行财务制度，杜绝铺张浪费。

五、运动竞赛管理评估

（一）运动竞赛管理评估的基本内容

由于运动竞赛组织管理工作本身是一个繁杂的系统工程，对其评估的内容和指标体系的建立也是一个相当复杂的过程。从管理的角度对以下几个方面的内容进行评价。

1. 竞赛组织管理工作评估

竞赛组织管理工作评估内容主要包括：（1）设立竞赛的各类管理组织机构和指挥系统情况；（2）竞赛前期筹备工作情况，按计划进展逐一落实情况；（3）硬件、软件、活件的运行情况；（4）大型活动的组织管理是否正常有序，包括开、闭幕式，场内外各项活动的组织管理与协调配合、观众的组织管理等；（5）运动员、教练员以及其他有关人员对生活、比赛、交通和工作环境以及服务质量的评价；（6）科学高效完成竞赛工作的程度。包括比赛日程的安排和比赛环境是否符合运动项目的客观规律，是否符合运动员的心理状态，是否有利于运动员竞技状态的形成与发展，以及在不违反科学规律的前提下能否以最短的时间完成比赛任务等；（7）选派、调用裁判员的级别，使用管理、执裁等情况；（8）赛风赛纪以及创造优异成绩的环境和氛围情况；（9）对兴奋剂等国家明令禁止的有关规定的执行情况；（10）突发事件的发生率以及处理事故的效率及效果；（11）赛后管理工作的执行情况。

2. 社会效益的评估

运动竞赛社会效益的评估内容主要包括：（1）比赛的宣传效果以及赛事活动与节假日的合理安排情况；（2）观众的参与状况；（3）开展竞赛活动对城市建设、社会经济、对外交流、民众凝聚力等的增强情况；（4）对推动或带动群众体育发展的促进情况；（5）观众及竞赛秩序的保障情况。

3. 经济效益的评估（见本章有关内容）

（二）运动竞赛管理评估的指标体系

对于不同类型、不同竞赛条件、不同竞赛目标的运动竞赛活动而言，其评估的内容及指标体系也是不一样的。竞赛管理部门应从竞赛实际情况出发，制定符合自身实际情况的评估内容与指标体系。表 8-3 是一般常规运动竞赛管理工作综合评估内容及指标体系的示例（供参考）。

表 8-3　运动竞赛管理综合评估指标体系示例

序号	一级指标	权重	二级指标	权重	得分	小计分	合计分
一	运动竞赛组织与管理	0.30	竞赛组织机构设置	0.3			
			规章制度、竞赛文件	0.2			
			竞赛规划	0.2			
			管理人员责、权划分	0.15			
			领导重视	0.15			
二	运动竞赛过程管理	0.40	赛前计划安排及筹备工作情况	0.2			
			竞赛资源保障情况	0.2			
			开、闭幕式的组织及运行情况	0.2			
			选拔、调用裁判员队伍情况	0.1			
			赛区环境及竞赛秩序管理情况	0.1			
			突发事件处理情况	0.1			
			赛后事宜处理	0.05			
			兴奋剂检查处理情况	0.05			
三	运动竞赛效益	0.30	竞赛宣传力度、效果	0.2			
			观众参与情况	0.15			
			赛事活动对推动和带动群体工作情况	0.15			
			观众及竞赛气氛情况	0.15			
			竞赛对促进城市建设、社会经济、对外交流、民众凝聚力等情况	0.15			
			竞赛总投入与总收入的比值	0.2			

（引自肖林鹏主编《现代体育管理》，北京体育大学出版社，2005 年）

【案例】人民时评：没有举国体制就没有中国竞技体育的今天

北京奥运会完美谢幕，中国荣登金牌榜首位。中国体育代表团取得了优异成绩，赢得了世界的普遍赞誉，也使一些国家对中国体育的举国体制产生浓厚兴趣，有的表示要学习借鉴中国的竞技体育发展模式。

在国内，早在20世纪80年代，举国体制就引起人们的关注和探讨。

应当承认，这种探讨是有益的。人们看到，在举国体制的不断改革和调整中，我们的竞技体育不断发展进步。而有了这国际与国内、历史与现实的参照，我们也更能够在中国体育发展的格局中，准确地把握举国体制的历史方位。

中国在金牌榜居首，外电称中国为"世界体育大国"。对此，我们保持了可贵的冷静。人们清醒地认识到，今天的中国，只能说是竞技体育大国。然而我们也应当看到，中国能成长为竞技体育大国，十分不易。可以说，没有举国体制就没有我国竞技体育的今天。我国竞技体育的快速发展得益于举国体制的优势。作为发展中国家，我国的体育社会化、产业化水平都比较低。在这种情况下，举国体制使我们集中了有限的资源，实施了有效的组织，应用了大量的科技，从而使我们的竞技体育具备了较强的国际竞争力。无论是横向比还是纵向看，这都是一个了不起的进步。

随着社会发展，竞技体育不可避免地要从大众体育中脱离出来，走向专业化。世界上高水平体育竞赛，大多是专业运动员之间的较量，也越来越与国家荣誉、国家利益相关。运动员为国争光的意识愈益强烈，民众在观赏享受比赛的同时，则愈能从中获得自信心、增强凝聚力、焕发爱国主义热情。这从一个侧面表明，竞技体育并不仅仅是体育，而与经济、政治、文化与精神相关联。它所产生的效用，往往成为一个国家发展所迫切需要的"软实力"。而这，也正是绝大多数国家倾力发展竞技体育的一个重要原因。

发展体育的最终目的，当然是为了人的发展。因而，我们一方面坚持举国体制发展竞技体育，一方面加大投入力度发展群众体育。在中国，长年坚持体育锻炼的已逾3亿人，各式体育场馆兴建，各类体育运动兴起，各种体育活动兴盛就是明证。在中国体育未来发展格局中，群众体育的分量将会更重，而当这个体育的塔基更大更牢固时，处在塔尖上的竞技体育就会更加夺目。

体育的社会化、产业化势在必行。这既是推动群众体育进步的长远之策，也为竞技体育的发展奠定了更加坚实的基础。在这种体育发展大势下，有些竞技体育项目或许不再需要举国体制，在社会化、产业化的推动下会得到更广泛的普及。但还有不少竞技体育项目并没有群众基础，也缺乏市场前景，仍然需要举国体制加以推动。

"体育是培育人类的沃地。"今天，人们对运动员的成败得失更加宽容，越来越多的运动员开始享受比赛，这是一个新气象。这种宽松、理性与成熟的环境，有力地推动着中国竞技体育的发展，吸引着越来越多的民众去强健体魄，营造更加幸福美好的生活。

（引自陈家兴《人民时评：没有举国体制就没有中国竞技体育的今天》，载《人民日报》，2008 年 09 月 09 日）

讨论题：

1. 你是否同意该案例作者的观点？你认为"举国体制"的优势在哪里，其缺点是什么？

2. 结合本章内容，试述应该从哪些方面加强我国竞技体育的管理。

📎 本 章 小 结

1. 运动训练与竞赛是现代竞技体育的基本组成部分。一个完整的运动训练管理系统主要由管理者、管理对象和信息三大要素组成。运动训练管理体制是运动训练管理的机构设置、权限划分及管理制度等的总称。我国现行运动训练体制体现为初级、中级、高级三级训练网。

2. 运动竞赛管理的过程可分为赛前、赛中及赛后管理。运动竞赛管理产生的效益主要体现为社会效益和经济效益。

>>> 思考题

1. 运动训练管理的基本内容是什么？

2. 运动队管理的基本方式是什么？

3. 运动竞赛计划的基本内容包括哪些？

4. 如何实施运动竞赛的过程管理？

5. 运动竞赛的效益有哪些？如何提高运动竞赛的效益？

第九章　体育产业管理

本 章 要 点

　　1. 在阐述体育产业与体育产业化相关基本知识的基础上，说明体育产业管理的概念、特点，详细论述体育产业管理的内容与进行体育产业管理的基本要求

　　2. 介绍职业体育俱乐部经营管理的相关知识，阐述我国职业体育俱乐部的形成与发展、组织形式，论述我国职业体育俱乐部的经营管理模式与完善其管理的方法

第一节　体育产业管理概述

一、体育产业与体育产业化

（一）体育产业

　　20 世纪中后叶以来，体育运动与经济发展的密切关系超过了以往的任何一个时期。体育产业的发展进入了一个前所未有的高峰期，其影响扩展到全球。也就在这个时期，随着我国改革开放政策的推行、经济和社会的飞速发展以及人民生活水平的迅速提高，体育产业也得到了相应的发展。

　　长期以来，我国体育事业按照福利事业的框架和模式运作，对体育事业的管理多采取行政的方式，缺乏经济的手段。随着我国国民经济持续、快速、稳定的发展，人民物质生活水平的不断提高，人们对精神文化生活的需求也日趋多元化。体育作为一项能满足人们健身、健美、观赏、娱乐等多种需求的社会文化活动，在需求决定供给的条件下，现代体育日益分化为提供体育产品的生产部门和享受体育产品的消费者群体，市场机制也逐渐开始在配置体育资源中发挥重要作用，这为我国体育产业的发展壮大提供了基本条件。

　　国务院 1985 年颁布的《国民生产总值计算方案》第一次运用三次产业分类，将体育部门列入第三产业中的第三层次，即"为提高科学文化水平和居民素质服务的部门"，体育界、经济界开始出现"体育产业"的提法。1991 年

国务院将体育列入第三产业18个主要行业之一,翌年国家发布《关于加快发展第三产业的决定》之后,体育领域兴起加快发展体育产业的热潮,尤其是1995年全国体育工作会议将"体育产业"作为主要议题,专门研究《体育产业发展规划纲要》,以及国家《"九五"计划和2010年远景目标纲要》明确提出今后应"形成国家与社会共同兴办体育事业的格局,走社会化、产业化的道路"以来,体育产业的理论研究与管理实践进入了一个崭新的发展阶段。

体育产业是指为满足人们健身健美、娱乐休闲和精神需要,从事体育劳务产品的生产和经营服务的总称。

（二）体育产业的分类

1985年制定的三次产业划分标准中,体育产业被置于第三产业的第三层次,构成卫生、体育与社会福利业,体育产业没有次级分类。2003年5月14日,国家统计局印发了《三次产业划分规定》,对国民经济行业分类进行了重新的调整。修订后的三次产业划分将体育产业与文化和娱乐业一起组成文化、体育和娱乐业,体育产业包括体育组织、体育场馆和其他体育三个门类。与1985年制定的《三次产业划分标准》相比,体育产业的地位明显得到提高。

体育产业的分类标准有很多,从体育劳务生产方式看,主要有以下几类:

（1）经营管理型体育产业。主要指由体育系统和社会团体、企业、个人兴办的以营利为目的,以休闲、娱乐体育项目为经营对象的产业部门,包括商业性体育竞赛表演、体育培训、体育设施经营、健身娱乐俱乐部、职业体育俱乐部等。

（2）半经营管理型体育产业。主要指由政府兴办或资助的带有公益性的体育服务,包括体育训练基地、体育学校、社会体育指导中心、体育场馆、体育科研所、青少年活动中心等体育事业单位,以及国家承办的重大国际比赛、全国和地区性综合运动会、部分项目的竞赛等体育活动。

（3）非经营管理型体育产业。主要指由政府、社会团体、企事业单位、学校和部队等出资举办的体育培训、体育锻炼和竞赛等群众性体育活动,举办这类活动的目的是增进全体公民或在校学生、企事业单位职工的身心健康,提高精神文化素质,促进社会的文明进步。其经费投入是社会和企业发展必要的投入,并不需要通过活动自身获得收入和进行补偿。

（三）体育复合产业

现阶段我国所开展的体育经营活动中,除以体育劳务产品为主要经营内容的体育产业之外,还有与体育有关的其他产业形式,如体育服装、体育器材、体育场馆建设、体育旅游、运动食品饮料等,也有与体育无关的但由体育部门办的产业如养殖业、宾馆、商店、饮料厂、摩托车维修等。以上种种,从其经营活动的本质和内容上看，有的属于第一产业，有的则属于第二产业等，将它们均纳入体育产业的范畴是不恰当的。尽管它们也服务于体育，也是发展体育所需要的，但从理论上要严格区分，在实际工作中也要轻重有别。对目前体育领域中开展的各种体育经营活动，多数人将其称之为"体育复合产业"，大致分为三个部分：

（1）体育产业。亦称体育主体产业或体育核心产业，它包括体育竞赛表演业、体育健身娱乐业、体育培训、体育科技服务、体育无形资产经营等。

（2）体育相关产业。是体育与其他行业交叉所形成的既有体育的特点，又有其所在行业特点的产业，包括体育服装、体育器材、体育运动用品、体育保健食品和药品、体育场馆建设与装修、体育旅游、体育保险等，它们是直接面向体育市场的生产经营性产业，为体育市场提供物质产品。

（3）体育部门办与体育无关的产业。是体育部门出于补体助体的需要而开展的与体育无关的其他经营活动，如出租场地、房屋，经营餐厅、舞厅、宾馆，兴办公司、商店、工厂等。这类多种经营活动在当前体育市场发育不充分、社会体育消费水平较低的情况下，体育部门根据各自实际情况，开展以副补体的做法也是一条发展体育产业的路子，但应围绕发展体育主体产业来进行，为经营体育提供配套服务，不能冲击甚至替代体育主体产业。

（四）体育产业化

从词义学角度看，产业是名词，产业化是动词；从表现形式上看，产业是静态的，产业化是动态的。体育产业化就是要把体育纳入生产领域，有意识地通过发展体育产业，推动整个体育事业和国民经济的发展；体育产业化的目的是以产业运作方式来发展体育事业，以提高体育资源配置的效率与效益，使体育事业更快更好的发展。体育产业化的目标是逐步建立起与社会主义市场经济体制相适应、符合现代体育运动规律的体育市场体系和社会化服务体系，使体育更加有利于促进社会和经济的发展，有利于满足人民群众对体育的需要。简单地讲，所谓体育产业化是指按产业发展的方式对体育进行管理及运作。可见，体育产业化的核心就是按照市场经济的规律、方法和手段来办体育。体育产业化既反映了体育事业的发展过程、程度和方向，具有动态的含义；也反映了体育产业发展的内在规定性的静态含义，即按照市场的竞争规律、价格规律、供求规律等进行运作。

二、体育产业管理的含义

体育产业管理指体育产业组织中的管理者通过一定方式整合资源，实现经营目标所从事的各种管理工作的总称。对于各种体育产业组织而言，其组织发展的主要目标是为社会提供能满足人们需求的体育产品，并实现其经济效益的最大化及取得良好的社会效益。

体育产业管理的内涵具有多层次性。它既包括对我国体育产业结构的调整与优化，体育市场的培育与发展，体育产业政策的制定与实施，有关体育产业法规的制定，对各类体育产业部门进行协调和监督的宏观管理，还包括体育产业部门内部经营活动的微观管理。

体育产业管理，是应体育产业的发展和实践而提出的。在体育产业经营开发中，存在着许多管理方面的问题，这些问题必须运用管理的原理、方法和手段来加以解决。随着我国体育产业的发展，体育产业管理显得越来越重要。

三、体育产业管理的特点

发展体育产业的主要目的是充分发挥体育的经济功能，缓解资金短缺，增强体育发展的活力。因此，现阶段我国体育产业管理也体现出以下特点：

（一）以效益为核心

不断提高经济效益和社会效益是体育产业管理的根本目的，也是衡量体育产业经营管理水平的重要标志。在体育产业管理过程中，应将工作的重点转移到以效益为中心的轨道上来，重视效益，不断提高效益，这对解决我国体育资金不足，增加体育发展的活力，为社会提供更多更好的服务，实现体育发展战略目标有着重要意义。

（二）以市场为导向

体育产业管理应坚持以市场为导向，即根据市场需求，确定投资方向；根据市场信息，调整经营行为；根据体育消费者的变化趋势，调整经营战略，使体育经营部门全方位面向市场，增强竞争能力，在市场中求生存，求发展，并通过市场向消费者提供更多、更好的能满足人们需要的体育产品。

（三）以法制为保障

我国体育产业还处于发展初期，主要表现在体育市场条件还不成熟，市场规则尚未健全，体育市场赖以起作用的竞争机制、价格机制等机制不完整，体育产业发展过程中还存在着一些不利因素和不良现象。为使体育产业能健康、顺利、快速地向前发展，体育产业管理必须要以法制为保障。通过建立和完善各类体育市场管理法规，维护市场秩序，制止各类违法和不正当的经营活动。

（四）以经济方法为主要管理手段

在市场经济中，市场主体的各种经营行为都是以经营组织或个人的利益为出发点的，根据这一特征，体育产业管理应以经济方法为主要管理手段，改变过去以行政方法为主的做法。通过经济方法，建立经营组织的利益激励机制，奖勤罚懒，奖优罚劣，以调动劳动者的积极性，提高工作效率，增强内部活力，从而提高管理工作的效率和效益。

四、体育产业管理的内容

体育产业管理的内容十分广泛，它不仅包括对体育产业（亦称体育主体产业）的管理，习惯上也将体育相关产业以及体育部门办的其他产业管理纳入体育产业管理范畴。体育产业管理内容按照不同的标准有着不同分类，根据不同体育产业服务对象和领域划分，我国体育产业管理的主要内容包括：

（一）体育竞赛表演业的管理

体育竞赛表演业是通过组织各类体育竞赛表演，为社会提供较高水平的体育劳务产品，以满足社会对体育观赏和精神享受需求的服务部门。体育竞赛表演业的管理必须结合奥运争光计划和全民健身计划的实施，立足竞赛体制的改革和运行机制的转换，积极引导和规范各类体育竞赛的经营活动，鼓励社会各界承办国内外高水平体育竞赛表演，使体育竞赛和表演朝产业化、社会化、法制化方向发展。在完善体育竞赛招标制度的基础上，积极试行重大体育竞赛的申办制度，同时，应结合我国体育发展的实际，吸取和借鉴国外举办商业赛事等方面的成功经验和做法，逐步建立各种体育竞赛中介服务经济实体和体育竞赛经纪人制度。

（二）健身娱乐业的管理

健身娱乐业是向消费者提供身体锻炼、康复保健、娱乐休闲等体育消费所需要的场地、器材、技术指导及相关服务的服务部门。发展健身娱乐业应坚持国家办与社会办相结合的原则，围绕全民健身计划的实施，积极引导和鼓励社会各界投资兴办经济实体，从事体育健身娱乐方面的各类经营性活动。群众性体育协会、俱乐部、社会体育指导中心（站），应以社会化、产业化为方向，面向市场，服务群众，以各类体育设施为依托，为群众开展健身、健美、康复、娱乐等体育活动提供场地、设施和技术辅导等多项优质服务。在管理政策上，应鼓励并支持在城市社区中开展体育指导咨询及策划、体育场地设施和器材租赁、体育活动保险、体育康复等各类社区体育服务活动，积极引进国外趣味性强的健身娱乐项目与设施，以满足消费者对健身娱乐不同层次的需求。在管理法规上，应在建立和完善宏观调控和市场保障等方面法规体系的同时，加强对健身娱乐市场主体法律地位和权利义务，以及市场行为规则方面的法规建设。

（三）体育彩票业的管理

体育彩票是一种以筹集体育资金为目的，采用抽签给奖方式发行的凭证。发行体育彩票是筹集体育经费的一种有效手段，政府是发行体育彩票的唯一合法机构。体育彩票要从规范发行工作，提高体育彩票发行效益着手，逐步建立具有中国特色的体育彩票发行制度。进一步完善体育彩票的发行种类、印制技术、营销手段和中奖办法，建立全国性的销售网络和队伍，提高服务质量，积极争取有关方面的支持，促使体育彩票的发行科学化、制度化，使体育彩票收入成为支持体育事业发展的一个重要渠道。

（四）体育场馆经营管理

体育场馆和设施管理应坚持"以体为本，多种经营"的方针，坚持社会效益与经济效益的结合，扩大对外服务，由事业型向经营型转变，实行企业化管理，逐步做到全面开放，为社会提供多样化的体育服务。在确保体育业务指标完成的前提下，充分利用自身的人力和闲置的场地设施，以体为本，开展多种经营，增加收入，以体养体，以副助体，逐步提高体育场馆自我补偿、自我更新的能力。

（五）体育无形资产的开发与管理

体育无形资产指由长期的体育投资形成的一种以非物质形态存在于体育部门，并能给体育部门带来收益的一种使用价值。我国无形资产的开发主要集中在以下几个领域：体育名称权的开发、体育标志权的开发、体育"效应"的开发与利用、体育竞赛电视转播权的开发、体育用品企业的无形资产开发、体育商务特许权的开发以及体育科技成果的有偿转让等。对体育无形资产的开发与管理应根据各地的实际情况，加强对本地区体育无形资产的评估与管理，尽快制定相应的政策法规，使体育无形资产的开发和利用有章可循、有法可依。

（六）体育用品业的管理

应加强对体育用品生产经营的宏观管理，推行体育经营许可证制度，重点扶持一批体育事业单位和经济实体开展体育用品的生产和经营，充分发挥"中国体育用品联合会"的作用，加强与体育用品生产厂家的联系，为其提供新产品、技术改造和市场动态等方面的信息，用招标的方式举办一年一次流动性体育用品博览会，为国内外体育用品厂家提供展示和交易产品的机会，促进体育用品市场的开发和建设。

（七）体育系统的多种经营管理

为解决体育事业发展过程中资金短缺的矛盾，应鼓励体育事业单位根据自身的特点和市场需求，兴办投资少、见效快、收益高的经济实体，开展多业助体的经营创收活动，合法经营，依法纳税。体育行政机构应加强对多种经营活动的宏观管理，采取切实措施，遏制经营收益的福利化倾向，确保创收收入的大部分用于体育事业的发展。同时要重点抓好体育部门与外单位合作经营、合作开发中的产权界定、评估、签订合同等工作，防止在产业经营开发中体育部门国有资产的流失。

除上述管理内容外，体育产业管理还包括对体育咨询培训业、体育旅游业、体育广告业等领域的经营与管理。

五、体育产业管理的基本要求

（一）明确体育产业管理方向

（1）坚持体育产业的发展与我国经济和社会的发展相协调，与社会主义市场经济体制相适应。我国正处在社会主义初级阶段，经济还不发达，各种资源有限，国民科学文化素质不高，体育消费水平较低。在发展体育产业过程中，应从这一基本国情出发，坚持体育产业的发展与我国经济和社会的发展相协调。

（2）坚持为人民服务的宗旨，使社会效益与经济效益相结合，把社会效益放在首位。在体育产业管理工作中，应正确处理好社会效益和经济效益的关系，把社会效益放在首位，防止片面追求经济效益的做法。

（3）坚持国家办与社会办相结合，充分调动和发挥各行业及社会各团体发展体育产业的积极性。发展体育产业要走社会化道路，依靠社会，服务社会，打破过去由国家独家办体育的格局。

（4）坚持"谁投资，谁所有，谁受益"的原则，明晰产权关系，推动体育产业经营主体朝着自主经营、自负盈亏的方向发展。

（5）坚持"以体为主，全面推进"，走符合中国国情的体育产业发展道路。发展体育产业，首先应重点发展主体产业，积极发展相关产业，在条件允许的情况下开展其他产业经营，形成以体为主、多业并举的产业格局。

（二）培育和建立体育市场体系

体育产业的发展必须依托体育市场，运用市场机制合理配置和高效利用各种体育资源。因此，要大力培育市场，建立和健全体育市场体系。

（三）健全法规制度，完善调控机制

体育产业的发展离不开法制的保障，要使我国体育产业健康有序、规范地发展，必须加快体育市场的立法进程。

（1）根据当前体育产业发展过程中所暴露的主要问题，应加紧制定和出台《体育市场管理办法》《体育竞赛表演市场管理办法》《体育健身娱乐市场管理办法》《关于实行体育经营许可证制度的规定》《关于体育无形资产的管理办法》《社会赞助体育事业的管理办法》《关于体育彩票发行的管理办法》等有关主要法规，在此基础上逐步形成具有中国特色的体育产业管理法规体系。

（2）立法部门应深入调查，科学论证，提高管理法规的操作性、科学性、权威性。

（3）司法部门及有关行政经济监督部门要依法行政、依法监督，把体育产业的发展纳入法制的轨道。

随着体育体制改革的不断深入，体育行政部门的职能发生了转变，由过去的直接管理转向宏观调控。要保证宏观调控的有效性，必须建立宏观调控体系，完善调控机制。

（四）正确处理"主业"和"副业"之间的关系

所谓"主业"，是指体育主体产业，"副业"则是指体育相关产业，以及体育部门兴办的其他产业。在体育产业发展过程中，应把"主业"放在首位，重点发展。主体产业是体现体育自身经济功能和社会经济价值的核心产业，只有主体产业发展了，才能从根本上解决体育资金短缺的矛盾，才能真正增强体育自我发展能力。在发展"主业"的同时，根据各地实际发展"副业"，从而形成"以体为主，全面发展"的格局。

（五）把握生财、聚财、用财、理财之道

所谓"生财"，就是通过经营活动从市场和社会获取利润和资助；"聚财"是指资金积累；"用财"是指资金投入；"理财"则是指资金管理。生财之道，强调的是把握市场机会，通过正确的投资决策、合理的经营行为、有效的营销手段，从市场赚取利润和获得社会各界的资助。聚财之道，强调的是正确处理积累和消费的关系，使资金按照一定的比例稳步增加。用财之道，讲究的是资源的合理配置和高效使用，以最少的投入取得最大的产出。理财之道，强调的是资金的综合管理，防止流失和浪费。

资金管理，是我国体育产业管理的一个重要组成部分，通过建立、健全体育财务管理制度，加强资金管理，确保体育产业经营开发更好地服务于体育事业的发展。

第二节　职业体育俱乐部的经营管理

一、职业体育俱乐部概述

（一）职业体育俱乐部的含义

在市场经济体制下，竞技体育的产业化、商业化发展，便形成了职业运动员与职业体育。职业运动员是指专门从事体育训练与竞赛表演，从中获取报酬，并以此作为生活来源的人。职业体育是指遵循市场经济的基本规律，将职业运动员高水平体育竞赛及相关产品作为商品来经营，从中获得经济利益的一种体育经济活动。

关于职业体育俱乐部的含义，目前尚无统一的说法。不同的国家和不同学者有各自的理解，各个运动项目的规定也不尽相同。从国内外对职业体育俱乐部的规定来看，所谓职业体育俱乐部是指以职业运动队为核心、以营利为目的的具有独立企业法人资格的体育经济实体。

（二）现代职业体育俱乐部的本质与特征

把握现代职业体育俱乐部的本质与特征，是认清我国职业体育俱乐部运行的内外环境，构建职业体育俱乐部运行机制模式，提高我国职业体育俱乐部市场化经营管理水平的前提条件和基础。

1. 现代职业体育俱乐部的本质

从职业体育的产生发展过程中可以看到，职业体育俱乐部产生的前提是将竞技体育竞赛作为商品并进入市场交换。竞技体育竞赛向社会提供的是非实物形式的商品，它是以服务来体现的。只有当人们为满足自身需要而愿意为之付费时，竞技体育竞赛的商业价值才能真正实现。

因此，职业体育俱乐部是以经营某一高水平运动项目训练和竞赛，并开发其附属产品，追求利润最大化的一种特殊企业。从本质上讲，职业体育俱乐部的功能是生产具有观赏价值的竞技体育竞赛产品，并通过市场交换向消费者提供竞技体育竞赛表演娱乐服务。职业体育俱乐部经营管理成功与否，取决于它能否最大限度地为消费者提供优质服务，能否充分满足消费者观赏体育竞赛的需要。因而职业俱乐部经营的本质无论是国外的还是国内的，都是追求投资的回报和资本的增值，通过向社会提供服务来追求利润最大化。

2. 现代职业体育俱乐部的特征

（1）职业体育俱乐部提供的产品具有个人消费品性质。

按照产品的消费与使用是否同时具有排他性和竞争性，将其划分为个人物品、公共物品以及介于两者之间的混合物品。由于职业体育俱乐部是按照市场经济规律来经营竞技体育，它所提供的产品是具有观赏价值的体育竞赛与娱乐服务，且从中赢利，因此，职业体育俱乐部向社会提供的产品具有个人消费品性质。

（2）职业体育俱乐部是企业性质的经济实体。

根据职业体育俱乐部的含义，从职业体育俱乐部发展的总体上看，处在市场经济条件下的现代职业体育俱乐部是一个企业性质的经济实体，具备一般意义上的企业应有的特点。具体表现为：职业体育俱乐部是职业体育的基本组织形式；职业体育俱乐部是从事体育文化娱乐及其相关产品的生产经营的体育企业组织；职业体育俱乐部是有其自身经济利益的经济实体；职业体育俱乐部是经注册登记的具有独立法人资格的体育团体。

（3）职业体育俱乐部具有生产经营性。

职业体育俱乐部具有体育服务产品的生产经营性特征。具体表现在：运动员是俱乐部最重要的资产，职业体育俱乐部的核心是由一批高水平运动员组成的职业运动队，它的效益主要来自于职业运动员。竞赛水平是俱乐部生存发展的基础，职业体育俱乐部提供的商品是体育服务；它的主要成分是运动员在竞赛中高超的运动技能。俱乐部生产经营活动的合作性，体育竞赛的对抗性、竞技性等决定了职业体育俱乐部的生产经营活动必须由各个俱乐部共同组织起来生产经营一个共同的产品——体育竞赛表演。无形资产的开发利用是职业体育俱乐部的主要经营内容，俱乐部社会形象越好，社会知名度越高，无形资产的市场价值也越高。

综上所述，作为与市场经济相适应的现代职业体育俱乐部应具备以下基本要素：一是将以体育竞赛为载体的体育文化娱乐服务作为商品进行生产经营；二是向社会提供的产品具有个人物品的性质，并将营利作为发展的重要目标；三是拥有必要的资产或经费的企业性法人实体；四是有一整套与现代职业体育发展规律、市场经济规律相适应的经营管理制度。

（三）职业体育俱乐部经营的主要内容

职业体育俱乐部经营的主要内容有冠名权经营、门票经营、广告经营、转播权经营、球员转会、商业性比赛、球迷产品经营及其他经营活动。

1. 冠名权经营

冠名权经营是职业体育俱乐部经营内容中最主要的一项。目前，我国各项目职业俱乐部冠名权转让收入一般都占俱乐部经营收入的50%以上，中超足球俱乐部除开发俱乐部冠名权之外，还进一步开发了城市冠名和球队冠名经营。

冠名权经营实际上就是职业俱乐部寻找冠名赞助商的过程。它的开发过程和经营技巧与体育组织寻求赞助商的过程及运作技巧基本相同。

2. 门票经营

门票收入是职业体育俱乐部重要的财源。它反映了观众对比赛的满意程度，是衡量俱乐部经营优劣的重要标志，因而各俱乐部都十分重视研究观众上座率与门票收入情况，并采取一切可能的措施将观众吸引到比赛场上来。如实行主客场制、为观众提供各种服务与便利、为观众参与比赛创造各种条件与营造氛围、通过市场调查明确消费人群与科学制定门票价格、向球迷推出价格优惠的各类套票，等等。

3. 广告权、电视转播权等无形资产的经营

广告权、转播权是职业体育俱乐部的重要无形资产，是俱乐部收入的重要来源。因此，广告权与转播权的经营就成为职业体育俱乐部经营的重要内容。

体育转播媒体（包括电视、广播、互联网等）的发展，为职业体育俱乐部转让广告权和电视转播权等无形资产提供了有利条件。目前，我国体育电视转播的主要机构见表 9-1。

表 9-1　中国体育电视转播的主要机构

类　　别	机　　构
国际转播机构	卫视、ESPN、NBC、BBC
全国性转播机构	中央电视台
全国性体育转播机构	中央电视台 5 频道
地方性转播机构	各省、市、区等地方电视台
有线电视体育转播机构	全国有线电视网、各地方有线电视台

职业体育俱乐部转让广告权和电视转播权，一定是有影响力和有较大观众市场的比赛。转播商的主要收入是向广告商出售转播期间的广告时段，而广告商购买广告时段的重要依据是看一个节目能否吸引足够多数量的观众。因此，如果转播机构和广告商认为某一俱乐部的比赛不具有影响力和不具有足够多的观众，则不会购买广告权和电视转播权。

4. 运动员转会

运动员转会是职业体育俱乐部经营的主要内容之一。运动员转会的经营主要是指俱乐部根据自己的经营目标和球队成绩的实际状况，以最合理的价格买入和卖出运动员的经济活动。对俱乐部而言，运动员转会经营最重要的是要清楚转入或转出运动员价格的估算方法，并以此为底价设计谈判方案，争取以最合理的价格与对方俱乐部达成协议。转会经营的核心是买入或卖出运动员的价格质量比。即根据俱乐部的实际情况，确定应转入或转出运动员的质量水平，在保证质量的前提下以最适宜的价格成交。

5. 商业性赛事经营

商业性赛事经营是指俱乐部利用联赛间歇期，组织运动队或队员参加能为俱乐部带来收益的对抗赛、表演赛及擂台赛等。商业性赛事的经营既可以委托经纪机构来代理，也可以由俱乐部的市场开发部门自己运作。在经营过程中，主要应考虑：一是尽可能选择收益高的比赛，要引入机会成本的概念来测算比赛的收益，使收益最大化、成本最小化。二是商业性比赛安排要有

提升俱乐部整体形象、扩大俱乐部影响力和拓展俱乐部营销渠道及市场空间的考虑。三是要处理好赛训关系。总之，俱乐部商业性比赛的经营要处理好经济效益、社会效益和球队备战三者之间的关系，力求综合效益最佳。

6. 观众产品经营

观众产品经营是指俱乐部为引导观众形成对俱乐部的归属感而向观众提供的产品和服务。它既包括俱乐部标志产品的生产和经营，如队服、鞋帽、围巾、纪念品和明星卡等，也包括会员俱乐部、各类主题餐厅、酒吧、咖啡屋以及训练营观摩等服务性产品的生产和经营。观众产品的经营，首先，是拓展俱乐部财源的一个重要渠道。其次，观众产品的经营也是树立俱乐部品牌形象和引导观众形成对俱乐部归属感的需要。

（四）职业体育俱乐部的经营方式

职业体育俱乐部的经营方式主要有自营和委托代理经营两种形式。自营一般是指俱乐部自主开发经营一切商业活动，经营的主体可以是俱乐部分支机构，也可以是俱乐部主管市场开发的职能部门。委托代理经营是指俱乐部将全部或部分经营活动授权给中介机构，由它们来代理经营，经营的主体是有授权的中介机构。从发达国家职业体育俱乐部的经营现状看，欧洲职业体育俱乐部大多采用自营模式，而北美职业体育联盟体制下的俱乐部大多采用"自营＋代理"的复合经营模式。从趋势上看，由于职业体育市场不断拓展，商务活动日趋繁忙，俱乐部经营业绩的优劣越来越取决于经营内容和营销方式的创新，因此，俱乐部的经营方式逐步由自营向"自营＋代理"的方向转变，并正在成为一种潮流。

职业体育俱乐部采用代理经营方式开展的业务活动，主要是将俱乐部的无形资产开发的经营活动交由中介机构来代理经营，即委托人和代理人通过分工使各自的技能和优势得以发挥，从而产生出分工效果和规模效益。所以，职业体育俱乐部根据自身的实际情况，有选择地将部分专业性强的商务活动委托中介机构来代理经营，是一种较好的经营策略。同时，职业体育俱乐部在采用代理经营时有可能会遇到某些代理人为谋求自身利益的最大化而侵害委托人利益的情况，防范的措施主要有两个方面：一是要慎重选择中介机构。要对代理人以往的业绩、声誉和资信情况进行全面的考察和评估，做到好中选优。二是把好签约关。要科学设计代理契约，明确代理人的责任、权利、义务和违约责任，同时还可以根据情况，设置奖励条款，以激励代理人创造最大价值，使其行为目标与委托人的目标在获利动机上保持一致。

二、我国职业体育俱乐部的形成与发展

我国职业体育俱乐部是从计划经济体制下的专业运动队模式中转变而来

的。1992 年 6 月，全国足球工作会议后，足球项目率先进入以"体制改革与机制转换为核心，以协会实体化、俱乐部制和产业开发为重点"的历史阶段，并成为整个体育改革的突破口。1994 年 4 月，万宝路全国足球甲级联赛揭幕，甲 A 与甲 B 共有 24 家俱乐部参加，标志着职业足球俱乐部正式开始运作。

我国以足球改革为突破口的职业体育试点起步后，开始对竞技体育管理体制推行单项协会实体化改革，20 多个运动项目管理中心相继成立，在职业足球俱乐部改革初见成效的影响下，篮球、排球、乒乓球等运动项目也分别在 1995 年、1996 年和 1998 年成立了职业体育俱乐部或半职业体育俱乐部，实行了主客场形式的职业俱乐部联赛。

从整体上看，我国职业体育俱乐部仍处在初创阶段，在过去十余年时间里，我国职业体育俱乐部从计划经济体制下的专业运动队模式中转变而来，经过具有启蒙和试验性质的探索，积累了许多经验与教训。随着我国市场经济体制的完善，我国职业体育俱乐部与市场经济相适应的新体制、新机制将不断成长并占据主导地位，最终建立和完善现代职业体育俱乐部的运行机制。

我国体育赛事表演市场的主要供给主体是职业俱乐部及较高级别赛事的参赛队。真正能够在赛事表演市场进行商业化运营的只有部分受社会欢迎的高水平运动项目的专业队或者由其转化形成的职业俱乐部队，这些是我国赛事表演市场的主要供给主体。

我国职业体育俱乐部主要是以三种方式形成的：一是企业资助部分资金，体育局负责训练和比赛；二是由企业将运动队整体并购，成为企业的部门，由企业负责训练和比赛；三是企业将运动队整体并购后，将俱乐部变成企业法人，形成国有独资公司。由于上述形成方式使得职业俱乐部的产权归属于体育局或国有大中型企业或共同所有，因此从产权性质来看，一般具有国有产权的性质。

三、我国职业体育俱乐部的组织形式与结构

我国职业体育俱乐部大体上有三种组织形式：第一种是政企联办型。这是我国竞技运动项目由原来的专业队向职业队过渡时期最常见的一种模式。第二种是有限责任公司。即由一家企业一次性出资从体育行政部门买断运动队及相关场地、设施，独资组建的俱乐部。第三种是股份有限公司。这是依照《公司法》的有关规定设立的职业体育俱乐部。

尽管我国各职业体育俱乐部的组织形式存在许多差异，但基本上是按照董事会——董事长——总经理——职能机构这种企业化管理形式设置组织机构。如北京国安足球俱乐部的董事会由中国国际信托投资公司及其下属企业的 6 名成员组成，董事长由中国国际信托投资公司董事长兼任，副董事长由

下属企业国安总公司董事长、总经理兼任。董事会聘请有关专业人士担任俱乐部总经理。俱乐部实行董事会领导下的总经理负责制。俱乐部下设 7 个职能机构：办公室、财务部、经营开发部、国安足球队、接待部、青少年培训部和球迷管理部，分别经营管理相关业务。

四、我国职业体育俱乐部的经营管理模式

我国已经进行了十多年的职业体育俱乐部联赛，虽然没有成立职业体育联盟，但基本形成了我国职业体育俱乐部的经营管理模式，如图 9-1 所示。

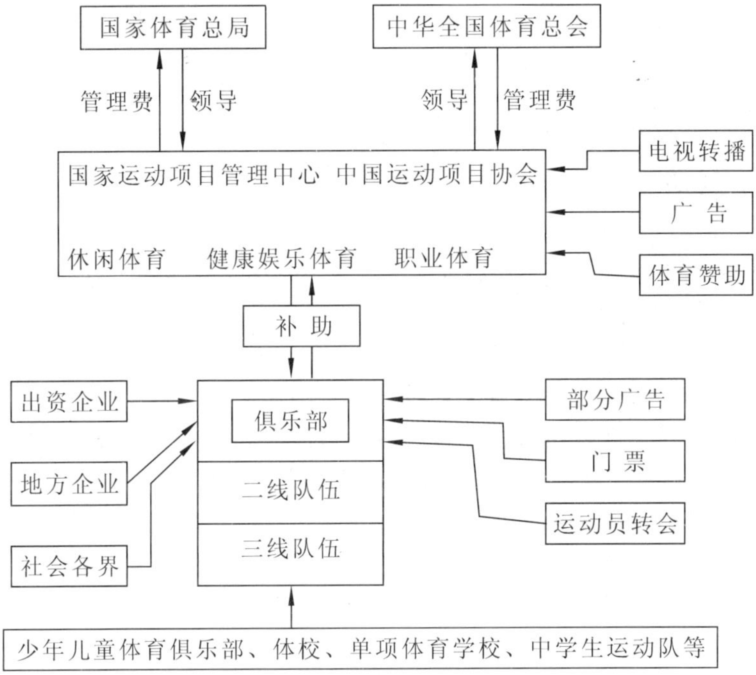

图 9-1 我国职业体育俱乐部的经营管理模式

从我国职业体育俱乐部的经营管理模式可以看出，我国的职业体育俱乐部组织管理结构中，运动项目管理中心与项目协会实际是一种"官员一套班子，分挂两块牌子"的混合机构。所以，这种名为实体的运动项目管理中心，它兼具类似企业的功能、民间协会功能、政府派出机构的功能，成了集政府、社会、企业三种功能于一体的中国式特殊产物。

现在各个职业体育俱乐部，大都实行董事会下的总经理、总教练负责制。具体分工为总教练负责训练和日常训练的相关管理，总经理负责"弄"钱。根据调查，我国职业体育俱乐部的总经理 70% 以上的精力是在为钱奔波，找领导批条子，托朋友走门路拉关系，主要是"游击队"的战略战术。他们自

称只有30%左右的精力用于俱乐部的内部经营管理。就是说，即使让他们有70%的精力用于俱乐部的内部经营管理，也不会收到多大的经营管理效益。

我国的职业体育俱乐部，在经济形式或名称上与经济发达国家的职业体育俱乐部几乎没有区别，大多数是以"合资、独资、股份制"三种经济形态申报成立的。但由于我国目前正处于社会转型时期，其中大部分的职业体育俱乐部，实际上是政府与事业、政府与企业（国有企业）、事业与企业（国有企业）联办的一种中国特色的职业俱乐部。因而在经营管理中自然体现出了政府意志的痕迹和离开市场法则的运作。所以，我国目前采用的职业体育俱乐部经营管理模式，很难适用于市场经济体制下的职业体育产业发展，还需要提高经营层次和目标层次，转换经营机制，不断强化我国职业体育俱乐部的管理，不断提高其市场经营效益。

五、我国职业体育俱乐部的管理

职业体育俱乐部管理是一个复杂的系统工程，涉及许多的内外因素。因此需要围绕政府职能、俱乐部行业管理、俱乐部组织管理三个方面完善管理。

（一）明确政府管理职业体育俱乐部的职能

1. 应遵循的原则

在国际上，政府对职业体育俱乐部的管理通常是通过调控市场、依据法律以及制定相关产业政策来达到目的的。当前我国职业体育俱乐部的现实表明："政府干预是有缺陷的，完全排斥市场经济的政府干预肯定是低效率的。"因此，在运用政府力量的干预来弥补俱乐部运行中市场失灵的缺陷时，必须遵循以下原则：一是政府对俱乐部的管理必须以市场机制充分发挥作用为前提；二是政府管理俱乐部的目的是弥补市场机制的缺陷，促进市场机制调节功能的充分发挥。

2. 政府管理职业俱乐部的方式

目前，我国职业体育俱乐部存在的"政俱不分"和"政资不分"的现象，严重妨碍了俱乐部市场机制的建立与完善，政府应采取通过市场间接管理职业体育俱乐部的方式。

——培育与规范体育竞赛表演及相关的市场，实施市场监督，保障现有市场体系下的市场秩序。

——构建职业体育俱乐部经营管理体系，实行"政资分开，政俱分开"。

——运用法律、法规、政策、税收、信息等手段对职业体育俱乐部实行宏观引导。

（二）加强职业体育俱乐部的行业自律管理

在职业体育俱乐部的经营管理中，介入俱乐部运作的主体除政府之外，还有各类中介机构，如协会、经纪机构、广告商等。构筑我国职业体育俱乐部组织管理体系，行业管理是必不可少的环节，它对于建立与完善职业体育俱乐部的自律机制有着十分重要的作用。

在西方国家，职业体育俱乐部行业管理的主要组织形式是职业体育俱乐部联盟或联赛，它们是在俱乐部自愿的基础上组织起来，以增进彼此间共同利益为目的的松散的经济团体。它正在成为各国职业体育行业管理中普遍采纳的方式。

我国开展职业体育的各运动项目都采取由项目协会管理俱乐部的组织形式。现阶段我国职业体育俱乐部运行中各种利益冲突增多，成立职业联赛管理机构的呼声不断。而深层次的背景则是对权力介入市场运作的不满，是俱乐部制度下利益格局重新调整的要求。因此，我国职业体育俱乐部行业管理与行业自律机制的建立与"政俱分开"的进程有着密切关系。我国职业体育俱乐部正在由"政俱不分"向"政俱分开"转变，单项运动协会也正在变革，但速度跟不上职业体育俱乐部的发展要求，需要在单项运动协会与俱乐部之间揳入一个行业管理组织，即由以俱乐部代表为主体构成的俱乐部联赛管理委员会或职业体育俱乐部联盟，减少行政权力对俱乐部运作的过多干预，完善行业自律机制，促进俱乐部市场主体地位的形成。

（三）规范职业体育俱乐部的组织管理

规范职业体育俱乐部的组织管理，主要涉及两个方面，一是规范职业体育俱乐部的组织形式；二是完善职业体育俱乐部的制度建设。

1. 形成有效的俱乐部法人治理结构

股份制俱乐部的一个最基本的特征是所有权与经营权的分离。因此，现代职业俱乐部必须建立有效的法人治理结构，投资者通过对俱乐部的最终控制权来保证俱乐部资产的保值增值，实现投资者利益的最大化。

俱乐部法人治理结构是指由所有者、董事会和经营管理人员三者组成一定制衡关系。一个规范的俱乐部法人治理结构的特征表现为：第一，由俱乐部投资者为主组成的股东会决定俱乐部董事会的任免，并由此拥有对俱乐部最终控制权。董事会一经成立就成为俱乐部资产的托管人和责任人。第二，俱乐部董事会拥有重大问题的决策权和任免经理人员的全权，但董事会必须对维护投资者利益负法律责任。第三，经理人员在俱乐部董事会授权范围内，自主进行各项日常事务决策，管理俱乐部各项经营事务。因此，有效的俱乐部法人治理结构在本质上表现为一种双层的"委托"与"监督"的关系结构，其基础就是俱乐部所有权与经营权的分离。

同时，应加强俱乐部董事会的功能，不断强化对俱乐部经理人员的经济激励与约束机制，充分发挥市场竞争机制的作用。

2. 建立科学完善的管理制度

为了确保我国职业体育俱乐部的规范运作与管理，必须建立科学完善的俱乐部管理制度。根据我国职业体育俱乐部目前存在的各种非规范的运作方式，在管理方面，一是建立、健全内部管理制度；二是建立联赛监管制度。

内部管理制度。在内部管理制度的建设上有两方面的任务：一是逐步建立与市场经济体制相适应的、为俱乐部运作提供必要保障的制度；二是将职业体育俱乐部作为一个经济实体，建立一整套与其经济活动相适应的规章制度。重点是建立与完善俱乐部的组织制度、员工聘用制度、工资分配制度、财务会计制度、民主管理制度等，由此形成俱乐部严密的制度体系。

联赛监管制度。职业体育俱乐部联赛在一定意义上是在组织和培育一个市场，这个市场正是诸多成员俱乐部赖以生存、发展的基础。因此，建立和完善职业体育俱乐部联赛组织及其对成员俱乐部的监管制度就显得十分重要。

联赛准入制度。俱乐部联赛接纳新成员就意味着允许其进入联赛市场，新成员的品质、运作规范、经营状况如何将对联赛市场产生影响。因此，把好俱乐部准入关，是保证联赛正常运作的首要工作，也是促使俱乐部运行机制转换与完善的重要一环。

运行过程的监管制度。对职业体育俱乐部的运行过程实行持续的动态监管，从严执法，规范其运作行为，引导职业体育俱乐部依法照章运作。主要包括：

——加强联赛制度建设，使之对俱乐部的持续监管有章可循，有法可依。

——对运动员转会的监管。

——对运动员后备人才培养的监管。

——对俱乐部主要活动的监管。

联赛管理组织对俱乐部实施监管是必要的，它是政府宏观管理的补充，是联赛组织自律机制的体现。我国职业体育俱乐部尚处于机制转换期，各种机制正在建设与完善之中，尤其是自身约束机制很不健全，这种行业自律性的监管机制及其措施就显得尤为重要。

【案例】关于发展我国体育产业的思考

目前，国内外学者对于体育产业的内涵尚没有形成共识。国外学者一般认为，体育产业以满足消费者和其他行业对体育的需求为核心，以追求经济效益为宗旨，其领域涵盖与体育相关的一切生产经营活动。我国学者大多认为，体育产业是为生产或提供满足人们强身健体、休闲娱乐、审美交际等需要的体育服务产品的企业、事业部门的集合；它包括体育健身娱乐业、体育竞赛表演业、体育旅游业、体育教育咨询培训业、体育医疗康复业、体育中介组织。以上两种观点反映出体育产业的三大特征：一是污染小、产值高，属于朝阳产业；二是可以产生关联效应和正外部性；三是可以为社会提供较多的就业机会，属于劳动密集型产业。

我国体育产业起步较晚，但发展很快，近年来其领域和规模不断扩大，产业效益明显提高，已经成为国民经济产业体系的重要构件。随着我国居民收入的不断增长和生活水平的不断提高，体育健身、休闲、娱乐等方面的需求也在大幅提高。北京奥运会更是为中国体育产业的进一步蓬勃发展注入了新的活力。因此，全面审视和理性检点我国体育产业的现状与问题，立足北京奥运会后我国体育产业的发展趋势，统筹规划我国体育产业的整体布局和长远发展十分必要。

有关数据显示，我国体育产业对 GDP 的贡献率尚不足 0.5%，与一些发达国家相比，差距明显。美国体育产业年产值高达 2100 亿美元，是汽车制造业总收入的两倍，约占 GDP 的 2%；澳大利亚体育产业对 GDP 的贡献率超过 1%；早在 20 世纪 80 年代末，以"足球业"为主的体育产业就已成为意大利国民经济的支柱产业；英国体育产业年产值约为 70 亿英镑，超过汽车制造业和烟草业的年产值，每年政府从中获得高达 24 亿英镑的税收。目前，我国体育产业仍处于自发和过渡阶段。整个产业的总产值约为 3000 亿元，其中一半以上依赖于体育用品业的迅猛发展；体育彩票市场空间巨大，全国每年销售量约为 200 亿元；在体育传媒和广告、大型赛事、俱乐部投资等方面，我国与发达国家的差距正逐步缩小。从总体上看，我国体育产业在引导社会消费、调整产业结构、推动国民经济发展等方面，已经显露出巨大的潜力和发展空间。

北京奥运会不只是举办一次大型的国际体育赛事，它对于我国体育产业及其相关领域的带动与辐射效应十分强劲和明显。奥运会的商业化运作加快了我国体育产业与国际接轨，许多萦绕多年的"瓶颈"问题得以突破和解决。奥运会是一项系统工程，涉及体育场馆建设、选购体育器械和设备、体育经纪、体育赞助和体育无形资产开发等诸多方面，从而带动了中国体育产业市场化运作水平的提高。奥运会的商业化运作更带动了我国体育产业经营方式和理念的变革，使体育产业按照市场化和商业化的模式运作。奥运会还掀起了一股全民健身热潮，这极大地促进了全民体育消费的增加。

北京奥运会也给我国体育产业发展提出了多方面的问题。第一，体育用品市场的开发与保护亟待加强。我们必须在体育用品的市场开发和品牌建设上狠下工夫，增强自主创新能力，全力打造民族品牌，开创体育用品产业的新空间。第二，缺乏有竞争实力的大型体育产业集团。现有的体育企业，大多忽视企业文化建设，企业对人力资本的开发不够充分。体育产品质量不高，数量单一，产品雷同率高。第三，体育产业的市场秩序尚不完善。体育产业的市场化程度不高，市场体系不完备，市场结构不合理。第四，体育产业的融资力度有限。我国体育企业的商业化运作水平不高，大多依靠自有资金滚动发展或是依赖国家投入，鲜有借助资本市场解决资金不足的成功案例。

基于上述，我们必须从战略高度思考我国体育产业发展问题。一是加快体育产业国际化。立足本国，放眼世界，在与国际强手的竞争中加强合作，在合作中寻求自身品牌的壮大，在双赢中实现跨越式发展。二是重视体育资产系统化。我国体育无形资产的开发与利用尚处于起步阶段，体育无形资产的确认和法律保护尚未制定，品牌、形象、专利、技术、名称等尚未形成开发系列，这些都亟须建立完备的体育资产开发与利用体系。三是促进体育产业规模化。近年来，我国体育产业虽然发展很快，也形成了一定规模，但总体上还不是很大，发展不甚平衡，结构不够合理。通过市场机制和宏观调控，有侧重、有步骤地统合一定数量的体育企业，形成有国际竞争力的大型体育产业集团十分必要。四是推进体育品牌民用化。从品牌塑造角度准确定位，牢牢抓住体育人口递增的绝佳时机，细分消费群体，透过品牌，营造市场，推动销售。五是实现体育消费标准化。一方面实现工艺和管理制作过程的标准化；另一方面实现营销过程的标准化，使产品的生产和销售等诸多环节与国际市场实现无缝隙、标准化对接。六是加快体育产业资本化。体育产业离开资本市场很难发展壮大。为此，必须对接体育产业与资本市场，让更多的体育企业进入资本市场，上市融资，形成一定规模的体育资本，从而提高体育产业的融资能力。

中国体育产业正面临着产业化转型的重要历史时期。实现中国体育产业的跨越式发展，进一步繁荣我国的体育事业，功在当代，利在千秋。

（引自曾广新《关于发展我国体育产业的思考》，载《光明日报》，2008年09月17日）

讨论题：

1. 结合本章内容，你认为我国体育产业管理中存在哪些方面的问题？

2. 你认为发展我国体育产业应该从哪些方面入手呢？你是否同意案例作者的观点，为什么？

本 章 小 结

　　1. 体育产业管理指体育产业组织中的管理者通过一定方式整合资源，实现经营目标所从事的各种管理工作的总称。体育产业管理以效益为核心，以市场为导向，以法制为保障，以经济方法为主要管理手段，其管理的主要内容包括体育竞赛表演业的管理、健身娱乐业的管理、体育彩票业的管理、体育场馆经营管理、体育无形资产的开发与管理、体育用品业的管理等。

　　2. 职业体育俱乐部是指以职业运动队为核心、以营利为目的的具有独立企业法人资格的体育经济实体。其经营的主要内容有冠名权经营、门票经营、广告经营、转播权经营、球员转会、商业性比赛、球迷产品经营及其他经营活动。职业体育俱乐部管理是一个复杂的系统工程，涉及许多的内外因素，因此需要围绕政府职能、俱乐部行业管理、俱乐部组织管理三个方面完善管理。

>>> **思考题**

1. 体育产业管理的内容包括哪些？
2. 体育产业管理有哪些基本要求？
3. 如何加强我国职业体育俱乐部的管理？

第十章 体育信息管理

本 章 要 点

在明确体育信息的特点与类型的基础上，阐述体育信息管理的内容、体育信息工作的评价与基本要求，并简单介绍体育信息管理系统开发的原则与开发方法

体育信息是对能够反映体育系统活动和运转的各种具有新内容、新知识的指令、情报和资料的总称。信息工作在体育管理的主客体及中介中均存在，是体育管理不可缺少的组成部分。信息是决策和计划的基础，也是组织和控制过程的依据，是各管理环节和管理层次互相沟通形成有机网络的纽带。信息既是体育管理的对象，也是体育管理的手段和工具。因此，提高体育管理的效益，就必须构成一个可控制的管理系统，这个系统由管理对象、管理机构和连接两者关系的体育信息系统构成，其中，信息是管理的核心所在。信息工作的任务就是收集、整理、处理、贮存和传递有用信息，为体育管理服务。

第一节 体育信息的特点与类型

一、体育信息的特点

体育信息的特点主要表现在以下几个方面：

1. 广泛性

随着现代社会的不断发展，体育的社会价值和地位日益提高。当今世界几乎每时每刻都在进行着体育活动或重大比赛，世界上各电视台都有体育频道，世界上的体育杂志已有几百种。体育信息已不仅仅是体育工作的重要"资源"，而且也是社会上人们获取健康知识和丰富精神生活的养料，具有广泛的社会作用和效果。

2. 综合性

体育是一种复杂的社会现象，它既包括生物学因素，又包括社会学因素，

因此，体育信息内容具有综合性特点。首先，它的内容是相当丰富的，它涉及面非常广，与各个领域均有联系，在体育内部的种类复杂，项目繁多；其次，它的用途广泛，同一份信息可被多方面所利用，不管管理人员、教练员、教师、科研人员，还是运动员、学生、业余体育爱好者都使体育信息在用途上具有多面性。

3. 时效性

在体育竞赛中，信息瞬息万变，我们只有善于以最快的速度捕捉最新信息，才有可能获得成功。随着体育科学的快速发展和体育运动水平的不断提高，体育信息的老化、更新速度也不断加快，它的寿命周期也在缩短。

4. 国际性

体育在通过各种竞赛来提高运动技术水平的同时，也使体育本身超越了国界，成为促进各国人民相互了解、友好往来和增进友谊的纽带和桥梁。同时由于体育比赛的胜负关系到民族的尊严和国家的荣誉，所以能得到举国上下的极大关注。国际体育的竞赛组织、规则、规程、场地、器材规格等都具有国际的约束力，只有根据国际统一的技术规则所取得的成绩，才能得到国际上的认可。

5. 保密性

由于体育竞赛活动对抗性强，它的胜负往往关系到集体和国家的荣誉，为了取胜，许多技术、战术及其训练方案和手段都是秘而不宣的，未授权的主体往往不能直接获得。

6. 直观性

体育信息的直观性主要表现在现场观摩和声像信息中。一方面，体育比赛的情景、运动员运动状态的变化方式都可以拍摄下来转播或放映给现场外的观众们收看；另一方面，在教学训练中可用声像技术及时反馈信息，对动作反复观看，从而对其技术进行诊断，以取得最优化控制。

二、体育信息的类型

根据不同角度和标准，可将体育信息分为不同的类型。从管理学的角度，可以将体育信息分为以下三类。

1. 从管理组织的角度来划分

体育信息可分为系统化体育信息和非系统化体育信息。系统化体育信息是指按照各项规定的指标、制度、方向、传递的间隔期和期限以及指定的形式所详细规定的那种体育信息。系统化体育信息是一种常规信息，这种信息数量大而且及时，人们可以通过对这种信息的长期观察和分析，揭示体育运动的基本规律。非系统化体育信息是一种偶然信息，是指不按照某种固定的程序而得到的那部分体育信息。非系统化体育信息主要是指体育运动中特殊的、突然的非正常事件的信息，这种信息随机性很强，需进行特殊处理。

2. 按照体育系统与外部环境的关系来划分

体育信息可分为体育内部信息与体育外部信息。体育内部信息是指体育系统内部的有关体育系统自身运行状况的信息，包括扩大机构的设置与分工等方面的信息；各部门人员的思想、业务、工作、职务、经费、设备等方面的状况以及潜力、需求等方面的信息；有关规章制度、工作程序及执行情况等信息。体育外部信息是指体育系统以外的对体育系统的运行有影响的那部分信息，包括国际、国内的体育信息和政治、经济、社会、文化、科技等方面的相关信息，包括中央和各级党政领导机关（包括各级体委）发布的重要方针政策、各项重大决策和工作布置；其他单位的经验、状况；有关历史状况和未来发展趋势等信息。

3. 按体育信息的应用部门来划分

体育信息可分为学校体育信息、群众体育信息、训练与竞赛信息、体育产业信息、体育科技信息等。

4. 按体育信息的记录符号划分

可将体育信息分为体育音像信息、体育文字信息、体育数据信息等。

第二节 体育信息管理的内容

根据体育信息工作流程，体育信息管理的内容包括信息的收集、加工整理、检索、研究、报道、服务六个主要方面。

一、体育信息收集

信息的收集工作是体育资源建设工作中的首要环节，而调查研究各类信息源的状况则是搞好信息工作的先决条件。信息源是指人们获得信息的来源，因为目前信息的主要载体是文献信息，所以文献工作是国内外体育信息工作的主要内容。体育信息源的类型主要有体育报刊、图书、会议文献汇编、学术论文、声像资料、体育档案等材料。体育信息收集的方法较为常用的有问卷调查法、参观考察法、专家咨询法、预订采购法、信息检索法、日常积累法、访问交谈法、交换索要法、委托收买法、技术截获法等。

二、体育信息的加工整理

体育信息的加工整理是指在已收集到的体育信息资料的基础上，把无序的、凌乱的文献资料等用科学的方法变成有序的、可供排检利用的文献资料的集合过程。现实中，无论是通过现场调查所获得的体育信息，还是通过查阅文献资料所得到的体育信息，在进行加工整理前，都是一种原始状态的信息。即使是从体育信息数据库中检索而来的信息，在未按照一定要求加工处理前，也是一种原始状态的信息。我们只有按照一定的程序、目的和方法进行专门的加工整理，才能将这些原始状态的信息变换成有序的、系统化的体育信息，才能进行检索、报道。在加工整理的过程中，我们实际上是对这类原始状态的信息进行了一次全面的校验和鉴别，剔除了不真实、不准确的信息，大大提高了信息的真实性和可信度。

体育信息的加工整理主要包括两方面的内容：一个是对文献资料本身的科学管理，即分类、登录和保管等；另一个是编制检索工具，即二次文献工作，包括对文献资料的选择鉴定、主题分析（标引）和编制文摘和索引等工作。其目的都在于揭示文献资料的内容并不断改善文献资料的存贮与检索，提供良好的检索手段。

三、体育信息的检索

检索就是查找和索取的意思，体育信息检索就是从数量庞大、高度分散的体育和有关科技文献中按照一定线索，获取信息的查找过程。这项工作既可以由信息服务人员根据用户要求进行，也可在服务人员的辅导下，由用户自己来进行。体育信息检索有文献检索与事实（包括数据）检索之分。文献检索是一种从大量集合的文献中查找出主题及其属性符合需求者要求的过程，例如查找与某一研究课题有关的参考文献。事实检索是查找特定事实或数据的过程，它所查找的是直接结果而非文献，例如查找现代奥运会源于何年。从检索方式上看二者是相同的，区别仅在于检索对象的内容上。前者检索的是文献或有关文献的报道，后者则是检索文献中所反映的事实。总的来说，文献检索是最基本和最重要的信息检索。

四、体育信息的研究

体育信息的研究工作是针对体育领域中的某一具体问题，通过广泛收集信息资料，并对这些信息资料进行分析、研究，使之激活成新的再生信息，从而了解现状、预测未来，为该问题的决策和解决提供依据和咨询服务的一项研究性工作。它也是我们通常所说的三次文献工作，它包括了文献综述、述评、专题研究、系统资料整理等多种形式，其特点是信息容量大，而且有观点、有分析、有数据、有结论，能密切联系体育运动实践中的具体问题，其成果得到广大用户的欢迎。

五、体育信息的报道

体育信息的报道也称为体育信息的传播或传递。它是体育信息管理的重要内容之一。因为从信息的收集到信息的研究等各个阶段索取的成果，只有通过报道才能传播出去，才能满足信息需求者的需要，实现信息自身的价值。所以体育信息的报道是一个很重要的环节。体育信息报道的形式较多，常见的有文字报道、口头报道和直观传播报道三种。

文字报道最为常用，它又可分为两类：一类叫定向报道，主要是指信息部门主动进行的信息刊物的编辑出版工作，如《中国体育报》；另一类为定题报道，指信息部门根据用户的专门要求所进行的各种信息报道，如《世界杯专题报道》，其报道方式有专题文献题录、文摘、索引等，也有专题评论、学科总结或专题文摘汇编等。这些文字刊物便于使用与收藏，是当前最主要的报道形式。口头报道是指座谈、讲座、会议、经验交流等形式，也是信息报道的有效形式。直观传播报道是能最迅速、直观地传递体育信息的一种报道方式。

六、体育信息服务

信息服务是指专职信息服务机构针对用户的信息需要，及时地将加工整理好的体育信息以用户方便的形式准确地传递给特定用户的活动。信息服务是体育信息管理中最重要的一个内容。只有全面、准确地了解用户的体育信息需求，信息服务才能做到有的放矢和高效快捷。只有做好体育信息的收集、加工整理等各项工作，信息服务才有雄厚的资源基础。

信息服务的方式也是多种多样的。如根据服务对象的范围，信息服务可分为单向服务与多向服务；根据提供服务的时机，可分为主动服务和被动服务；根据收费情况，可分为无偿服务和有偿服务，等等。一般来说，按信息服务工作基础的不同，信息服务可分为报道服务、检索服务、文献服务、咨询服务和网络服务几大类。

文献服务是指专门的体育信息服务机构利用图书馆、资料室、档案馆等固定的文献保管场所向用户提供记录在一定载体之上的信息的服务方式。这类服务方式主要有阅览、外借、复制等；咨询服务是指咨询受托方（咨询人员或咨询机构）根据委托方（用户）的要求，以专门的信息、技能和经验，运用科学的方法和先进的手段，进行调查、研究分析、预测，客观地提供最佳的或几种可选择的方案或建议，帮助委托方解决各种疑难问题的一种高级智能型信息服务；网络服务是利用网络资源提供信息服务的方式。随着计算机与通信技术的高速发展，信息服务已进入了网络时代，许多信息服务都是通过网络进行的。

第三节　体育信息工作的评价及基本要求

一、体育信息工作的评价

体育信息工作，是为管理服务的，对它的评价应该以为管理服务的情况为准则。人们在这个问题上并不是从一开始就有足够的认识，我国的实际情况就存在一些片面认识，有的部门把计算机用了多少时间、生成了多少表格、计算机的"覆盖率"是多少等作为考虑的标准，而不是去认真分析究竟为管理提供了多少有用的信息。因此，首先必须明确：对管理工作的信息需求满足到何种程度，是信息系统评价的基本准则。

根据这一基本准则，可以从以下几方面具体地对信息系统进行考核与比较。

1. 系统的功能

系统的功能即信息系统能够为本系统的管理工作提供哪些信息服务。这里所说的功能是指信息服务，不是指某种具体设备（如计算机）的功能。不管是以计算机为主要手段的，还是以手工处理为主的信息系统，我们都可以列出其为管理提供的信息服务项目，通过对比，比较其优劣。

2. 系统的效率

系统的效率即系统为完成信息处理任务而付出的人力、物力、财力、时间等情况。在比较时，可以用完成同一项数据处理任务所花费的资源作为尺度。

3. 信息服务的质量

信息服务的质量即系统向信息使用者提供的信息的可读性、适用性、准确性等。信息系统的作用与价值，只有通过使用它所提供的信息，切实改善了管理，才能真正体现出来。因此，在比较信息系统时，必须看其提供的信息服务的质量如何。

4. 系统的可靠性

系统的可靠性即系统在遇到外界有意或无意的干扰下，保持自身正常工作的能力如何。最常见的干扰是错误的信息输入，信息系统应当能够识别、区分，并分情况予以适当的处理。停电、通信故障、恶劣的气候条件、火灾等自然因素的干扰，有人故意破坏所造成的人为的干扰，这些要能够抵御。这是信息系统很重要的评价指标。

5. 系统的适应性

系统的适应性即当环境发生变化时，系统是否能比较容易地改变其结构与工作方式，以便在新的情况下顺利有效地工作。

二、体育信息工作的基本要求

早在全国首届科技情报工作会议上就曾对当时的情报工作提出了"广、快、精、准"地传递情报信息的质量要求，即广泛收集信息、快速处理信息、精确控制信息、准确传递信息。多年来的实践证明了这样的要求既符合我们的国情，也遵循了科技信息工作的客观规律，同样也符合体育信息工作的实际情况，可以作为我们体育信息工作的指导思想，并以此来衡量服务质量和工作效率。

"广、快、精、准"四字方针比较全面地概括了对体育信息工作的基本要求。四个字代表四个方面，各有特色。广、快是对量的要求，精、准是对质的要求。既要广、快，又要精、准，两者彼此相联，形成一个不可分割的有机的统一整体。因此，只有把它们紧密结合在一起，才能使整个体育信息工作具有整体特色，以最小的投入获取最大的收益，产生整体效益。

第四节　体育信息管理系统的开发

一、体育信息管理系统开发的原则

1. 系统原则

信息管理系统的开发要以系统科学的理论和方法为基础，在把研究对象作为一个系统进行分析时，应注意研究系统各部分、各环节之间的联系，综合运用各种技术和方法，寻求最满意的整体优化结果。这种思想体现在三方面：第一，在信息管理系统的开发过程方面，分为总体规划和分步实施两个阶段。在第一个阶段要进行系统结构的划分，从高层到低层，从整体到部分，对系统的每一个部分和环节进行系统分析与设计。明确系统的信息需求和功能需求，确定系统的目标，划分若干个子系统，提出系统硬件和软件的选择方案，制订系统实施计划。第二个阶段则逐个编制具体的程序模块，并按一定结构堆砌成一个个子系统，最后合成整个信息管理系统。这一阶段主要是按规划对每个子系统进行详细调查，进行数据库规范化设计、代码设计、模块设计和程序设计等。第二，在信息管理系统的结构与功能设计方面，要提高系统的经济性和有效性。第三，在信息管理系统的开发环境建设方面，要提高系统的适应性，加强系统与外部环境（如组织管理模式）的协调。

2. 规范原则

规范原则是指组织管理的规范化，信息收集的规范化，信息处理的规范化和信息传递的规范化。组织管理的规范化是指组织管理机构要制定和完善各种管理制度，确定合理的工作流程，明确岗位职责，使整个系统在一个高水平的管理模式下运行。信息收集的规范化是指对所需信息的信息源有明确的了解，对信息收集的时间、数量和次数有规范化的要求。信息处理的规范化和信息传递的规范化是指采用国际或国家统一的方法和技术来处理信息、传递信息。

3. 协同原则

一个信息管理系统的开发是一项复杂的系统工程，是系统开发人员与用户之间、开发人员相互之间不断交流、协同的过程。

二、体育信息管理系统的开发方法

目前，开发信息管理系统的常用方法有三类：一类是基于自顶向下的生命周期思想和结构化系统开发的方法，如生命周期法或结构化分析设计技术；一类是基于自底向上的快速系统开发思想和新一代系统开发工具的方法，如快速原型法、快速应用开发方法；还有一类是面向对象的系统开发方法。由于后两种方法技术上的不完备性，选用较为成熟的生命周期法来开发体育信息管理系统是较为适宜的做法。

生命周期法是用系统的观点和系统工程的方法，按照用户至上的原则，结构化、模块化、自顶向下地逐级对信息管理系统进行分析与设计的方法。它将整个信息管理系统的开发过程划分为系统规划、系统分析、系统设计、系统实施、系统运行维护五个阶段和十几个步骤。各阶段、各步骤首尾相连，形成一个系统的生命周期循环。每一个阶段都有明确的工作任务和目标以及预期的阶段性成果，以便于计划和控制进度，有条不紊地协调各方面的工作。

采用生命周期法开发一个体育信息管理系统，各个阶段的主要工作内容是：

1. 系统规划阶段

该阶段的任务是根据用户（可以是体育管理机构，也可以是竞赛组织机构等）的系统开发要求，明确问题，进行系统可行性的研究，提出规划方案。

2. 系统分析阶段

对体育系统的组织结构、信息流程、现行信息处理方式等问题进行深入调查研究，形成原有系统的逻辑结构，依照信息管理系统的需求，改造原有模型，提出系统的逻辑方案和数据流程。

3. 系统设计阶段

该阶段要在系统概念设计的基础上进行物理设计、代码设计、数据库/文件设计、输入/输出设计、模块结构与功能设计等，同时还要根据设计采购、安装设备。

4. 系统实施阶段

该阶段主要是进行编程与调试，建立相应的技术文档（如系统设计说明书、用户手册等），并进行人员的培训和数据准备，最后进行试运行。

5. 系统运行维护阶段

该阶段主要对系统的日常运行进行管理与维护。当环境发生变化，用户提出新的要求时，再按这五个阶段进行新系统的开发，这就是一个完整的信息管理系统的生命周期。

三、体育信息管理系统的开发程序

体育信息管理系统的开发程序是一项十分复杂的工作，需要大量的人力、物力、财力和时间。这个程序一般分为三个阶段：系统分析、系统设计和系统实施。

1. 系统分析

主要是在调查分析的基础上，确定系统的目标，然后通过进一步深入调查研究和可行性分析，提出系统的初步模型，作为下阶段系统设计的依据。

2. 系统设计

系统设计一般包括两部分。一部分是初步系统设计；另一部分为详细设计，包括：输出/输入格式的详细设计、子系统处理流程图的设计、子系统详细流程图的设计、编写程序说明书和其他技术资料。

3. 系统实施

这一阶段包括程序设计、系统调试和试运行等内容。

（1）程序设计。程序设计要求把大量的数据以文件形式存贮在外存贮器内，以达到既可以充分利用资源又能使数据与信息处理程序互相独立的目的。在程序设计过程中，应首先熟悉上阶段所编写的程序说明书及子系统流程图和有关输出输入的资料，做出程序流程图，再按流程图编写程序。

（2）系统调试和试运行。系统调试分为程序单调和功能分调。程序单调是为了确保程序的正确性而对每个程序分别进行的检查；功能分调是为了保证模块内部控制关系的正确和数据内容的正确而对一个功能模块内所有程序按次序串连起来的调试。总调试是通过对功能模块的联结调试，保证系统的整体功能达到最佳状态。

【案例】用现代手段管理现代体育

近年来，参赛资格、年龄虚报等几乎成为所有大小竞赛的顽疾，成为体育界的一个重要的腐败源头。记者在采访中，发现了广东省体育局用建立注册证与建立省青少年运动员人才数据库相连的方式，解决了一些难题。

这是一个新亮点：21世纪是信息时代，用现代管理模式管理现代体育，搭建信息平台，是现代化体育管理的重要基础之一。

赛前不用再查身份骨龄，注册证就是参赛资格证。广东省体育局信息中心一片繁忙景象，人们都在紧张地工作着，来了客人，也只是从电脑后抬起头来，一个微笑，一声问候。地上、桌上排满袋子、卡片——他们正在为全省8000多名业余运动苗子赶制着注册证。这种名为"广东省青少年运动员注册证"的小卡片，外形与胸前挂的工作证相仿，除了照片、出生年月等常规内容外，还有骨龄等项目，据介绍，这是一种有小芯片的IC卡，与一个庞大的数据库相连，运动员们在广东省参赛，只要持证通过读卡器，便可展示所有资料。不用再为比赛前的那些烦琐、充满矛盾的资格审查而头痛了！

现代信息技术对清除赛场腐败将越来越多地发挥作用。

"几乎假不了！"信息中心主任曾会杰说，"我们用了防伪技术，只要是假证，读卡器就会报警，就会提示进入数据库查询。"这位计算机高级工程师，踏实肯钻研，曾任九运会电子技术部的副总工程师。在本届省运会上，他和信息部的全体同志借助九运会建立起来的数据平台，建立指挥中心，第一次用高速信息网为赛事服务。令过去耗费大量人力、物力的注册、公布等工作全部在网上进行，将所有赛场联网，令所有成绩同时显现。

坐在办公室，眼观所有训练场。在体育局计算机机房里，技术员们正在调试机器，一面墙上显示着16个画面，这是广东黄村基地的所有训练场。技术员小沈介绍：全省五个训练基地都联了网，最远的35公里，所有的场馆都可以看到，现在正在调试阶段，两个月后便可正式启动。

记者看到，手球馆的男队员们正在练技术，射击馆内的工作人员在整理场地，马术场地没人训练，南国夏日，骄阳似火，微风轻掠，树叶婆娑……一切如在现场一样清晰！

"我让他们就在这面墙上给我搞一个屏幕"，广东省体育局局长杨军指着自己办公桌对面的墙壁说。这样，他就可以坐在办公室里一边办公处理日常工作，一边还可时时看到十运会的备战情况。

这是专门为局领导建立的指挥中心，是这座办公楼数据化管理，办公自动化的内容之一。体育局所在的办公楼采用的是1000兆光纤网络，与各基地、省政府、省保密局互联。全部开通后，就可大大减少"跑腿"，基地办事、开会就不用再跑来跑去，也不用到处找领导，包括文件、报告都可在网上批复转发。

在"电子政务实施框图"中有4个内容：建立办公自动系统；建立局领

导指挥、训练现场信息中心；建立有线电视接收系统、国内体育训练图象数据库；建立远程视频会议系统（远程会议、教学、培训、远程咨询）。

在内网上，每个处室都有自己的领地，内容将由各处室自己增添。内网开启后，大楼外的停车会减少，楼道里走来走去的人会减少，到处找领导的人会减少……很大部分的沟通，都转向了网络。内网，为他们准备了一个新办公空间，手指就是他们的笔、他们的腿、他们的车……

不仅是人力、物力节省，也是效率与人的观念的转变。关键在"软件"——得有人主动用平台。广东体育局抓紧办班平台已搭好，如何使用？广东体育局公务员人手一台电脑，还备有便携式电脑方便他们出差办公用。信息中心为每个公务员都申请了一个 10 兆的电子邮箱，现正为地址造册。内网开通后，每位工作人员都可在电脑前通过内网，了解体育局直属部门的相关工作，开展工作。现在，体育局正招标 250 台电脑，准备用在各基地建立电脑培训室，但主要还是"武装"基地的教练们。硬件已没有问题，关键是要人去使用。

广东体育局大抓自动化办公学习。办公楼里专门有一名电脑老师，由信息中心技术员轮任。楼内每天开一个半小时的电脑课，教学内容是滚动的。一周或一月，由信息中心将课程表送到各个处室，公务员们根据自己的情况在时间段内预约。内容以基础实用为主，只要有人就开课，实在没有时间的，教员会上门辅导或一对一地在培训室教学。教员小鲁说：由于局里干部年轻化，很多人都会。不会的公务员学习都很积极，因为有紧迫感。

"我们准备将考试题出在网上，请大家做，然后公布成绩。前两天给大家装手写板，一位老处长来找了几次，说真好，将来写东西可以不求人啦！下一阶段的主要任务是提高每一个机关公务员、在职干部、教练员的计算机使用和应用水平。力争在 2004 年 12 月 30 日前按要求完成培训任务，保证每人轮训一次以上，保证人人会用电脑。"

广东省是除了国家体育总局之外的全国各省市区唯一建立信息中心的。这个只有几个人的信息中心正在使广东体育局办公自动化不断迈上新台阶。用现代办公模式提高管理水平，实现信息化管理，提高工作效率，是地处改革开放前沿的广东省体育局在办公模式上的重要目标之一，也是曾会杰与他的信息中心不断追求的目标。

采访中，他也反复说：这是领导重视的结果。他介绍说，我们的目标是：抓住机遇，结合实际，统一规划、统一标准、统一管理、统一平台、分步实施，依托省政府建立的电子政务高速网平台，逐步构建数字广东体育的框架，建成科技含量较高的体育训练基地信息网络，建成广东体育信息数据库，逐步实现广东体育管理过渡到电子政务信息化。做到行政机关办公现代化，信息传输网络化和管理科学化，为机关办公提供高效率、高质量的服务，直接为运动队的科学训练和管理服务，为局领导的决策服务，使广东体育信息化水平达到各省市体育系统领先地位，开拓广东体育信息化的新局面。

"与金融系统、公安系统等相比，我们还有很大差距。内网建好后，我们准备加强外网建设。体育是社会最为关注的领域之一，除了政务之外，我们也要成为媒体，为政府职能部门与各界沟通，为奥运战略、全民健身和体育产业做好我们的工作。"

（引自彭则鹏《用现代手段管理现代体育——广东体育局信息化管理一瞥》，载《中国体育报》，2003 年 7 月 22 日）

讨论题：

1. 通过阅读材料，你认为广东体育局的信息化管理都包括哪些内容？
2. 你认为管理者应该通过什么途径获取大量可靠、有效的信息？

本 章 小 结

体育信息是对能够反映体育系统活动和运转的各种具有新内容、新知识的指令、情报和资料的总称。根据体育信息工作流程，体育信息管理的内容包括信息的收集、加工整理、检索、研究、报道、服务六个主要方面。"广、快、精、准"四字方针是对体育信息工作的基本要求。

>>> 思考题

体育信息管理包括哪些主要方面？

参考文献

［1］孙汉超，秦椿林．体育管理学［M］．北京：人民体育出版社，1999.

［2］本书编写组．体育科学学科发展现状与未来［M］．北京：北京体育大学出版社，2000.

［3］李宗浩，曲天敏．体育管理学 体育经济学［M］．桂林：广西师范大学出版社，2001.

［4］秦椿林，张瑞林．体育管理学［M］．北京：高等教育出版社，2002.

［5］罗珉．管理理论的新发展［M］．成都：西南财经大学出版社，2003.

［6］周三多等．管理学——原理与方法［M］．上海：复旦大学出版社，1999.

［7］林志扬．管理学原理［M］．厦门：厦门大学出版社，2002.

［8］刘兵．新编体育管理学教程［M］．上海：复旦大学出版社，2004.

［9］孙汉超，秦椿林．实用体育管理学［M］．北京：人民体育出版社，2004.

［10］余凯成．管理学案例学［M］．成都：四川人民出版社，1987.

［11］吴祖谋．法学概论［M］．武汉：武汉大学出版社，1993.

［12］芮明杰．管理学——现代的观点［M］．上海：上海人民出版社，2000.

［13］余家杰，孙汉超等．体育管理学［M］．武汉：武汉工业大学出版社，1993.

［14］金钦昌．学校体育学［M］．北京：高等教育出版社，1995.

［15］于小霞．学校体育教育手册（下）［M］．天津：天津人民出版社，1997.

［16］樊炳有．社区体育论［M］．北京：北京体育大学出版社，2003.

［17］郑杭生．社会学概论新修［M］．北京：中国人民大学出版社，2003.

［18］孙汉超，黄明教．运动训练学管理［M］．北京：人民体育出版社，1995.

［19］鲍明晓．体育产业——国民经济新的增长点［M］．北京：人民体育出版社，2000.

［20］张林．职业体育俱乐部运行机制［M］．北京：人民体育出版社，2001.

［21］赵立，杨铁黎．中国体育产业导论［M］．北京：北京体育大学出版社，2001.

［22］国务院研究室科教文卫司、国家体委政策法规司．体育经济政策研究［M］．北京：人民体育出版社，1997.

［23］马费成，李纲，查先进．体育资源管理［M］．武汉：武汉大学出版社，2002.

［24］尚东．体育事业管理百科（第三卷）［M］．长春：吉林音像出版社，2003.

［25］肖林鹏．现代体育管理［M］．北京：北京体育大学出版社，2005.

体·育·管·理·学